Helmut Lamparter

Die Hoffnung der Christen

Helmut Lamparter

Die Hoffnung der Christen

Das Ende der Welt
und die Wiederkunft
Christi

BRENDOW VERLAG, MOERS
VERLAG ERNST FRANZ,
METZINGEN

Die Deutsche Bibliothek - CIP-Einheitsaufnahme

Lamparter, Helmut:
Die Hoffnung der Christen : das Ende der Welt und die
Wiederkunft Christi / Helmut Lamparter. - Moers : Brendow ;
Metzingen : Franz, 1992
(Edition C : C ; 361)
ISBN 3-87067-487-3 (Brendow)
ISBN 3-7722-0161-X (Franz)
NE: Edition C / C

ISBN 3-87067-487-3 (Brendow)
ISBN 3-7722-0161-X (Franz)

© 1992 by Franz Verlag und Brendow Verlag
Umschlaggestaltung: init - Büro für Gestaltung, Bielefeld
Gesamtherstellung: Heinzelmann Druck-Service, Metzingen
Printed in Germany

Vorwort

Dieses Buch hat nicht den Ehrgeiz, in die Diskussion der Theologen über die zeitgemäße Deutung der endzeitlichen Aussagen der Heiligen Schrift einzugreifen, wenn es auch in dieser Streitfrage offen Stellung bezieht. Es will in erster Linie der christlichen Gemeinde dienen, auch denen, die ihr nur am Rande noch angehören. Es ist in der Absicht geschrieben, zur Wiedererweckung und zur lebendigen Aneignung einer biblisch begründeten Hoffnung einen Beitrag zu leisten.

Über Grund und Inhalt dieser Hoffnung finden sich in den Schriften des Alten und des Neuen Testaments eine Fülle von Aussagen. Manches läßt sich nur schwer auf einen Nenner bringen. Dazu kommt, daß die Gedanken und Vorstellungen der spätjüdischen Apokalyptik (Lehren über die Endzeit) die neutestamentliche Botschaft von den letzten Dingen beeinflußt haben. Dies hat zur Folge, daß die Meinungen in der Beurteilung der Frage, ob und in welchem Sinn die biblischen Aussagen über die Wiederkunft Christi und das kommende Gottesreich für die Christenheit im 20. Jahrhundert bedeutsam und gültig sind, weit auseinandergehen.

Nach der Ansicht mancher heute führender theologischer Lehrer gehören die endgeschichtlichen Aussagen der Bibel durchweg zu jenen Stücken des Neuen Testaments, die man nicht wörtlich nehmen dürfe. Nicht was sie aussagen, allenfalls dies, welches Verständnis christlicher Existenz sich darin ausspricht, sei hilfreich und gültig. Mit diesem Bescheid wird freilich niemand der Hoffnung auf das Reich Gottes froh noch der Vollendung des Heils gewiß. Nur das Verständnis der eigenen Existenz und ihrer Bestimmung hier und heute wird so — notdürftig genug — erhellt.

Auf der anderen Seite stehen nicht wenige Leser und Ausleger der Schrift, die sich angesichts der Bedrohung der Menschheit durch die modernen Vernichtungswaffen und ähnlicher Alarmzeichen mit um so größerem Eifer auf die endzeitlichen Aussagen der Bibel stürzen. Schwärmerische Ungeduld, blinder Fanatismus, überhitzte Naherwartung machen sich hier breit. Dadurch wird die biblische Hoffnung auf die Wiederkunft Christi, das zukünftige Gottesreich und die Neuschöpfung von Himmel und Erde in Mißkredit gebracht. Viele Christen wissen nicht mehr, was sie nun wirklich erhoffen dürfen. Sie sind ratlos, sie resignieren oder wandern, von dem Mangel an Hoffnung in der Kirche enttäuscht, zu den Sekten ab.

Im Blick auf solche Notlage bemüht sich dieses Buch um hilfreichen Rat und gültigen Trost. Es vermeidet die theologische Fachsprache, um möglichst vielen verständlich zu sein. Es versucht eine Zusammenschau der einzelnen Bibelstellen, wobei es davon ausgeht, daß die Heilige Schrift nicht nur der Niederschlag verschiedenartiger Traditionsprozesse, vielmehr ein Ganzes ist, das in der Botschaft vom Reiche Gottes seine regierende Mitte hat. Es ist mit der Absicht geschrieben, gegen die Verkümmerung und Entleerung der christlichen Hoffnung eine klare, in den Zeugnissen der Heiligen Schrift begründete Stellung zu beziehen.

Dabei wird niemandem verargt, wenn er in dieser oder jener Frage, was die Vollendung des Einzelnen und des Weltlaufs betrifft, anders denkt und urteilt. Unsere Erkenntnis der letzten Dinge (Eschatologie) wird immer den Charakter des Bruchstücks tragen. Auch die hier vorliegenden Erwägungen über die Grundlagen und Perspektiven christlicher Hoffnung bleiben Versuch und Fragment. Dennoch erscheint es dem Verfasser weder nötig noch richtig, sich bei der Behandlung der eschatologischen Fragen auf das »Daß« der Wiederkunft Christi zu beschränken oder nur das Seelenheil und die Vollendung des Einzelnen ins Auge zu fassen. Christ sein heißt für die Welt eine Hoffnung haben! Davon soll in diesem Buch die Rede sein.

Helmut Lamparter

Der Weckruf Gottes

Wer von den letzten Dingen spricht, muß sich die Frage gefallen lassen: Ist es nicht unnütz und vermessen, den Schleier lüften zu wollen, der das Zukünftige dem Auge der Sterblichen verbirgt? Unnütz, weil sich über diese Dinge, besser gesagt, diese Ereignisse am Ende der Zeit ja doch nichts Gewisses sagen läßt; vermessen, weil wir an Vorstellungen und Maßstäbe gebunden sind, die nur für die uns in Raum und Zeit erschlossene Welt Gültigkeit beanspruchen können. Warum eigentlich sich mit diesem ganzen Komplex schwieriger Fragen befassen, deren Beantwortung auch unter gelehrten Theologen strittig ist? Ist's nicht genug, daß Gottes Gebote unsre Augen erleuchten und das Evangelium von Jesus Christus unser Herz jetzt und hier mit Trost und Frieden füllt? Wie Gott seine Geschichte mit dieser Welt hinausführt, das können und dürfen wir doch getrost seiner Macht und Weisheit anheimstellen.

In diesem Einwand steckt etwas Richtiges. In der Tat, wir haben Wichtigeres zu tun als über Dinge zu spekulieren, die unsrem Vorstellungsvermögen entzogen sind. Gott weist uns an die Menschen und Nöte dieser Welt, wobei die Aufgabe der Liebe an kein Ende kommt. Hinter der Beschäftigung mit den letzten Dingen steht nicht selten das Motiv der Neugier. Man möchte einen Blick hinter den Vorhang werfen! Oder man möchte mehr als Glauben haben und die Grenze überschreiten, die zwischen Glauben und Schauen gezogen ist, um auf diese Weise seines Heils ganz gewiß zu werden. Schließlich hat nicht selten auch die Enttäuschung durch das Diesseits Menschen dazu geführt, sich mit den letzten Dingen zu befassen. Aber Neugier, Sicherheitsstreben, Daseinsüberdruß sind schlechte Lehrmeister. Wollten wir aus diesen Motiven heraus nach dem fragen, was die Zukunft bringt, wir würden besser die Finger davon lassen.

Es war nötig, dieses Warnschild an den Anfang zu stellen. Und doch kann es uns nicht davon abhalten, mit Ernst und Fleiß der Frage nachzudenken, worauf Gott mit dieser Welt hinauswill. Denn *der Weckruf Gottes ist ergangen!* »Gott, der Herr, der Mächtige, redet und ruft der Welt vom Aufgang der Sonne bis zu ihrem Niedergang. Aus Zion bricht an der schöne Glanz Gottes. Unser Gott kommt und schweigt nicht« (Ps. 50, 1 ff.). Von diesem Reden und Rufen Gottes gibt die Heilige Schrift als Ganzes und in allen Teilen Zeugnis. Sie berichtet uns zuerst von Gottes Bund mit Israel und erzählt die großen Taten, durch die der lebendige Gott in der Geschichte dieses Volkes seinen Namen verherrlicht hat. Sie stellt uns sodann die Person und das Werk Jesu Christi vor Augen, durch den dieser Gott, nachdem er manchmal und auf mancherlei Weise zu den Vätern geredet hat (Hebr. 1, 1), zuletzt, vollgültig und endgültig, sich selbst geoffenbart und sein Heilsziel verwirklicht hat.

Aber die Heilige Schrift begnügt sich keineswegs mit diesem Rückblick auf Gottes Worte und Taten. Sie leitet auch nicht nur dazu an, in der Verkündigung, die der Kirche aufgetragen ist, die geschehene Gottesoffenbarung zu vergegenwärtigen. Sie verheißt dem, der sich ernsthaft mit ihr befaßt, auch nicht nur den Heiligen Geist, der die Gestalt und das Bild Jesu in den Herzen seiner Jünger verklärt und sie an all das erinnert, was er gelehrt hat (vgl. Joh. 14, 26). Sie hat ein prophetisches Wort, das in die Zukunft weist.

Dies gilt vom Alten wie vom Neuen Testament. In den Schriften des Alten Bundes sind es in erster Linie die *Propheten,* die in aufrüttelnden Worten und gewaltigen Gesichten Gottes Gericht und Heil ankündigen. Wohl richtet sich ihre Botschaft zunächst an ihre eigenen Zeitgenossen; sie sind Boten Gottes an sein Volk, keine Wahrsager, die mit geheimnisvollem Sehvermögen die Zukunft entschleiern. Aber die Worte und Gesichte, die sie von Gott empfangen hatten, blieben nicht auf den Weg Gottes mit dem Volk Israel und dessen Geschick beschränkt. Sie greifen weit hinaus über den geschichtlichen Standort des einzelnen Propheten und seiner Zeitgenossen und kündigen an, was »in den letzten Tagen« geschehen soll. So finden wir zahlreiche Weissagungen, die das Endziel Gottes mit allen Völkern und Geschlechtern der Erde ins Auge fassen (vgl. Jes. 2, 1 ff.; 45, 23 f.; 65, 17).

Im Neuen Testament ist es die *Botschaft Jesu* von dem hereinbrechenden Gottesreich und vom Kommen des Menschensohns, die den Blick in die Zukunft wendet. Wie immer man in der Frage urteilen mag, wieweit in unsren vier Evangelien die ursprüngliche Predigt Jesu vernehmbar ist, darüber ist sich die Forschung einig, daß seine Verkündigung durch und durch eschatologischen, d. h. auf das von Gott gesetzte Ziel und Ende aller Dinge gerichteten Charakter hatte. In den *Briefen der Apostel* wird diese Erwartung des kommenden Gottesreichs aufgenommen, und zwar so, daß der Hauptakzent auf die Wiederkunft Christi fällt, die zugleich das Ende des ganzen bisherigen Weltlaufs bedeutet. Der Kreuzestod und der Ostersieg Jesu drängen diese Erwartung nicht etwa an den Rand, sondern setzen sie erst recht in Kraft. Die Mahnung, im Wachen und Warten auf die Zukunft des Herrn nicht zu ermatten, zieht sich denn auch wie ein roter Faden durch alle Episteln des Neuen Testaments. Insofern ist auch das letzte Buch der Bibel, die Offenbarung des Johannes, kein Fremdkörper im Ganzen der Heiligen Schrift. Mit visionärer Glut und Kraft beschreibt dieses geheimnisvolle Buch die öffentliche Machtergreifung Christi, die durch alle Schrecken und Wehen der letzten Zeit hindurch sich anbahnt und den Heilsrat Gottes zu seinem Ziel und Siege führt.

Schon aus diesen knappen Andeutungen geht hervor, wie sehr *die Bibel ein Buch voller Hoffnung und Erwartung* ist. Da ist keine Erfüllung göttlicher Verheißung, die nicht selbst wieder Verheißung würde. Alles Reden, Rufen und Handeln Gottes drängt auf eine letzte Enthüllung seiner Herrlichkeit, eine noch ausstehende, umfassende Durchsetzung seiner Herrschaft hin. In Hoffnung, sagt Paulus, sind wir gerettet (Röm. 8, 24), und zeigt damit an, wie untrennbar beim Christenstand das Schon-Jetzt mit einem Noch-Nicht verbunden ist. So ist es gewiß kein müßiges Spiel der Gedanken, wenn wir über das, was im Handeln Gottes mit der Welt noch aussteht und auf uns zukommt, Klarheit gewinnen möchten. Zwar gibt uns die Heilige Schrift keine systematisch durchdachte, in sich abgerundete Lehre von den »Letzten Dingen«. Schon diese Bezeichnung, wie sie in der christlichen Dogmatik üblich geworden ist, kann man nur mit kritischem Vorbehalt aufgreifen; sie ist weder glücklich noch hilfreich. Nicht von irgendwelchen »Dingen«, vielmehr von einer letzten Enthüllung Gottes in Gericht und Erbarmen spricht ja die Verheißung. Wer der Heiligen Schrift einen exakten, detaillierten Fahrplan der Endereignisse entnehmen möchte, sieht sich enttäuscht. Er muß, wenn er trotzdem auf seine Rechnung kommen will, zu gewagten Kombinationen und eigenmächtigen Konstruktionen seine Zuflucht nehmen. Die Bibel selbst widersetzt sich in all den Texten, die von dem zukünftigen Heil handeln, ganz besonders unsrem Drang zur Systembildung. Sie wollen Glauben und Hoffnung wecken, zum standhaften Ausharren auch unter Verfolgungen und Leiden anhalten. Man erfaßt ihre Absicht nur dann richtig, wenn man aus ihnen den heiligen *Weckruf Gottes* an sein Volk vernimmt.

Ein eindringliches Beispiel hierfür ist jener Text aus dem Römerbrief, der für einen der größten Lehrer der Christenheit, den Kirchenvater Augustin (gest. 430 n. Chr.), entscheidende Bedeutung gewonnen hat: »Die Nacht ist vorgerückt, der Tag aber nahe herbeigekommen. So lasset uns ablegen die Werke der Finsternis und anlegen die Waffen des Lichtes. Lasset uns ehrbar wandeln als am Tage, nicht in Fressen und Saufen, nicht in Wollust und Unzucht, nicht in Hader und Neid; sondern ziehet an den Herrn Jesus Christus und wartet des Leibes nicht so, daß ihr seinen Begierden verfallet« (Röm. 13, 12 ff.). Die »Nacht«, von der Paulus spricht, ist nicht nur ein Bild für die Nacht der Sünde, wie man zuweilen allzu erbaulich ausgelegt hat. Die ganze Welt und ihre Geschichte fällt für ihn unter dieses Urteil, seit ihm das Licht aufstrahlte, das Jesus Christus heißt. Diese »Nacht« ist vorgerückt, sie geht ihrem Ende zu. Der »Tag« zieht herauf — nicht irgendein Tag, sondern der Tag, den Jesus Christus als die neue, wahre und ewige Sonne erhellt. Er bricht an mit seiner Wiederkunft. Diese liegt für den Apostel nicht in weiter Ferne, sie steht vielmehr nach seiner Auffassung so dicht bevor, daß er den Christen in Rom schreiben kann: Jetzt, da ich diesen Brief an euch richte, ist euch dieser Tag näher als zu der Zeit, da ihr gläubig wurdet (V. 11). Aber anstatt über das Wann und Wie dieses »Tages« sich zu verbreiten, spricht er sofort von dem, was jetzt geboten ist: Aufstehen vom Schlaf! Jetzt ist es Zeit, die alten Kleider abzulegen und die »Waffen des Lichts« anzulegen, wie eben der Schläfer, wenn er am frühen Morgen geweckt wird, sofort nach den Kleidern greift, in denen er sich am hellichten Tag auch wirklich unter den Menschen sehen lassen kann.

Nicht eine »Lehre« wird hier entfaltet — *ein Weckruf ergeht!* Ähnliche Beobachtungen lassen sich an vielen Texten der Bibel machen. Die Ankündigung des Weltendes und der Wiederkunft Christi zielt auf jenes »zeitgemäße« Handeln, das jetzt geboten ist. Aus dieser Beobachtung hat man in der neueren Theologie vielfach die Folgerung gezogen, es falle im Grunde überhaupt nicht ins Gewicht, welche Erwartungen und Vorstellungen im einzelnen in der Bibel mit dem Ausblick auf den »Tag des Herrn« verknüpft seien. Es genüge, sich selbst als ein »Kind des Lichts und des Tages« (1. Thess. 5, 5) verstehen zu lernen und die Entscheidung für Christus im täglichen Gehorsam und Wagnis der Liebe jeweils neu zu vollziehen. Für diese Auffassung kann man sich, wie das obige Beispiel zeigt, sehr wohl auf Paulus, auch auf manche Stellen im vierten Evangelium berufen. Aber hat derselbe Paulus nicht an anderer Stelle noch mehr gesagt? (Vgl. 1. Thess. 4, 13 ff.; 1. Kor. 15, 20 ff.; 2. Kor. 5, 1 ff.; Phil. 3, 20 f.; Kol. 3, 3 f.) Wird nicht das Gesamtzeugnis der Bibel eigenwillig verkürzt, wenn sich das Interesse des Auslegers so ausschließlich auf die persönliche, jetzt und hier zu vollziehende Entscheidung des Einzelnen konzentriert?

Als Weckruf wollen die endzeitlichen Texte der Bibel in erster Linie gehört und befolgt sein, ganz gewiß! Wenn wir uns mit dem kommenden Tag Jesu Christi und dem, was er bringt, befassen, um über Grund und Inhalt der Christenhoffnung Gewißheit zu erlangen, dann allein deshalb, weil wir diesen Weckruf vernommen haben: »Die Nacht ist vorgerückt, der Tag ist herbeigekommen!« *Aufwecken*, nicht nur zum Nachdenken anregen und belehren, aufwecken will und soll auch dieses Buch. Es ist Zeit, aufzustehen vom Schlaf — das gilt für den Einzelnen, so gewiß sich in dieser Entscheidung keiner durch andere vertreten lassen kann: »Wache auf, der du schläfst, und stehe auf von den Toten, so wird dich Christus erleuchten!« (Eph. 5, 14). Es gilt für alle Knechte und Mägde Jesu Christi, die in seinem Dienst sich mühen: »Wachet, denn ihr wisset nicht, welchen Tag euer Herr kommen wird!« (Matth. 24, 42). Es gilt für seine Gemeinde an jedem Ort und zu jeder Zeit: »Werde wach und stärke das andre, das sterben will!« (Offb. 3, 2). Es gilt der ganzen Christenheit, aus der die Leidenschaft der Hoffnung ausgewandert ist: »Seid nüchtern und wachet; denn euer Widersacher, der Teufel, geht umher wie ein brüllender Löwe und sucht, welchen er verschlinge« (1. Petr. 5, 8). Denen, die die Welt liebgewonnen haben, und denen, die an ihr leiden und verzweifeln, den Trägen, die sich nur um ihr eigenes Glück und Behagen kümmern, und den Traurigen, die sich mit Angst und Schwermut quälen, den Hoffärtigen, die Gott selbstsicher ihre Zukunft entreißen wollen, und den Verzagten, die dem Evangelium nichts mehr zutrauen, nicht zuletzt den Unzähligen, welche die Erwartung der Wiederkunft Christi überhaupt aus ihrem Kalender gestrichen haben — ihnen allen tut solcher Weckruf not. Denn wirklich, die Welt und das Leben sehen anders aus, wenn über all unsren kleinen Freuden und Hoffnungen, über unsren großen Ängsten und Traurigkeiten jener »helle Morgenstern« (Offb. 22, 16) aufstrahlt, der den Anbruch des Tages verkündigt. Die biblische Hoffnung hat eine Kraft, die das Heute erhellt und unser ganzes Denken und Trachten verwandelt.

Trotzdem geht es nicht mit rechten Dingen zu, wenn man den endzeitlichen Texten der Bibel *nur* diesen Weckruf entnehmen möchte. Wie bereits vermerkt wurde, finden wir in der Schrift eine Fülle von Gedanken und Aussagen, die inhaltlich mehr sagen. Soll die Kirche dieses »*Mehr*« den Sekten mit ihrer wildwuchernden Apokalyptik überlassen? Wie kann sie ihnen wirksam entgegentreten, wenn sie in ihrer Verkündigung diese Texte übergeht und den Inhalt der Hoffnung nicht wirklich zu entfalten sich getraut? Gewiß kann man hier einwenden, gegen den schwärmerischen Mißbrauch der Schrift durch die Sektierer sei kein Kraut gewachsen. Aber selbst wenn dies weitgehend zutrifft, haben wir weder Grund noch Recht, um diese Texte einen Bogen zu schlagen. Unsere evangelische Kirche gibt jedem Christen am Tag seiner Konfirmation die Bibel in die Hand, daß er sie lese, studiere und darin heimisch werde. Ist es nicht nötig, ihn zum rechten Verstehen und Erfassen auch dieser Texte anzuleiten? Es kommt hinzu, daß diese Worte der Weissagung, in denen von der Wiederkunft Jesu mit den Wolken des Himmels, von der Totenerweckung und vom Weltgericht, von der Entrückung der Gläubigen, vom neuen Himmel und der neuen Erde, kurz, von der Aufhebung und Vollendung des Weltlaufs im

Reiche Gottes die Rede ist, mit gutem Grund in der Bibel stehen. Eine Hoffnung, die inhaltlich leer oder doch unklar und verschwommen ist, lockt niemand hinter dem Ofen hervor. Sie hat keine den Mut und die Liebe befeuernde Kraft. Schließlich fällt auch ins Gewicht, daß die alte Kirche bei der Feststellung des Kanons biblischer Schriften doch auch diese Texte einschließlich der Johannes-Apokalypse in das Neue Testament mitaufgenommmen hat. Also ist es recht und billig, daß wir fragen, was sie sagen wollen.

Daß *die Aufgabe,* die damit gestellt ist, nicht leicht ist, liegt auf der Hand. Wir haben uns mit einer Hoffnung zu befassen, deren Inhalte »jenseits aller einstweilen möglichen Erfahrung liegen« (M. Kähler). Es ist somit unmöglich, zum besseren Verständnis der Sache irgendwelche Analogien aus unserer Kenntnis der Natur und aus unserem Umgang mit der Geschichte beizuziehen. Wir stehen zudem vor der *Schwierigkeit,* daß die endzeitlichen Aussagen der Bibel keine lehrhafte Einheit bilden. Verschiedene Linien der Erwartung laufen nebeneinander her oder überkreuzen sich. Wir müssen auch zur Kenntnis nehmen, daß die biblischen Apokalypsen in ihrer Darstellung der Endereignisse, in ihrer Bildwahl und ihrem Vorstellungsgehalt nachhaltig von der spätjüdischen Apokalyptik beeinflußt sind, die ihrerseits nach Form und Stoff in der außerbiblischen Religionsgeschichte des Orients mannigfach verwurzelt ist. Ferner, daß sich die Prophetie im Alten wie im Neuen Testament weitgehend der Bildersprache bedient — »was ist nur Bild und wo ist das Bild die Sache selbst?« (P. Althaus). Auch die Deutung der Visionen, wie wir sie besonders im letzten Buch der Bibel finden, kann nur sehr behutsam versucht werden. Bei den Zahlen müssen wir den Rechenschieber erst recht beiseite lassen.

Überdenkt man diese Schwierigkeiten, die sich einem heilsamen Verständnis des prophetischen Worts entgegenstellen, so könnte man leicht den Mut verlieren. Auch der geschulte Theologe kann sich schwerlich verbergen, wie rasch er hier an die Grenzen wissenschaftlicher Gelehrsamkeit stößt, sowenig diese bei der Auslegung der Schrift zu verachten ist. Da jedoch Jesus Christus allen, die in Ihm bleiben, den »Geist der Wahrheit« verheißen hat, der sie in alle Wahrheit leiten soll (Joh. 16, 13), könnte doch nur gebetsloser Undank vor dieser Aufgabe resignieren.

Wie sollen wir vorgehen? Jedenfalls nicht so, daß wir die Heilige Schrift als einen Zettelkatalog beliebig vertauschbarer Wahrheiten betrachten, um dann durch willkürliche Kombination einzelner Schriftstellen ein System zu bauen. Dieser Schriftgebrauch soll das traurige Privileg der Sektierer bleiben! Man muß den einzelnen Bibeltext aus seinem Zusammenhang verstehen und dabei den Standort, die Front und die Perspektive des Verfassers im Auge behalten. Dies bedeutet, daß wir auch den Unterschied der Zeiten zu beachten haben und also Altes und Neues Testament nicht unterschiedslos ineinandermengen dürfen. Denn obwohl durch die ganze Schrift Gottes Wort ergeht, gibt es doch Zeiten und Stufen der Offenbarung, die man nicht verwischen soll.

Ein weiterer Gesichtspunkt ergibt sich aus der Beobachtung, daß die Bibel eine bestimmte Mitte hat: Jesus Christus, seine Person und sein für uns vollbrachtes Werk. Auf ihn weisen die Väter und Propheten, von ihm zeugen die Evangelisten und Apostel. So kann es bei aller Entfaltung der biblischen Hoffnung nur darum gehen, durch Befragung der ersten Zeugen zu ermitteln, wie Jesus Christus sein Werk vollendet, seinen Sieg enthüllt. Nicht irgendwelche Spekulationen über das Jenseits oder das Ende der Geschichte — nur »die Zukunft des Gekommenen« (W. Kreck) kann Thema und Inhalt der Lehre von den letzten Dingen sein.

Schließlich sei noch vermerkt, daß es dem Verfasser wichtig erscheint, bei all den Texten, die sich der Bildersprache bedienen, in der Einfalt zu bleiben und sich die bildhafte Rede der Schrift gefallen zu lassen. »Was kein Auge gesehen hat und kein Ohr gehört hat und in keines Menschen Herz gekommen ist, das hat Gott bereitet denen, die ihn lieben« (1. Kor. 2, 9). Das heißt doch, daß dieses Heil unsre kühnsten Gedanken und Vorstellungen so hoch übersteigt, wie der Himmel höher als die Erde ist (vgl. Jes. 55, 8 f.). Wie anders könnten wir davon Kunde bekommen als eben so, daß sich Gottes Geist zu unsrem Menschengeist herabläßt und sich der Sprache der Bilder bedient! Man soll diese Bilder zwar nicht buchstäblich nehmen, sondern nach ihrem Sinn befragen; aber wer meint, er könne ihrer entraten oder sie durch Begriffe ersetzen, der will klüger sein als die Schrift. Ein Bild wie das von dem »himmlischen Jerusalem«, der heiligen Gottesstadt, deren Baumeister und Schöpfer Gott ist (Offb. 21, 2; Hebr. 12, 22), ist uns unentbehrlich, wollen wir die Heimholung der Erlösten ins Himmelreich wirklich als lebendige Hoffnung im Herzen tragen.

Soviel sei in Kürze zu den Grundsätzen und der Methode der Schriftauslegung, wie sie im Folgenden versucht wird, vorangestellt. Aus dem Verzeichnis des Inhalts geht hervor, daß sich dieser Entwurf einer biblischen Eschatologie auf das Wesentliche beschränkt, das unaufgebbar zur Hoffnung der Christenheit gehört. Randfragen, über die man verschiedener Meinung sein kann, sind in dem Kapitel »Offene Fragen« gesondert abgehandelt. Das Hauptanliegen des Verfassers ist, den biblisch begründeten Nachweis zu führen, daß die »letzten Dinge« *kein Anhängsel* der christlichen Lehre sind, auf das man verzichten kann, ohne daß das Evangelium in seiner Substanz dadurch verändert würde. Gottes Welt- und Heilsplan, wie ihn die Heilige Schrift enthüllt, geht aufs Ganze. Er hat seine Mitte in der Versöhnung, die am Kreuz geschah, er reicht von der Schöpfung bis zur Vollendung. Behält man dies im Auge, so tut sich der große, weite Horizont der biblischen Hoffnung auf. Sie setzt nicht beim Heilsverlangen der Menschheit, beim Trostbedürfnis des Einzelnen ein. Sie entwirft auch nicht das utopische Zukunftsbild einer besseren Weltordnung. Die Wiederaufrichtung der Herrschaft Gottes über seine ganze Schöpfung, über alle Menschen und Völker, Gewalten und Mächte, Lebendige und Tote ist ihr Ziel und Inhalt. Dies — nichts weniger — erhoffen wir, wenn wir uns im Licht des Evangeliums das Gebet aus dem Segen Jakobs (1. Mose 49, 18) zu eigen machen:

Herr, ich warte auf dein Heil!

Das Ziel der Geschichte

Der Glaube an den Fortschritt

Die Frage nach dem *Ziel der Geschichte* stellt sich heute jedem, der mit sehenden Augen und mit wachem Gewissen die Gegenwart durchlebt und den Gang der Dinge verfolgt. Sie ist nicht neu, aber doch in dieser Generation besonders dringlich geworden. Deutlicher als jedes Geschlecht zuvor spüren wir, wie unser Einzelschicksal in das Gesamtschicksal der Menschheit hineinverflochten ist. Wenn in früheren Zeiten irgendwo hinter der Türkei die Völker aufeinanderschlugen, so war dies ein Gesprächsstoff; wenn heute an irgendeiner Stelle des Erdballs die Waffen sprechen, so ist dies ein Zündstoff, der über Nacht einen Weltbrand entfachen kann. Wir sind Zeugen und Teilhaber weltgeschichtlicher Vorgänge und Entwicklungen, die die Frage nach dem Sinn und Ziel der Geschichte überhaupt aufwerfen. Das rapide Anwachsen der Erdbevölkerung, die Schrecken und kaum vernarbten Wunden zweier Weltkriege, die Erfindung und Herstellung der Massenvernichtungsmittel, der Vorstoß des Menschen in den Weltraum, die wachsende Perfektion der Technik und die prometheische Kühnheit ihrer Experimente, der Drang der Wissenschaft, über die Energien der Atome und Moleküle hinaus die Herrschaft über die Grundenergie zu erlangen, für die alle anderen Energien nur Dienerinnen sind, und so »die Hand auf die eigentliche Triebkraft der Evolution zu legen« (Teilhard de Chardin) — diese und ähnliche Beobachtungen wecken in jedem Menschen, sofern er nicht nur der Sorge um sein eigenes Behagen und Wohlergehen lebt und sich das Denken abgewöhnt hat, die Frage, wo dies alles noch hinführen soll. Was wird aus der Welt? So fragt sich der Mann aus dem Volk, wenn er seine Zeitung liest; so fragt die Mutter, die in die Wiege ihres Kindes blickt.

Was uns beunruhigt, ist nicht zuletzt das *Tempo*, in dem diese

Entwicklung sich vollzieht. In wenigen Jahrzehnten ist die weite Welt der Völker erstaunlich zusammengerückt. In rascher Folge hat die Wissenschaft ein Geheimnis um das andre der Natur abgetrotzt. Mit einer Expansionskraft, die in der bisherigen Geschichte ohne Beispiel ist, hat eine politische Heilslehre, der Kommunismus, im Lauf eines Menschenalters einen wesentlichen Teil der Erdbevölkerung in ihren Griff bekommen. Gewaltige Machtblöcke stehen sich auf dem Kampffeld der Geschichte gegenüber, deren friedliche Koexistenz höchst wünschenswert, aber keineswegs gesichert ist. Jede dieser Mächte verfügt über ein Arsenal von Bomben und Vernichtungswerkzeugen, das die Zahl der Waffen, die nötig wären, um die Menschheit als Ganzes auszulöschen, um ein Vielfaches übertrifft. Der Siegeslauf der Technik, am Anfang des Jahrhunderts noch voll Hoffnung begrüßt, droht in einen Wettlauf mit dem Tode umzuschlagen. Wo stehen wir: am Beginn eines neuen Zeitalters, in dem die Geschichte nun wirklich Welt-Geschichte wurde (Karl Jaspers), das als das »Atomzeitalter« oder das »Planetarische Zeitalter« in die Geschichtsbücher eingehen wird, oder am Ende der Geschichte? Ist sie bereits in ihr letztes, apokalyptisches Stadium eingetreten? Die Antworten auf diese Frage fallen, je nach dem Standort, Charakter und Sehfeld des Einzelnen, verschieden aus. Aber die Frage als solche hängt doch wie das Schwert des Damokles über unsrem Haupt.

Werfen wir einen Blick auf die bisherige Geschichte des Menschengeschlechts, so erhebt sich *die Frage, ob man überhaupt von einem Sinn und Ziel der Geschichte reden kann*. Der Zeitraum, den wir überblicken können, jene rund sechstausend Jahre, deren geschichtlichen Verlauf die historische Forschung mehr oder minder deutlich aufzuhellen vermag, ist verhältnismäßig kurz. Ihm geht die Früh- und Vorgeschichte des Menschen voraus, die nach dem heutigen Stand unsrer Erkenntnis viele Jahrmillionen umfaßt. Verglich man diese Entwicklungsgeschichte des Menschengeschlechts mit einem Vierundzwanzig-Stunden-Tag, so blieben für den Zeitraum, von dem in den Lehrbüchern für den Geschichtsunterricht die Rede ist, nicht mehr als die letzten fünf Minuten vor Mitternacht. Schon dies, daß unser Blickfeld so begrenzt ist, macht es schwierig, in der Frage, ob die Geschichte Sinn und Ziel hat, zu einem gültigen

Urteil zu gelangen. Dazu kommt, daß im Verlauf der bisherigen Geschichte Sinn und Widersinn sich zumindest die Waage halten. Was beobachten wir, wenn wir in den Annalen der Weltgeschichte blättern? Aufstieg und Zerfall der Kulturen und Weltreiche, politische Machtverschiebungen und soziale Umwälzungen, Entdeckungen und Eroberungen, Kriege und Siege, Katastrophen und Niederlagen, ein Geflecht von Irrungen und Wirrungen, Intrigen und Leidenschaften, bei dem Schicksal und Schuld, das Edle und das Gemeine so eng miteinander verflochten sind, daß sich's kaum entwirren läßt und infolgedessen auch dieselben Vorgänge, Gestalten und Epochen sehr verschieden beurteilt werden. Um den Sieg der Wahrheit und die Wahrung des Rechts war es in der bisherigen Geschichte jedenfalls nicht zum besten bestellt; Unrecht und Lüge, Haß und Gewalttat haben schon immer einen erschreckend breiten Raum im Geschichtsverlauf gehabt. Alles, auch das Imposante, war mit viel Schweiß, Blut und Tränen bezahlt.

Was die Frühgeschichte des Menschen betrifft, so läßt sich zwar hier eine aufsteigende Linie der Evolution feststellen, die vom Undifferenzierten zum Differenzierten, vom Primitiven zum Höheren verläuft. Im Rückblick auf die niederen Lebensformen, aus denen der Mensch, rein biologisch betrachtet, hervorgegangen ist, hat er eine hohe Stufe erreicht. Auch in der Beherrschung der Natur, in der Erfindung von Werkzeugen, in der Ausdehnung seines Wissens und seiner Macht hat er im Lauf der Geschichte, zumal seit Beginn des Industriezeitalters, erstaunliche Fortschritte gemacht. Von der Feuerstelle und dem Faustkeil des Höhlenmenschen bis zum Atomreaktor, zum Düsenflugzeug, zum Elektronengehirn und zum Raumschiff, das mit phantastischer Geschwindigkeit den Erdball umkreist — das ist ein weiter Weg, wahrlich eine kühne und stolze Bilanz! Aber selbst dann, wenn wir meinen, eine aufsteigende Entwicklung in der Geschichte der Menschheit registrieren zu können, ist über Sinn und Ziel der Geschichte noch nichts ausgesagt. Wozu dieser ganze Zuwachs an Intelligenz und Macht, zu welchem Ziel und Ende soll diese Entwicklung hinführen? Gesetzt den Fall, die ungeheure Machtfülle, die die neuesten Entdeckungen und Erfindungen dem Menschen in die Hand gegeben haben, würde sich gegen die Menschheit kehren, ihr selbst zum Verhängnis werden, wäre dann nicht chaotische Sinnlosigkeit das Endresultat? Würde nicht alles Gerede von einem sinnvollen Fortschritt in der Geschichte grausam widerlegt, in tödlichem Schweigen erstickt?

Der Glaube an einen *Fortschritt* in der Geschichte des Menschengeschlechts hat zwar sehr kluge und beredte Verfechter gefunden. Er stammt aus einer Zeit, deren geistiges Erbe wir alle, bewußt oder unbewußt, mit uns tragen und verwalten, der Zeit der Aufklärung[1]. Damals wurde sich der Mensch der die Welt erleuchtenden und ihren Lauf wesentlich mitbestimmenden Macht seiner Vernunft bewußt. Er streifte seine »selbstverschuldete Unmündigkeit« (Kant) ab und begann auf alle Wissensgebiete, auf Natur und Geschichte, die Methoden exakter Forschung anzuwenden. Die Möglichkeit und der Wert der Bildung wurden neu erkannt: Kraft seiner Vernunftausstattung hat der Mensch die Fähigkeit, sich selbst zu vervollkommnen (Rousseau) und die Bedingungen seines Daseins entscheidend zu verbessern.

Mit pathetischem Schwung hat der deutsche *Idealismus* diesen Gedanken aufgegriffen und die Vernunft als Teilhabe des Menschen am göttlichen Geiste gedeutet. Die ganze Geschichte erscheint nun als eine Selbstentfaltung des absoluten Geistes, der im Menschengeist sich seiner selbst bewußt wird. Die Geschichte dreht sich nicht im Kreise, sie schreitet voran! So hat Hegel, der unter den großen Denkern des Idealismus im besonderen die Betrachtung der Geschichte in sein philosophisches Nachdenken einbezog, die Weltgeschichte als den »Fortschritt der Menschheit im Bewußtsein der Freiheit« bezeichnet.

Einen neuen Auftrieb bekam dieser Fortschrittsglaube durch die *Evolutionstheorie*, die der Engländer Charles Darwin, auf ein reiches Beweismaterial von Funden und Forschungsergebnissen gestützt, aufstellte[2]. Die auf philosophischem Weg gewonnene Einsicht in die Höherentwicklung des Menschengeschlechts erschien nunmehr, durch empirische Tatsachen begründet, als wahr erwiesen. Dieser Fortschrittsglaube ist freilich durch die beiden Weltkriege, die in der ersten Hälfte dieses Jahrhunderts unermeßliches Grauen und Elend über die Völker brachten, erheblich erschüttert worden. Aber die *sprunghafte Entwicklung der Technik*, ihre für jedermann sichtbaren Erfolge haben diese

Eindrücke, zumal im Bewußtsein der heranwachsenden Generation, weitgehend verwischt. So finden wir heute, nicht zuletzt bei den jungen Völkern, die ihre politische Selbständigkeit errungen haben, das Gefühl, einer großen Zukunft entgegenzugehen. Dies gilt erst recht für die Menschen und Länder der Erde, in denen die politische Heilslehre des *Kommunismus* Wurzel geschlagen hat und in steigendem Maße das Denken und das gesellschaftliche Leben beherrscht. Hat doch gerade der Kommunismus den Fortschrittsglauben in sein revolutionäres Geschichtsprogramm mit einbezogen! Die von Karl Marx übernommene Einsicht Hegels in den dialektischen Fortschritt der Geschichte, der Glaube an die weltverwandelnde Macht der Technik, der politische und wirtschaftliche Erfolg werden als gewichtige Gründe dafür ins Feld geführt, daß eine neue, bessere Welt im Kommen ist. Diese Hoffnung hat eine faszinierende Kraft, und sie hat auch schon gewaltige Energien aktiviert. Die Lebensbedingungen ganzer Völker sind in wirtschaftlicher und sozialer Hinsicht verbessert worden, ja es erscheint durchaus möglich, Hunger und Elend von dieser Erde zu verbannen, soweit wir auch jetzt von diesem Endziel noch entfernt sind. Zwar wird es angesichts der so schnell zunehmenden Bevölkerungsdichte der Erde gewaltiger Anstrengungen bedürfen, um so viele Güter und Lebensmittel zu erzeugen, daß der Bedarf aller befriedigt werden kann. Viele eigensüchtig verteidigte Interessen und Vorrechte müssen geopfert werden, damit eine gerechte Verteilung der erzeugten Güter zustande kommt und dann jener Zustand der Gesellschaft verwirklicht wird, der allen die »echte Erfahrung des Menschseins« (K. Marx) ermöglicht. Wann und ob dieses Ziel jemals erreicht wird, wissen wir nicht. Aber nun — die friedliche Zusammenarbeit der Völker vorausgesetzt — kann man es nicht mehr als schlechthin utopisch bezeichnen.

Trotzdem können wir uns diesen *Glauben an den Fortschritt* in der Geschichte des Menschengeschlechts *nicht zu eigen* machen. Solange nämlich der Fortschritt des Menschen in der Beherrschung der Natur und ihrer Kräfte nicht mit einem gleichzeitigen Fortschritt in der Wahl seiner Zwecke verbunden ist, wird er des Fortschritts nicht wirklich froh. Der Zuwachs an Macht ist eine zweischneidige Sache: er kann sich heilvoll und unheilvoll auswirken. Ob zum Beispiel die Entdeckung der Atomkraft dem Menschengeschlecht zum Segen oder zum Verhängnis wird, ist keineswegs sicher. Jedenfalls zeichnet sich die Gefahr erschreckend deutlich ab, daß dieser Machtzuwachs sich gegen den Menschen kehren könnte. Die ganze Menschheit ist heute im Fortbestand ihrer physischen Existenz einer tödlichen Bedrohung ausgesetzt.

Wesentlich für unsere Betrachtung der Dinge ist aber, daß die *biblische Schau der Geschichte* dieser optimistischen Erwartung einer innerweltlichen Aufwärtsentwicklung zuwider ist. Nirgends finden wir in der Heiligen Schrift die Meinung, daß sich die Weltgeschichte in einer fortschreitenden Aufstiegsbewegung befindet, die schließlich ins Reich Gottes mündet. An vielen Stellen ist vielmehr deutlich davon die Rede, daß das Wesen dieser Welt vergeht. Der Lauf der Geschichte stürzt auf ein *Ende* zu! Himmel und Erde werden vergehen (Matth. 24, 35). Sie sind aufbewahrt auf den Tag des Gerichts (vgl. 2. Petr. 3, 7). Nur durch den Abbruch dieser alten, vergehenden Welt hindurch kann und wird die neue Welt Gottes verwirklicht werden. Gott schafft diese neue Welt, wie er am Anfang in eigener Machtvollkommenheit Himmel und Erde geschaffen hat. Das kommende Gottesreich wird nicht das Endresultat unsrer menschlichen Bemühungen um eine bessere Welt, auch nicht der glorreiche Abschluß unserer christlichen Bemühungen um Wahrheit und Liebe sein. Gott führt es herauf, er setzt seine Herrschaft durch, und zwar so, daß er nicht an dieser alten Welt herumflickt, sondern Neues schafft: einen neuen Himmel und eine neue Erde, in welchen Gerechtigkeit wohnt (2. Petr. 3, 13).

Warum dies notwendig ist, ist jetzt nicht zu erörtern. Wann dieser schöpferische, richtende und rettende Eingriff Gottes in den Geschichtsprozeß erfolgt, wie diese totale Weltumwandlung vor sich gehen wird, welches Licht durch die Verheißungen der Schrift auf diese neue Welt Gottes fällt, sei zunächst noch dahingestellt. Fürs erste genügt die Feststellung, daß die Menschheitsgeschichte nach biblischem Zeugnis ein *Ziel* hat, dem sie sich zubewegt. Sie dreht sich nicht im Kreise, wie sich ein Karussell um seine Achse dreht. Sie gleicht, wenn schon ein Bild gebraucht werden soll, viel eher einem Eisenbahnzug, der sich mit wachsender Geschwindigkeit dem Zielbahnhof zubewegt.

Diese teleologische (auf ein »Telos«, d. h. ein Ziel gerichtete) Betrachtung der Geschichte findet sich erstmals bei den Propheten, die Gott im Alten Bund erweckt und zu dem Volk Israel gesandt hat.

Im Gegensatz zu der zyklischen Geschichtsauffassung, die — dem Kreislauf der Natur mit ihrem jährlich wiederkehrenden Wechsel der Jahreszeiten abgelauscht — in der Antike vorherrschend war, rückt in der Zeit der großen klassischen Prophetie in Israel, die mit dem Propheten Amos (760 v. Chr.) beginnt und bei dem Zweiten Jesaja, dem Exilpropheten, ihren Höhepunkt erreicht, die Geschichte unter eine neue Perspektive. Sie ist der Schauplatz, auf dem der lebendige Gott den Kampf um die Anerkennung und Durchsetzung seiner Herrschaft führt. War in altisraelitischer Zeit der Blick fast ausschließlich auf die Geschichte Gottes mit seinem Bundesvolk beschränkt, wobei die Befreiung aus Ägypten, der Zug durch die Wüste, der Bundesschluß am Sinai, die Einnahme des gelobten Landes, die Einsetzung und Festigung des davidischen Königtums die hauptsächlichen Themen der Geschichtsschreibung gebildet haben[3], so *weitet sich* nunmehr *der Horizont*. Nicht nur an Israel, auch an die umliegenden Völker und Städte richtet *Amos* seine Gerichtsbotschaft aus: Damaskus und Gaza, Tyrus und Edom, Ammon und Moab wird der Herr nicht schonen um ihrer Frevel willen (Amos 1, 3 ff.). Der Gott Israels ist auch ihr Gebieter und Richter, der ihr Geschick bestimmt: »Habe ich nicht Israel aus dem Land Ägypten geführt und die Philister aus Kaphtor und die Aramäer aus Kir?« (Amos 9, 7).

Sind es hier noch die Grenzvölker oder verhältnismäßig bedeutungslose Stadtstaaten, die der Prophet in seine Verkündigung einbezieht, so ändert sich dies fast schlagartig bei dem Propheten *Jesaja*, der 20 Jahre später seine Stimme erhob (740 v. Chr.). Auch ein Herrscher wie Sanherib, der Großkönig der Assyrer mit seiner brutalen Eroberungspolitik, ist ein Werkzeug, dessen sich Jahwe, der Gott Israels, bedient und an dem Er seine Übermacht beweist: »Wehe über Assur, den Stecken meines Zorns und die Rute meines Grimms! Auf ein ruchloses Volk lasse ich ihn los, wider das Volk meines Zorns entbiete ich ihn, Beute zu erbeuten und Raub zu rauben und es wie Kot auf der Gasse zu zertreten. Wenn aber der Herr sein Werk am Berge Zion und an Jerusalem vollendet hat, so wird er heimsuchen die Frucht des Hochmuts des Königs von Assyrien samt seinem stolzen Prahlen« (Jes. 10, 5 ff.). In ähnlicher Weise hat *Jeremia*, im Jahr 627 v. Chr. zum Propheten über Völker und Königreiche bestellt (Jer. 1, 10), Nebukadnezar, den König von Babel, als den »Knecht Jahwes« bezeichnet, durch den der allmächtige Gott sein Strafgericht über Jerusalem vollstreckt (vgl. Jer. 25, 9; 43, 10).

Das eindringlichste Zeugnis dieser prophetischen Betrachtung der Weltmächte finden wir bei dem *Zweiten Jesaja*, der den Gefangenen in Babel die Heimkehr (538 v. Chr.) in Aussicht stellen durfte: »So spricht der Herr zu seinem Gesalbten, zu Cyrus, den ich bei seiner rechten Hand ergriff, daß ich Völker vor ihm unterwerfe und Königen das Schwert abgürte ... Ich habe dich gerüstet, obgleich du mich nicht kanntest, damit man erfahre in Ost und West, daß außer mir nichts ist. Ich bin der Herr und sonst keiner mehr, der ich das Licht mache und schaffe die Finsternis, der ich Frieden gebe und schaffe Unheil. Ich bin der Herr, der dies alles tut« (Jes. 45, 1 ff.). Auch dieser König der Perser, der den Verbannten die Heimkehr nach Zion gestatten sollte, ist ganz und gar Werkzeug Jahwes; wie einen »Stoßvogel« (Jes. 46, 11) rief Er ihn herbei, daß er Seinen Ratschluß ausführe.

Wenn dieser Gott, den die Propheten Israels bezeugen, mit solcher Überlegenheit auch heidnische Weltmächte in seinen Geschichtsplan einordnen kann, so daß sie noch in ihrem widergöttlichen Trotz zu Vollstreckern seiner Beschlüsse werden müssen, so beweist dies, daß Er mit unumschränkter Gewalt den ganzen Ablauf der Geschichte beherrscht und lenkt. Er bemißt den Gewaltigen der Erde ihre Zeit und die Grenzen ihrer Macht; Er schleudert sie wieder ins Nichts zurück. Durch diese Einsicht wurde einem *neuen Gesamtverständnis der Geschichte* die Bahn gebrochen: Sie ist nicht nur ein Kampfplatz, auf dem die Völker ihre Interessenkonflikte austragen, wobei bald diese, bald jene Macht die Vorherrschaft erzwingt. Über den Mächtigen der Erde ist Gottes Herrschaft aufgerichtet. »Er ändert Zeit und Stunde; er setzt Könige ab und setzt Könige ein« (Dan. 2, 21) —

23

nicht in blinder Willkür, sondern nach seinem verborgenen, überlegenen Plan. Der Gedanke der »*Weltgeschichte*« liegt damit in der Luft, auch wenn der Begriff noch nicht vorhanden ist, so gewiß der Ratschluß des Herrn Zebaoth über alle Lande geht und seine Hand über alle Völker ausgereckt ist (vgl. Jes. 14, 26).

Eine eigentümliche Abwandlung erfährt diese prophetische Schau der Geschichte im Buch *Daniel*, in dem sich der Übergang zur Apokalyptik bemerkbar macht. Hier erscheint die Weltgeschichte in dem Traumbild Nebukadnezars (Dan. 2, 31 ff.) als ein periodisch gegliederter Ablauf von verschiedenen Zeitaltern, wobei sich die aufeinander folgenden Weltmächte gemäß der ihnen zugemessenen Frist ablösen. Diese Vorstellung von bestimmten Welt- und Geschichtsperioden findet sich auch sonst in der Antike, und doch besteht ein bezeichnender Unterschied: Während in der antiken Periodenlehre, die ihrerseits auf der Vorstellung eines astrologisch begründeten Kreislaufs beruht, am Ende das goldene Zeitalter des Anfangs wiederkehrt, strebt der Geschichtsverlauf nach der Schau des Buchs Daniel auf einen letzten, übergeschichtlichen Abschluß zu. Am *Ende* steht das von Gott selbst begründete, vom Himmel herabkommende, allein ewige Reich, dargestellt in dem Stein, der den Koloß auf tönernen Füßen zerschmettert und zum Berg wird, der die ganze Erde bedeckt: »Zur Zeit dieser Könige wird der Gott des Himmels ein Reich aufrichten, das nimmermehr zerstört wird; und sein Reich wird auf kein anderes Volk kommen. Es wird alle diese Königreiche zermalmen und zerstören; aber es selbst wird ewig bleiben« (Dan. 2, 44).

Dieser Gedanke von einem periodisch gegliederten Verlauf der Weltgeschichte war den großen Propheten Israels fremd; dies muß man feststellen, so sehr er auch das Geschichtsdenken im Abendland beeinflußt hat. Dagegen greift die Ankündigung, daß sich am Ende ein *majestätischer Eingriff Gottes in den Geschichtsverlauf* ereignen wird, auf Erwartungen und Verheißungen zurück, die wir schon bei Jesaja, dem »König unter den Propheten« finden. »Es wird zur letzten Zeit der Berg, da des Herrn Haus ist, fest stehen, höher als alle Berge und über alle Hügel erhaben, und alle Heiden werden herzulaufen, und viele Völker werden hingehen und sagen: Kommt, laßt uns auf den Berg des Herrn gehen, zum Hause des Gottes Jakobs, daß

er uns lehre seine Wege und wir wandeln auf seinen Steigen!«
(Jes. 2, 2 ff.; vgl. Micha 4, 1—3).

Je tiefer unter leidvollen Erfahrungen die Herrlichkeit des Herrn
Zebaoth verborgen war, je steiler der Weg des Gottesvolks in
die Tiefe führte, je härter der Druck heidnischer Fremdherrschaft auf ihm lastete, um so sehnsüchtiger wandte sich der
Blick der Zukunft zu, richtete er sich auf das, was in den »letzten Tagen« geschehen sollte. Hatte ein Prophet wie Amos noch
alle Heilserwartungen, die man im Volk mit dem »Tag Jahwes«
verband, als trügerisch zurückgewiesen — »Weh denen, die des
Herrn Tag herbeiwünschen! Was soll er euch? Des Herrn Tag
ist Finsternis und nicht Licht« (Amos 5, 18) —, so durfte der
Zweite Jesaja, nachdem Gottes Strafgericht über das abtrünnige
Volk ergangen war (587 v. Chr.), den Gefangenen in Babel die
Freudenbotschaft überbringen: Die rettende Wende steht bevor! Gott selbst kommt mit all seiner Macht und Herrlichkeit,
um als Befreier an dem »Würmlein Jakob« (Jes. 41, 14) zu handeln. »Er kommt gewaltig, und sein Arm wird herrschen« (Jes.
40, 10). Die Hoffnung auf die Heimkehr der Verbannten ist
hier in den Rahmen einer eschatologischen Erwartung eingefügt, die nicht weniger als eine umfassende Offenbarung der
Herrlichkeit Jahwes und seiner Alleinherrschaft über alle Völker, Götter und Mächte zum Inhalt hat. Was dieser Prophet ankündigt, übersteigt die kühnsten Hoffnungen, die man sich
unter den Gefangenen in Babel allenfalls machen konnte, um
sich der dumpfen Verzweiflung zu erwehren. Gott selbst kündigt durch den Mund dieses Boten den Triumph seiner Herrschaft an. Er, er allein, ist das Heil und die Hoffnung aller Völker. »Wendet euch zu mir, so werdet ihr gerettet, aller Welt
Enden; denn ich bin Gott, und sonst keiner mehr. Ich habe bei
mir selbst geschworen, und Gerechtigkeit ist ausgegangen aus
meinem Munde, ein Wort, bei dem es bleiben soll: Mir sollen
sich alle Knie beugen und alle Zungen schwören und sagen: Im
HERRN habe ich Gerechtigkeit und Stärke« (Jes. 45, 22 f.). Daß
der lebendige Gott diese Aufforderung an die Völkerwelt mit
einem Schwur bekräftigt, will betonen: Es ist kein letztlich doch
ohnmächtiger Appell, der hier an alle Bewohner der Erde ergeht. Gott besteht auf dieser Huldigung der Völkerwelt und
setzt sie durch.

Fragt man nach der *Erfüllung* dieser Hoffnung, so muß man feststellen, daß sie nicht nur die Geschichte des Volkes Israel übersteigt, sondern den Rahmen aller bisherigen Geschichte sprengt. Wer außer den umliegenden Völkerschaften nahm schon Notiz davon, als das kleine Restvolk der Judäer in die Heimat der Väter zurückkehrte und unter viel Mühsal und Gefahr an den Wiederaufbau der Stadt Jerusalem und des Tempels ging? Wer kann sich verbergen, daß wir auch heute, trotz aller weltweiten Missionsarbeit unter den Völkern, schmerzlich weit von dem Ziel entfernt sind, die Botschaft von dem allein wahren und lebendigen Gott, von seinem Heil und seiner Herrschaft allen, die auf Erden sind, bekannt zu machen oder gar überall in der Welt den Gehorsam des Glaubens aufzurichten? Nicht nur, daß sich die alten, heidnischen Religionen mit zäher Lebenskraft behaupten, ja selbst zu einem missionarischen Gegenfeldzug angetreten sind[4], wobei besonders der Islam Erfolge aufweisen kann, die die missionarische Ausbreitung des Christenglaubens in den Schatten stellen. Auch innerhalb der Christenheit ist eine Abfallsbewegung vom biblisch begründeten Gottesglauben im Gang, die immer weiter um sich greift. Zudem beherrscht die kommunistische Heilslehre mit ihrem militanten Atheismus riesige Räume der Erde und hat sie der Predigt des Evangeliums verschlossen. Wie soll es unter solchen Umständen und Vorzeichen je dahin kommen, daß »aller Welt Enden das Heil unsres Gottes sehen« (Jes. 52, 10)?

Hier tut sich ein striktes Entweder-Oder auf: Entweder wir sehen diese Schau der Propheten von einem letzten Heilsziel der Geschichte als eine Utopie an, die der tatsächliche Ablauf der Geschichte widerlegt. Oder wir nehmen den eschatologischen Charakter ihrer Botschaft ernst und setzen unsre ganze Hoffnung auf einen noch ausstehenden Eingriff Gottes in die Geschichte, der einlöst und wahrmacht, was sein Wort verspricht. Im ersten Fall wären diese Aussagen der Propheten nur noch religionsgeschichtlich von einigem Interesse, sie hätten keine unsre eigene Hoffnung begründende, die Zukunft der Menschheit wirklich erhellende Kraft. Im zweiten Fall setzen wir uns dem Verdacht aus, daß wir uns spektakulären Erwartungen zulieb aus dem Bereich der geschichtlichen Wirklichkeit entfernen. Aber besteht dieser Verdacht zu Recht? Tatsache ist, daß die Geschichtsbetrachtung der Propheten »unabtrennbar mit der Gewißheit eines endgültigen Abbruchs der Geschichte und ihrer Aufhebung in einem neuen Äon verbunden war« (W. Eichrodt). Nicht innerhalb des Geschichtsverlaufs vielmehr *am Ende*, in den »letzten Tagen« erwarten sie die Enthüllung der Gottesherrschaft, ihre alle Völker erfassende, unwiderlegbare Verwirklichung. Damit stimmt überein, was wir in der Botschaft Jesu und der Predigt der Apostel über das Kommen und den Durchbruch des Gottesreichs erfahren. Auch hier finden wir nirgends die Vorstellung, daß dieses Reich auf dem Weg einer innerweltlichen Entwicklung Gestalt gewinnen wird. Es kommt am Ende der Geschichte als die Wende der Äonen. In dieser Hinsicht besteht zwischen dem biblischen Zeugnis der Propheten, der Evangelisten und der Apostel völlige Übereinstimmung.

Unsre Betrachtung der Geschichtsauffassung der Propheten hat gezeigt, daß die *Botschaft vom Ende* zu ihrer Predigt hinzugehörte. Die Vorstellung von einem endgültigen Abbruch der Geschichte ist also keineswegs allein aus der spätjüdischen Apokalyptik in das Neue Testament eingedrungen. Daß diese Botschaft wahr und gültig ist daß also die Geschichte als Ganzes wirklich einem letzten End- und Heilsziel entgegeneilt, läßt sich mit Gründen der Vernunft oder der geschichtlichen Beobachtung weder behaupten noch bestreiten. Ihre Glaubwürdigkeit steht und fällt damit, daß der lebendige Gott den Geschichtsverlauf wirklich in letzter Instanz regiert und daß er den Propheten tatsächlich einen Einblick in die Werkstatt seiner Pläne gewährt hat. Vom neutralen Standort wissenschaftlicher Forschung aus läßt sich dies nicht nachprüfen. Wenn wir uns die prophetische Schau der Geschichte zu eigen machen, dann allein deshalb, weil sich das Wort, das Gott diesen seinen Knechten in den Mund legte (vgl. Jer. 1, 9), mit einer Herz und Gewissen bezwingenden Macht als wahr erweist.

Das Ende des Weltlaufs

Der Dramatiker Friedrich Dürrenmatt, der durch seine zeitkritischen Bühnenstücke weit über die Grenzen seiner schweizerischen Heimat hinaus bekannt geworden ist, hat eine Geschichte mit dem Titel »Der Tunnel« geschrieben, die sehr hintergründigen Charakter hat. Von einem Zug ist darin die Rede, der täglich auf einer kleinen Bahnstrecke, zwischen Burgdorf und Olten, verkehrt. Auf dieser Strecke befindet sich ein Tunnel, den der Zug normalerweise in kurzer Zeit passiert. Aber eines Tages geschieht das Unheimliche: Anstatt den Tunnel wieder in Kürze zu verlassen, rast der Zug mit steigender Geschwindigkeit in eine nicht mehr sich aufhellende Nacht hinein. Die Art, wie die Reisenden darauf reagieren, ist sehr verschieden. Manche bemerken es kaum, schlaftrunken und müde oder in ihre Lektüre vertieft. Andere starren erschrocken in das Dunkel, und die Skala ihrer Empfindungen reicht von der gleichgültigen Apathie bis zum lähmenden Entsetzen. »Was sollen wir tun?« schreit der Zugführer. Er weiß sich keinen Rat; niemand weiß, wo, wann und wie die unheimliche Fahrt enden soll.

Dieser Zug, der in einem dunklen Tunnel mit unbekanntem Ziel in die Nacht hineinrast, ist ein Bild und Gleichnis unsrer geschichtlichen Situation. *Wohin geht die Fahrt?* Hat sie ein Ziel oder endet sie in einem gähnenden Abgrund? Diese Frage stellt sich jedem Menschen, der sich nicht selbst durch die Sorge und den Genuß des Augenblicks betäubt. Denn wir stehen ja keineswegs am Bahnsteig, so daß wir diesem Zug gemächlich nachwinken könnten. Als Mitreisende sind wir allesamt an der Fahrt beteiligt, mit unsrer ganzen Existenz in den Lauf der Geschichte hineinverflochten. Sie steht nicht still. Sie bewegt sich mit zunehmender Geschwindigkeit einer unbekannten Ferne zu, und kein Verstand der Verständigen vermag darüber Auskunft zu geben, ob am Ende des Tunnels ein leuchtendes Ziel oder ein drohender Abgrund ist, gesetzt den Fall, daß dieser unheimliche Tunnel überhaupt ein Ende hat und diese beklemmende Fahrt irgendwann zum Stillstand kommt.

Schlagen wir die Bibel auf, so wird uns auf diese Frage eine klare Antwort erteilt. Sie sagt uns, daß diese Welt vergeht. Ihre Geschichte hat einen Anfang und ein Ende. »Am Anfang schuf Gott Himmel und Erde« (1. Mose 1, 1). Wir können diesen Anfang nicht datieren, so gewiß der allmächtige Gott — nach einem klugen Wort Augustins — die Welt nicht *in* der Zeit, sondern *mit* der Zeit geschaffen hat. Trotzdem ist dieses Wort vom »Anfang« wichtig, denn es bezeugt, daß nicht das Geschaffene, nicht die Materie, vielmehr allein Gott, der Schöpfer aller Dinge, ewig, ohne Anfang und Ende ist. Da er seiner Schöpfung als ihr Urheber und Gebieter gegenübersteht und also nicht, wie der Pantheismus lehrt, mit dem Leben und Walten der Natur und ihren Kräften identisch ist, steht es ihm durchaus frei, dieser Welt und ihrer Geschichte auch ein *Ende* zu setzen. »Du hast vorzeiten die Erde gegründet, und die Himmel sind deiner Hände Werk. Sie werden vergehen, du aber bleibst; sie werden alle veralten wie ein Gewand; wie ein Kleid wirst du sie wechseln, und sie werden verwandelt werden. Du aber bleibst, wie du bist, und deine Jahre nehmen kein Ende« (Ps. 102, 26 ff.). Mit herrlicher Klarheit bezeugt dieses Psalmwort, daß der ewige Gott als der Schöpfer Himmels und der Erde nicht in das Werden und Vergehen des Geschaffenen hineinverflochten ist. Wie ein König seine Gewänder wechselt, ohne daß dadurch er selbst in seiner Person ein anderer wird, so kann Gott diese erste Schöpfung gegen eine andere auswechseln. Er selbst bleibt in seiner Schöpferhoheit davon unberührt. Ob der Allmächtige von dieser Möglichkeit Gebrauch macht, können wir Menschen aus eigenem Ermessen nicht entscheiden. Zwar legt die Erfahrung, daß unser eigenes Leben Anfang und Ende hat, den Rückschluß nahe, daß dies auch von der Schöpfung als Ganzem gelten könnte. Über der ganzen Welt, in der wir leben, liegt ja der Todeshauch der Vergänglichkeit (vgl. Röm. 8, 20). Aber wie über das Ende des Einzelnen hinweg die Gattung Mensch doch erhalten bleibt, so behauptet sich auch das Gesamtleben der Schöpfung in allem Werden und Vergehen seiner Gestalten und Lebensformen. Insofern hat dieser Rückschluß keine zwingende Beweiskraft. Ob der lebendige Gott der von ihm geschaffenen Welt als Ganzem ein Ende macht, steht allein in seinem Ermessen. Wir, seine Geschöpfe, können dies weder beschließen noch verhindern.

In dem zitierten Schriftwort aus Psalm 102 ist allerdings vorausgesetzt, daß »Himmel und Erde« *vergehen* werden. Auch in dem Wort, das Gott nach der Sintflut zu Noah sprach: »Solange die Erde steht, soll nicht aufhören Saat und Ernte, Frost und Hitze, Sommer und Winter, Tag und Nacht« (1. Mose 8, 22), ist mit diesem »Solange« eine Grenze seiner Geduld zumindest angedeutet. Damals hat der Allmächtige mit der verschuldeten

Erde eine Art »Stillhalte-Abkommen« (W. Vischer) getroffen. Obwohl er wußte, daß des Menschen Herz zum Bösen neigt und das Menschengeschlecht die Erde auch in Zukunft mit Gewalttat und Frevel erfüllen würde, hat Er sich dafür verbürgt, jene Grundordnungen zu erhalten, die den Fortbestand des Lebens auf dieser Erde bedingen. Gott hat diese Zusage bis auf diesen Tag nicht zurückgenommen, sondern treu und pünktlich erfüllt. Er läßt »seine Sonne aufgehen über die Bösen und über die Guten und läßt regnen über Gerechte und Ungerechte« (Matth. 5, 45). Aber wie lange seine Geduld währt, wissen wir nicht.

Aufs Ganze gesehen wird allerdings im *Alten Testament* der unverbrüchliche Fortbestand der Ordnungen, durch die Gott diese Welt unter seiner Geduld erhält, vorausgesetzt (vgl. Jer. 31, 35; 33, 25). Auch das, was »in den letzten Tagen« geschehen wird, stellt man sich so vor, daß Gott innerhalb der von ihm geschaffenen Welt einen neuen geschichtlichen Anfang macht. Erst in der nachexilischen Zeit, bei Haggai und im Anhang zum Buch des Zweiten Jesaja, begegnen wir der Vorstellung, daß der Eingriff Gottes am Ende eine Erschütterung des Himmels und der Erde (Hagg. 2, 6. 21), ja eine Umwandlung bzw. Neuschöpfung dieser ganzen, zum Vergehen bestimmten Welt zur Folge hat: »Siehe, ich will einen neuen Himmel und eine neue Erde schaffen, daß man der vorigen nicht mehr gedenken und sie nicht mehr zu Herzen nehmen wird« (Jes. 65, 17).

Im *Neuen Testament* machen wir die Beobachtung, daß sowohl die Verkündigung Jesu wie die Predigt der Apostel in einem radikalen Sinn eschatologischen Charakter tragen. Gott setzt nicht nur einen neuen Anfang innerhalb der Weltgeschichte; das Ende dieser Welt und all ihrer bisherigen Geschichte steht bevor! Nur durch den Abbruch dieser alten Welt hindurch kann und wird die »Zeit der Erquickung« kommen, die alles wiederbringt und verwirklicht, wovon Gott durch den Mund seiner heiligen Propheten von Anbeginn geredet hat (Apg. 3, 20 f.). Am »*Ende* dieser Welt« werden die Engel Gottes als Schnitter ausgesandt, wird nach der Scheidung von Unkraut und Weizen Gottes Ernte eingebracht (Matth. 13, 39 f.). Aus dem ganzen Zusammenhang geht hervor, daß mit dieser »Ernte« ein endgültiger Schlußstrich unter alle bisherige Geschichte gezogen wird. Der Acker (die »Welt«) wird nicht noch einmal umgepflügt und neu eingesät, wie dies jeder Bauer nach der Einbringung der Ernte tut. Ein unwiederholbares, einmaliges, endgültiges Ereignis ist bei dieser »Ernte« ins Auge gefaßt. Damit stimmt überein, daß in der Rede Jesu über seine Wiederkunft (Matth. 24, 3 ff.) von gewaltigen Erschütterungen dieser scheinbar so festgefügten Welt die Rede ist, in denen sich ihr *Ende* ankündigt: »Himmel und Erde werden vergehen; aber meine Worte werden nicht vergehen« (Matth. 24, 35). In ähnlicher Weise sprechen Paulus und Johannes in ihren Briefen davon, daß das Wesen dieser Welt vergeht (vgl. 1. Kor. 7, 31; 1. Joh. 2, 17). Der Hebräerbrief nimmt die Weissagung des Haggai auf, daß Gott noch einmal Himmel und Erde bewegen werde (Hebr. 12, 26 f.). Der 2. Petrusbrief kündigt an, daß am Tag des Herrn »die Himmel mit großem Krachen zergehen, die Elemente vor Hitze schmelzen, die Erde und die Werke, die darauf sind, verbrennen werden« (2. Petr. 3, 10), um einem neuen Himmel und einer neuen Erde Platz zu machen. Im letzten Buch der Bibel, der Apokalypse, zeigen die letzten Visionen, die der Seher von Patmos beschreibt, daß das Weltgericht und die Weltvollendung mit einer totalen Neuschöpfung verbunden sind: »Ich sah einen großen, weißen Thron und den, der darauf saß; und vor seinem Angesicht floh die Erde und der Himmel, und ihnen ward keine Stätte gefunden« (Offb. 20, 11). Auch hier wird das Verheißungswort aus Jesaja 65, 17 vom »neuen Himmel und der neuen Erde« aufgegriffen: »Und ich sah einen neuen Himmel und eine neue Erde; denn der erste Himmel und die erste Erde vergingen, und das Meer ist nicht mehr« (Offb. 21, 1).

Aus all diesen Stellen, die sich noch vermehren ließen, geht hervor, daß die *Ankündigung des Weltendes* im Gesamtzeugnis der Heiligen Schrift verankert ist. Der allmächtige Gott, der »in einem Augenblick tausend neue Welten schaffen kann« (Luther), garantiert dieser Welt, in der wir uns vorfinden, durchaus keinen ewigen Bestand. Sie muß und wird vergehen, um einer neuen Ordnung aller Dinge Platz zu machen. Wie man da und dort eine alte, baufällige Dorfkirche, die zu klein geworden war, abgebrochen und an ihrem Platz ein neues Gotteshaus errichtet hat, so wird Gott dieser ersten Schöpfung ein Ende machen und durch sein allmächtiges Wort eine neue, ungleich herrlichere

Welt erschaffen, in der seine Ehre wohnt. Auch hier wird es nach der Grundregel seines göttlichen Schaffens gehen: »Wenn er spricht, so geschieht's; wenn er gebietet, so steht's da« (Ps. 33, 9). Daß dies im Neuen Testament klarer und einhelliger als im Alten Testament bezeugt wird, ist nicht von ungefähr. Es kann auch nicht nur mit dem Hinweis auf die Gedanken und Vorstellungen der spätjüdischen Apokalyptik erklärt werden. Es ist ja keineswegs so, daß deren Vorstellungen kritiklos, in Bausch und Bogen von den neutestamentlichen Zeugen übernommen wurden.

Der entscheidende Grund für diese unterschiedliche Gestalt der Hoffnung im Alten und im Neuen Testament ist vielmehr der, daß ein gewaltiger Eingriff Gottes in die Geschichte dieser Welt sich ereignet hat, der die ganze Gestalt, das »Schema«[5] dieser Welt aus den Angeln hob: Der allmächtige Gott hat seinen Sohn, durch den er alle Dinge schuf (Joh. 1, 3; Kol. 1, 16 f.), aus den Toten auferweckt. Er hat mit dieser Machttat den Grund- und Eckstein einer neuen Welt gelegt. Wieso das Osterereignis diese grundlegende Bedeutung hat, wird in anderem Zusammenhang noch zu erwägen sein. Vorerst mag der Hinweis genügen, daß die Predigt der Apostel, zumal des Paulus, davon ausgeht, daß mit der Auferweckung des Christus bereits eine neue Weltzeit begonnen hat. »Ist jemand in Christus, so ist er ein neues Geschöpf. Das Alte ist vergangen, siehe, Neues ist geworden« (2. Kor. 5, 17). Im Licht der *Osterbotschaft*, die den Anbruch einer neuen Schöpfung bezeugt, wurde den Zeugen der Urkirche klar, daß diese Welt voll Leid und Sünde, Schmerz und Streit vergeht, ja daß es nur noch eine Frage der Zeit ist, bis sie endgültig abgebrochen wird. Die Botschaft vom bevorstehenden Welt-Ende ist also keineswegs in einem finsteren Pessimismus begründet. Sie steht auf einem anderen Blatt als der fatalistische Daseinsüberdruß und die nihilistische Weltverzweiflung, mit denen manche Erzeugnisse der modernen Literatur hausieren gehen. Sie klammert sich auch nicht an vage Zukunftsträume von einer besseren Welt, die nicht mehr sind als der »Seufzer der bedrängten Kreatur«[6] und ihrer Sehnsucht nach Erlösung. Sie ist im Handeln Gottes begründet und empfängt dadurch das Siegel der Gewißheit.

Diese Erkenntnis, daß mitten in unserer vergehenden Welt die neue Welt Gottes bereits begründet wurde und Gestalt gewann, müssen wir uns aneignen, wenn wir die biblische Botschaft vom Welt-Ende recht verstehen wollen. Das ist nicht leicht zu fassen! Aber die Schwierigkeit, dieses Ineinandergreifen des Alten und Neuen zu verstehen, rührt zu einem guten Teil davon her, daß unsre Sprache hier ärmer ist als die griechische Sprache, in der das Neue Testament verfaßt wurde. Wo wir das eine Wort »Welt« haben, gebraucht das Neue Testament zwei Worte: *Aion* und *Kosmos*. Beide sind genauerer Betrachtung wert.

Das Wort »*aion*« bedeutet zunächst »lange Zeit«; in Verbindung mit Gott bekommt es den Sinn »Ewigkeit«, wobei man sich in der gehobenen liturgischen Sprache gern des Plurals bedient (vgl. Matth. 6, 13; Luk. 1, 33; Hebr. 13, 8; 1. Tim. 1, 17 u. a.). Die Ewigkeit wird als eine unendliche Vielzahl von Äonen, die aufeinanderfolgen, vorgestellt, womit ja im Grunde nur gesagt sein will, daß sie unser menschliches Vorstellungsvermögen schlechthin übersteigt, so gewiß der in Raum und Zeit gebundene Mensch den Gedanken der Ewigkeit noch nicht einmal denken kann.

Dasselbe Wort »aion« hat jedoch in der neutestamentlichen Sprache auch die Bedeutung »*Weltzeit*«. Es wird im Blick auf die durch Schöpfung und Ende begrenzte Zeit dieser von Gott geschaffenen Welt gebraucht (vgl. Matth. 13, 39 f.; 24, 3; 28, 20). Gelegentlich kann die Bedeutung »Weltzeit, Weltlauf« in »Welt« übergehen, so daß »aion« sich dem Begriff »kosmos« nähert (vgl. Mark. 4, 19; Hebr. 1, 2); jedoch die erstgenannte, zeitliche Bedeutung überwiegt bei weitem. Diese liegt eindeutig vor, wenn von den beiden Äonen, dem *gegenwärtigen und dem zukünftigen Äon,* die Rede ist (vgl. Mark. 10, 30; Luk. 16, 8; 20, 34 f.; Matth. 12, 32; Eph. 1, 21 u. a.). Der gegenwärtige Äon meint die jetzige Weltzeit, deren Ende bevorsteht; der zukünftige Äon ist das Neue, das dann folgt, eine »neue Weltzeit«, die freilich das Zeitschema durchbricht, in dem die Geschichte dieser Welt verläuft. Die Gegenüberstellung dieser beiden Äonen stammt aus der jüdischen Apokalyptik; sie ist dort seit dem ersten Jahrhundert v. Chr. nachzuweisen (Buch Henoch) und spielt besonders in der Baruchapokalypse und im vierten Buch Esra (1. Jahrhundert n. Chr.) eine wichtige Rolle, wobei dann allerdings der zeitliche Dualismus mit dem räumlichen der Gegenüberstellung von Diesseits und Jenseits wieder vermischt wird. Im Sprachgebrauch hat sich das Neue Testament an diese spätjüdische Redeweise vom gegenwärtigen und zukünftigen Äon angelehnt. Und doch besteht insofern ein tiefgreifender Unterschied, als für die neutestamentlichen Zeugen der neue Äon mit der Auferstehung Christi bereits begonnen hat, so gewiß diese der Anfang einer allgemeinen Auferstehung der Toten ist (vgl. 1. Kor. 15, 20 ff.). Schon jetzt sind die an den Christus Jesus Glaubenden von dem gegenwärtigen Äon, der unter der Herrschaft des Bösen steht, erlöst (Gal. 1, 4); schon jetzt haben sie die Kräfte des zukünftigen Äons gekostet (Hebr. 6, 5).

Das andere Wort für »Welt« im Neuen Testament ist »kosmos«, wobei interessant ist, wie die Belegstellen sich verteilen: Mehr als die Hälfte gehören den johanneischen Schriften an (78mal wird »kosmos« im Johannes-Evangelium, 22mal im ersten Johannesbrief gebraucht; Paulus verwendet das Wort 46mal, während es in den andern Evangelien nur insgesamt 15mal, in allen andern Episteln 5mal, in der Apostelgeschichte des Lukas 1mal begegnet). »Kosmos« ist ursprünglich kein Wort der Bibel. Der Begriff kann seine Herkunft aus der griechischen Philosophie und Sprache nicht verleugnen. Daß die Welt nicht einfach da ist, sondern ein sinnvoll geordnetes Ganzes ist — kein Chaos, sondern ein Kosmos —, dieser kühne Gedanke wurde erstmals im sechsten Jahrhundert v. Chr. von den griechischen Naturphilosophen gedacht und ausgesprochen und dann von Plato und Aristoteles aufgegriffen. Der Begriff »kosmos« gehört zu den großen und originalen Schöpfungen des griechischen Geistes. Die hebräische Sprache kannte kein entsprechendes Wort; von »Himmel und Erde« ist die Rede, wenn die ganze von Gott geschaffene Welt im Blickfeld steht (vgl. 1. Mose 1, 1). Erst als im Spätjudentum, vor allem in Alexandria, die philosophische Weltbetrachtung der Griechen mit dem biblischen Gedankengut sich vermischte, drang dieses Wort »kosmos« in den Sprachraum der Bibel ein. Es wurde dann bei der Übersetzung des Alten Testaments in die griechische Sprache, mit der in der ersten Hälfte des dritten Jahrhunderts v. Chr. begonnen wurde[7], ohne Bedenken verwendet.

Wie unser deutsches Wort »Welt« kann das Wort »kosmos« recht Verschiedenes bedeuten:

1. Das Weltall, das Gott geschaffen hat. »Gott hat die Welt gemacht und alles, was darinnen ist« (Apg. 17, 24). Kosmos ist hier ein räumlicher Begriff, aber doch mehr als nur der »Weltraum«, da das Wort alles Geschaffene mit umfaßt.

2. In engerem Sinn kann das Wort »kosmos« den Schauplatz des menschlichen Lebens und der irdischen Geschichte bezeichnen. So zeigt der Versucher dem Sohn Gottes »alle Reiche dieser Welt« (Matth. 4, 8); dabei ist an die von den Menschen und Völkern bewohnte Erde gedacht. In diese »Welt« kam die Sünde und mit ihr der Tod (Röm. 5, 12), aber auch der Christus Jesus, um die Sünder zu retten (1. Tim. 1, 15).

3. »Kosmos« kann aber auch soviel wie »Menschheit, Menschenwelt« bedeuten: »Gehet hin in alle Welt und predigt das Evangelium aller Kreatur« (Mark. 16, 15). Die Völker der Erde werden hier unter dem Oberbegriff »Welt« als eine Einheit zusammengefaßt. Diese »Welt« hat Gott geliebt (Joh. 3, 16) und mit sich versöhnt (2. Kor. 5, 19).

4. Schließlich bekommt das Wort »kosmos« im vierten Evangelium einen besonderen Akzent: Es bezeichnet die gegen Gott feindlich verschlossene Menschheit. Sie steht unter dem »Fürsten dieser Welt« (Joh. 12, 31); die aus der Welt Herausgerufenen müssen ihren Haß erfahren (Joh. 17, 14). Die »Welt« ist eine gottfeindliche Macht, die es im Glauben an Jesus Christus, der sie besiegt hat (Joh. 16, 33), zu überwinden gilt (1. Joh. 5, 4). Gerade durch das Ereignis der Christusoffenbarung, der sich die Menschheit verschlossen hat, ist die Welt recht eigentlich »Welt« geworden. Damit gewinnt dieses Wort »kosmos« einen Inhalt, der dem griechischen Denken völlig fremd, ja zuwider ist und auch im Alten Testament keine Entsprechung hat, so tief dort auch das Wesen der Sünde erfaßt ist als eine Auflehnung gegen Gott, die das Vorzeichen aller menschlichen Geschichte ist (vgl. 1. Mose 3, 11 ff.; Ps. 2, 1 f.).

Wir haben diese sprachlichen Überlegungen angestellt, weil sie für das schriftgemäße Verständnis der Botschaft vom Ende der Welt von erheblicher Bedeutung sind. Bei diesem Weltende ist offensichtlich nicht, jedenfalls nicht in erster Linie, an eine kosmische Weltkatastrophe gedacht. Vom Ende dieses Äons ist die Rede; diese *Weltzeit* wird durch die kommende Weltzeit abgelöst, die mit dem Ostersieg Christi bereits begonnen hat. Wenn vom Vergehen des »Kosmos« die Rede ist, steht in erster Linie das *Menschengeschlecht* und seine Geschichte mit Gott im Blickfeld. Sagt Paulus, daß das »Schema dieser Welt vergeht« (1. Kor. 7, 31), so heißt dies: Unter die Abfallsgeschichte der Menschheit von Gott wird ein Schlußstrich gezogen. In diese Abfalls- und Unheilsgeschichte hat Gott eingegriffen, als er die »Welt« am Kreuz Christi mit sich versöhnt hat. Durch seine Auferwekkung aus den Toten wurde der Menschheit eine neue, heilvolle Zukunft eröffnet. Setzt Gott der Menschheitsgeschichte ein Ende, so muß auch dieses Ende dazu dienen, daß sein Heilsrat erfüllt und vollendet wird. Aus diesem heilsgeschichtlichen Rahmen darf man die biblischen Aussagen über das Weltende nicht herauslösen, wenn man nicht auf eine falsche Bahn geraten will. Die Botschaft vom Ende ist ein Teil der Christusbotschaft; sie gehört ins »Evangelium Gottes« (Röm. 1, 1) hinein und darf also nicht mit geschichtsphilosophischen Spekulationen oder naturwissenschaftlichen Hypothesen in einen Topf geworfen werden. Sie kann durch derartige Gedanken und Beobachtungen, wie sie der Mensch von der Warte seiner Vernunft aus mit Hilfe philosophischer Reflexion oder auf dem Weg wissenschaftlicher Forschung anstellt, weder gestützt noch widerlegt werden.

Auf die Frage, warum dieses Ende kommt, kann nur die Antwort erteilt werden: Darum, weil es in Gottes Rat beschlossen ist. Muß Er anfragen, ob uns dies behagt? Steht es ihm nicht frei, unsre persönlichen Zukunftspläne genauso wie die weitgreifenden, so selbstsicher entworfenen Pläne und Ideologien der politischen Mächte jederzeit souverän zu durchkreuzen? Er wäre nicht Gott, wenn dies nicht in seiner Macht und Freiheit stünde. Wie jeder Einzelne keinen Tag sicher ist, ob nicht, ehe noch die Sonne sinkt, seine letzte Stunde schlägt, so ist auch die Menschheit als Ganzes zu keiner Zeit dagegen gefeit, daß der allmächtige Gott ihrer Geschichte ein Ende setzt. »Wohlan nun, die ihr saget: Heute oder morgen wollen wir gehen in die oder die Stadt und wollen ein Jahr dort zubringen und Handel treiben und Gewinn machen — die ihr nicht wisset, was morgen sein wird. Denn was ist euer Leben? Ein Hauch seid ihr, der eine kleine Zeit währt, danach aber verschwindet. Dafür solltet ihr sagen: So der Herr will und wir leben, wollen wir dies oder das tun« (Jak. 4, 13 ff.). Diese Warnung vor dem selbstgewissen

Plänemachen sollte nicht nur der Einzelne in seinen Termin-kalender schreiben (vgl. Luk. 12, 16 ff.). Auch die Völker und ihre Politiker haben allen Grund, sich bei ihren großen Programmen jener Hybris zu entschlagen, die ihnen die nicht abzustreifende Abhängigkeit von Gott verbirgt.

Das Ende, von dem die Bibel spricht, ist das Ende der Menschheitsgeschichte — so haben wir festgestellt. Es betrifft den Menschen und seine geschichtliche Welt. Ist damit alles gesagt? Noch haben wir das Wort Jesu im Ohr: »Himmel und Erde werden vergehen« (Matth. 24, 35). Wenige Verse zuvor ist in diesem Kapitel, in dem der Evangelist die Worte Jesu über seine Wiederkunft und das Ende dieser Welt zusammenstellte, davon die Rede, daß das Kommen des Menschensohns in Kraft und Herrlichkeit von gewaltigen *Erschütterungen des ganzen Weltbestands* angekündigt und begleitet wird. »Bald nach der Trübsal jener (letzten) Zeit werden Sonne und Mond den Schein verlieren, und die Sterne werden vom Himmel fallen, und die Kräfte der Himmel werden ins Wanken kommen« (Matth. 24, 29). Da in den heidnischen Religionen die Gestirne der Sitz der Götter sind, ja vielfach selbst als Götter betrachtet wurden, könnte man mit einigem Recht die Meinung vertreten, daß man diese Aussagen nicht im kosmisch-physikalischen Sinne verstehen muß. Vielleicht soll damit gesagt sein, daß das Ende den Sturz der falschen Götter und Ideale bringt, all der Irrlichter, von deren Glanz die Menschheit verführt und geblendet wird. Aber selbst wenn dieser Gedanke mitschwingt, so drängt sich dem unbefangenen Leser doch der Eindruck auf, daß für den Evangelisten und seine Zeit diese »Götterdämmerung« mit einer kosmischen Katastrophe verbunden ist. Nicht nur die Erde, die der Schöpfer dem Menschengeschlecht zur Wohnung und Werkstatt bestimmt hat, auch »die Himmel« werden vergehen. Wie dies geschehen wird, darüber erfahren wir aus dem 2. Petrusbrief noch Genaueres: »Es wird aber des Herrn Tag kommen wie ein Dieb, dann werden die Himmel zergehen mit großem Krachen; die Elemente aber werden vor Hitze schmelzen, und die Erde und die Werke, die darauf sind, werden verbrennen« (2. Petr. 3, 10). Diese Stelle, die freilich aus einer späten Schrift des Neuen Testaments stammt, geht über die knappen Andeutungen der Evangelien (Mark. 13, 24 f.; Matth. 24,

29; Luk. 21, 25 f.) noch wesentlich hinaus. Das Element der Vernichtung wird genannt: im Unterschied zur Sintflut wird es bei dieser Endkatastrophe nicht das Wasser, sondern das Feuer sein. Im Hintergrund dieser Aussage steht die Vorstellung des »Weltbrands«, die sich auch in anderen Religionen findet. Dürfen wir daraus den Schluß ziehen, daß dieser ganze Vorstellungskomplex von einer kosmischen *Weltkatastrophe* zu jenen mythologischen Bestandteilen der neutestamentlichen Heilsbotschaft gehört, die für uns, die Menschen des 20. Jahrhunderts nach Christi Geburt, erledigt seien?

Ohne Zweifel besteht hier ein ernsthaftes *Problem*, das mit dem tiefgreifenden *Wandel des Weltbilds* zusammenhängt, den man sich nicht künstlich verbergen sollte. Wir können uns die Vorstellung, daß »die Sterne vom Himmel fallen«, nicht unbesehen zu eigen machen, nachdem wir wissen, daß unsre Erde selbst nur ein ganz kleiner Stern ist, der als Planet um die Sonne kreist. Wir haben ein anderes Bild von Zeit und Raum als die biblischen Zeugen, die uns das Heil Gottes in Jesus Christus verkündigt haben. Wir wissen heute, daß die Geschichte des Weltalls um Hunderte von Jahrmillionen älter ist als die Geschichte des Menschengeschlechts. Auch wenn in der modernen Astrophysik die These von der Unendlichkeit des Raums und der Zeit nicht mehr vertreten wird, ist die Schwierigkeit, die sich hier auftut, nicht beseitigt. Die einfachste Lösung, die sich anbietet, ist die, daß wir die biblische Botschaft vom Weltende nur auf die geschichtliche Welt des Menschen beziehen und alle Aussagen, die den Kosmos (im Sinn des »Weltalls«) betreffen, als nicht mehr verbindlich fallen lassen. Da es sich um Aussagen am Rande handelt, wird man diesen Ausweg niemandem verwehren dürfen.

Trotzdem sollte der wissenschaftlich geschulte Leser der Bibel denen gegenüber, die sich an ihren Wortlaut halten, nicht so schnell mit dem Vorwurf der Rückständigkeit, die ein überholtes Weltbild konserviere, zur Hand sein. Denn das Christus-Geschehen hat im Neuen Testament auch eine *kosmische Perspektive*. Sowohl im Eingang des vierten Evangeliums (Joh. 1, 3) wie im Brief des Paulus an die Kolosser (1, 16 f.) wird bezeugt, daß der Sohn Gottes, der als der »einzige Mittler zwischen Gott und den Menschen« (1. Tim. 2, 5) an unsre Stelle trat, für uns litt und starb und auferstand, nicht nur der Mittler der Erlösung, sondern auch der Mittler der Schöpfung ist. »Durch ihn ist alles erschaffen worden, was im Himmel und auf Erden ist, das Sichtbare und das Unsichtbare, es seien Throne oder Hoheiten oder Gewalten oder Mächte: Es ist alles durch ihn und auf ihn hin erschaffen. Und er ist vor allem, und alles hat in ihm seinen Bestand« (Kol. 1, 16 f.). Hier steht nicht nur die Menschheit, sondern das ganze Weltall im Blickfeld. Die ganze Welt, die unsrem Erkennen und Forschen erschlossen und aufgegeben ist, auch die uns unzugänglichen »himmlischen« Bereiche sind vom Ursprung her auf Christus bezogen. Alles was der Vater schuf, erschuf er durch Ihn, den Sohn. Dem entspricht, daß der erhöhte Christus nach seiner Auferweckung und Himmelfahrt zum Herrn über das All eingesetzt worden ist (vgl. Eph. 1, 20 ff.). Seine Herrschaft umfaßt den ganzen Kosmos; sie reicht so weit wie der Machtbereich des Allmächtigen, dem alles, was ist, Dasein und Bestand verdankt. Es wäre eine Verengung der Christusbotschaft, wenn wir diese Aussagen ignorieren, nicht wahrhaben, als spekulative Phantasterei abtun wollten. Sind sie wahr und gültig, dann fällt von hier aus ein Licht auf die Frage, wieso das Welt-Ende von solch gewaltigen Erschütterungen im Kosmos begleitet ist. Diese Erschütterungen zeigen an, wer da am Ende kommt und öffentlich die Macht ergreift: der Herr des Alls, durch den alle Dinge geschaffen sind, dem alles, was ist, unterworfen ist. Dabei ist schwerlich daran gedacht, daß das ganze Weltall vernichtet und neu geschaffen wird. »Himmel und Erde« meint ja in der Sprache der Bibel doch die Schöpfung, soweit sie auf den Bund Gottes mit den Menschen bezogen ist[8], und davon, daß Himmel und Erde vergehen, nicht von der Vernichtung des Weltalls in seiner unermeßlichen Größe und Weite, wie sie uns heute bewußt ist, ist ja in jenen Texten die Rede, die den Abbruch dieser Welt ankündigen.

Im übrigen gilt es festzuhalten, daß die biblische Botschaft vom »Ende« an dieser Endkatastrophe kein selbständiges Interesse hat. Das Bestehende wird abgebrochen, damit Neues werde: eine neue, erlöste Welt, deren Baumeister und Schöpfer der Gott und Vater Jesu Christi ist. Im Unterschied zu allen pessimistischen Weltuntergangsparolen, bei denen der Fatalismus oder der Nihilismus Pate stehen, ist *diese* Botschaft vom Ende ein Teil der Hoffnung, die uns Jesus Christus mit seinem Ostersieg erworben hat. Darum darf die Gemeinde Jesu mit wachsender Zuversicht ihr Haupt erheben, je mehr der Weltlauf seinem Ende entgegeneilt. Je näher die Mitternachtsstunde heranrückt, um so mehr gilt: »Sehet auf und erhebet eure Häupter, darum daß sich eure Erlösung naht!« (Luk. 21, 28).

Die Wiederkunft Jesu

Die Zeichen der Zeit

Zum Wesen des Menschen gehört, daß er sich hoffend und sorgend mit seiner *Zukunft* befaßt. Diese ist zwar unserm menschlichen Auge völlig verhüllt; niemand kann mit Gewißheit sagen, was morgen sein wird. Ein undurchdringlicher Schleier ist über das Kommende gebreitet. Wer auch nur einige Jahrzehnte dieses Jahrhunderts aus eigenem Miterleben überblickt, hat am eigenen Leib erfahren, wie unberechenbar der Lauf der Dinge ist. Trotzdem beobachtet jeder an sich selbst, wie intensiv er sich in seinen Gedanken mit der Zukunft befaßt; auf die Dauer hat noch keiner die Sorge um die Zukunft durch den Genuß des Augenblicks in sich erstickt. Die Zukunft meldet sich an, längst ehe sie beginnt; sie meldet sich an in unseren Erwartungen und Ängsten, Plänen und Träumen. Sie ist viel mehr als nur ein leerer Zeitraum, der sich vor uns erstreckt, als das Fortdauern der Zeit über die Gegenwart hinaus[1]. Was wir von der Zukunft erhoffen oder befürchten, bestimmt schon jetzt unsre Einstellung zum Leben; je nachdem werden wir so oder anders handeln. Die Zukunft kommt ja auch nicht auf uns zu wie eine Meereswoge, sie zieht nicht herauf wie eine am Himmel aufziehende Gewitterwand. Wir sind an dem, was sie bringt, als Mitgestaltende beteiligt. Nicht nur was sie bringt, auch das, was wir selbst in die Zukunft einbringen, fällt ins Gewicht. Sind wir Menschen auch nicht der Zukunft mächtig, so besagt dies doch keineswegs, daß wir zur völligen Passivität verurteilt, in die nackte Ohnmacht zurückgeworfen wären. Wir ernten, was wir säen: Wer Haß sät, wird Haß ernten. Wer Liebe sät, wird Liebe ernten. Wer Wind sät, wird Sturm ernten. Wer die Warnsignale der Gegenwart mißachtet, muß in der Zukunft die Zeche dafür bezahlen. Gewiß, diese Rechnung geht nicht auf, so daß man in jedem Fall die Probe darauf machen könnte. Es gibt unverdientes Glück und unverschuldetes Unglück, Bewahrungen und Katastrophen, die menschlicher Verantwortung entzogen sind. Vieles bleibt, jedenfalls für unsern begrenzten Blick, ein Rätsel, im Einzelleben wie im Gesamtgeschehen. Aber damit ist niemand von seiner Mitverantwortung für das, was die Zukunft bringt, entbunden. Durch beides: das, was wir tun, und das, was wir unterlassen, wird unsre Zukunft mit bestimmt.

Besonders zu denken gibt, daß das Wort »*Zukunft*« in unsrer deutschen Sprache früher einen ganz besonderen Klang und Inhalt hatte. Wir gebrauchen es heute in einem formalen, sehr entleerten Sinn, um das noch Ausstehende von der Vergangenheit und von der Gegenwart abzuheben. Anders war dies zu der Zeit, als Martin Luther die Bibel in unsre Muttersprache übersetzt hat. Das Wort »Zukunft« war für ihn und seine Zeit weithin gleichbedeutend mit »Herabkunft Gottes«, »*Wiederkunft*«. War von der Zukunft die Rede, so dachte man in der Christenheit, jedenfalls in erster Linie, an die Wiederkunft Christi, die den majestätischen Abschluß der Geschichte bilden wird. In dieser sprachgeschichtlichen Beobachtung steckt eine tiefe Wahrheit: Darum allein haben wir überhaupt Zukunft, weil Jesus Christus zu uns kommt. Wäre dem nicht so, dann hätte der Tod auf der ganzen Linie das letzte Wort. Nicht nur der Einzelne, auch die Menschheit als Ganzes nähme alle ihre Erwartungen und Befürchtungen, ihre Gedanken und Pläne, Ziele und Werke mit in ihr Grab hinunter. Erde zu Erde, Asche zu Asche, Staub zum Staube — dies bliebe der Kehrreim und das Fazit aller Menschengeschichte. Das Kommen und Vergehen der Geschlechter gliche dem Spiel der Meereswellen, das man vergeblich nach einem Sinn befragt (vgl. Pred. 1, 2 ff.). Es fiele unter das Urteil, daß »alles eitel, ganz eitel ist«. Anders, wenn wahr ist, was das Neue Testament bezeugt: daß Jesus Christus durch seine Auferstehung dem Tod die Macht genommen hat (2. Tim. 1, 10) und daß er wiederkommt in Kraft und Herrlichkeit. Nun münden alle Tage, die noch werden sollen, in seinen großen Tag. Alle Zeit, die vor uns liegt, ist eine Zwischenzeit zwischen dem Ostersieg des Christus und der Enthüllung dieses Sieges am Tag seiner Wiederkunft. Nun gibt es für uns Menschen echte Zukunft, die nicht nur unter relativ besseren oder schrecklicheren Vorzeichen wiederholt, was sich schon immer begab. Diese Zeit und alle Zeit ist nun von der Herrschaft Jesu umfaßt und von seinem Sieg erhellt. Wir sind ermächtigt, das Zeichen der Hoffnung aufzupflanzen: aus der Umklammerung völliger Hoffnungslosigkeit befreit, nicht nur mitten im Leben mit dem Tod umfangen, sondern mitten im Tode dem Leben gewonnen!

Eines freilich hat dieses Ereignis der Wiederkunft Christi mit dem unseres Todes gemeinsam: daß die Gewißheit seiner Zukunft mit der *Ungewißheit des Zeitpunkts* verbunden ist. Wir wissen, daß wir nur ein begrenztes Leben haben; auch dies unterscheidet den Menschen von der übrigen Kreatur, daß er lebenslang die Gewißheit seines Todes mit sich trägt. Aber wann unser »Stündlein« schlägt, das ist jedem verborgen. Es kann sein, daß der Tod sich anmeldet. Es gibt Krankheitsprozesse, deren tödlicher Ausgang dem Arzt nahezu völlig gewiß ist, bei denen keine die Diagnose verschleiernde Auskunft dem Patienten mehr zum Trost gereicht. Es gibt den Grenzfall des zum Tod Verurteilten, der weiß, daß ihn nur noch wenige Tage oder Stunden von der Vollstreckung dieses Urteils trennen. Der Tod kann aber den Menschen genauso zu einem Zeitpunkt überfallen, da er keineswegs darauf gefaßt war. Ein Flugzeugabsturz, ein Verkehrsunfall auf der Autobahn, ein Lawinensturz, Unglücksfälle und Katastrophen aller Art können mit unberechenbarer Plötzlichkeit dem Leben Einzelner und Vieler ein Ende setzen, ganz zu schweigen von der unheimlichen Todesernte, die in Kriegszeiten an der Tagesordnung ist. Daß unser Dasein ein »Sein zum Tode« (M. Heidegger) ist, wissen wir; wann uns der Tod erfaßt, bleibt ungewiß, bis es geschieht.

Nicht anders verhält es sich mit dem Ereignis der Wiederkunft Christi am »Jüngsten Tag«. Er kommt nach seinen eigenen Worten wie der Dieb in der Nacht (Matth. 24, 42 f.; vgl. 1. Thess. 5, 4), also ohne Voranmeldung, überraschend, mit unberechenbarer Plötzlichkeit. Auch hier wird uns kein Termin genannt. »Von dem Tag und von der Stunde weiß niemand, auch die Engel nicht im Himmel, auch nicht der Sohn, sondern allein der Vater« (Matth. 24, 36). Wie der Blitz vom Himmel zuckt und mit einem Schlage alles, was unter dem Himmel ist, erleuchtet, so wird der Menschensohn am Tag seiner Zukunft die Welt in das blendend helle Licht seiner Erscheinung rücken (vgl. Luk. 17, 24). Freilich, es wird kein »Blitz aus heiterem Himmel« sein! Schwere, dunkle Wolken werden sich zuvor am Horizont der Geschichte zusammenballen, so daß »die Menschen vor Furcht und Warten der Dinge, die kommen sollen, verschmachten werden« (Luk. 21, 26). Die Unberechenbarkeit dieser Mitternachtsstunde der Weltgeschichte, die Plötzlichkeit, mit der der Menschensohn erscheint, die Ungewißheit des Zeitpunkts, die mit der Gewißheit seiner Wiederkunft verbunden ist — dies ist nicht das einzige, was hier zu bedenken ist. Es werden »Zeichen« geschehen, die darauf hinweisen, daß der Herr im Kommen und sein großer Tag nicht mehr ferne ist.

Von diesen *Zeichen* wird in der Rede Jesu über die letzten Dinge[2], die im folgenden in der Fassung des Matthäus zitiert wird (Matth. 24, 3 ff.; vgl. Mark. 13, 3 ff.; Luk. 21, 7 ff.), ausführlich gesprochen. Auf die Frage der Jünger: »Sage uns, wann wird das geschehen und welches wird das Zeichen deines Kommens sein?« gibt Jesus nicht die Antwort, die man erwarten könnte: »Danach zu fragen steht euch nicht zu. Stellt dies Gott anheim! Euch ist nur befohlen, zu jeder Zeit wachsam, bereit zu sein.« Er zählt vielmehr eine Reihe von Geschehnissen auf, an denen man den endzeitlichen Charakter des Geschichtsablaufs erkennen kann. »Jesus antwortete und sprach zu ihnen: Sehet zu, daß euch nicht jemand verführe. Denn es werden viele kommen unter meinem Namen und sagen: Ich bin der Christus, und werden viele verführen (vgl. V. 23 f.). Ihr werdet hören von Kriegen und Kriegsgeschrei; sehet zu und erschrecket nicht. Denn das muß so geschehen; aber es ist noch nicht das Ende. Denn es wird sich empören ein Volk wider das andere und ein Königreich wider das andere und werden sein teure Zeit und Erdbeben hin und her. Das alles aber ist der Anfang der Wehen. Alsdann werden sie euch überantworten in Trübsal und werden euch töten. Und ihr werdet gehaßt werden um meines Namens willen von allen Völkern. Dann werden viele der Anfechtung erliegen und werden sich untereinander verraten und hassen. Und es werden sich viele falsche Propheten erheben und werden viele verführen. Und weil der Unglaube[3] überhandnehmen wird, wird die Liebe in vielen erkalten. Wer aber beharret bis ans Ende, der wird selig. Und es wird gepredigt werden dies Evangelium vom Reich in der ganzen Welt zum Zeugnis für alle Völker, und dann wird das Ende kommen.«

Die Absicht, die Jesus Christus bei dieser Prophetie bewegt, ist keineswegs, den Jüngern bange zu machen. Im Gegenteil, zum standhaften Beharren will er sie wappnen. Die Vorankündigung der »Wehen«, die dem Kommen des Gottesreichs vorangehen, soll sie davor bewahren, in der Zeit der Drangsal das Vertrauen wegzuwerfen, die Liebe zu verraten. »Es muß so geschehen« — werdet nicht irre, laßt euch nicht blenden und verführen! Es ist dies alles in Gottes Plan gefaßt. Genausowenig liegt es in der Absicht Jesu, einen Fahrplan der Endereignisse aufzustellen. Wie diese »Zeichen« zueinander sich verhalten, ob sie zugleich oder in einem zeitlichen Nacheinander sichtbar werden, wird nicht gesagt; auch die Zwischenbemerkung »Dies alles ist der Anfang der Wehen« besagt nur, daß mit einer Steigerung der Gottfeindlichkeit in der Geschichte zu rechnen ist. Und doch hätte Jesus diese »Zeichen« nicht genannt, wenn er nicht wollte, daß wir als seine Jünger darauf achten. »An dem Feigenbaum[4] lernet ein Gleichnis: wenn sein Zweig jetzt treibt und die Blätter kommen, so wißt ihr, daß der Sommer nahe ist. So auch ihr; wenn ihr das alles sehet, so wisset, daß es (nämlich das Kommen des Menschensohns und der Durchbruch des Gottesreichs) nahe vor der Tür ist« (Matth. 24, 32 f.). Die Zeichen haben einen alarmierenden Charakter. Sie melden die Zukunft Christi an.

In dieser Rede Jesu, die bei den Ereignissen vor und nach der Zerstörung Jerusalems und des Tempels einsetzt, sich aber dann doch davon löst und den gesamten Ablauf der Geschichte bis zum Ende hin ins Auge faßt, ist insgesamt von sieben Zeichen die Rede: 1. Falsche Heilande und falsche Propheten werden in großer Zahl auftreten. Mit trügerischen Heilslehren werden sie die Leute an sich ketten und viele verführen. 2. Völker und Staaten werden sich gegeneinander auflehnen. Die Erde wird der Schauplatz weltweiter Kriege sein. 3. Naturkatastrophen, Epidemien (Luk. 21, 11) und Hungersnöte (»Erdbeben, Pestilenz und teure Zeit«) werden die Menschheit heimsuchen. Ihre natürliche Sicherheit wird erschüttert und in Angst verkehrt (Luk. 21, 26). 4. Die Bekenner Jesu werden verfolgt und viele von ihnen getötet werden. Sie werden die Zielscheibe des Hasses aller Völker sein. 5. Unter dem Druck der Verfolgung wird sich in den Reihen der Christen Schlimmes zutragen: Viele werden abfallen, Verrat des Glaubens und der Glaubensgenossen wird an der Tagesordnung sein. 6. Mit dem Überhandnehmen der Ungerechtigkeit (des Unglaubens) wird in vielen die Liebe erkalten. Die Herzen werden sich verbittern, auch unter denen, welche die Liebe Christi zu einer Gemeinde von Brüdern zusammenschloß. 7. Das Evangelium vom Reich wird, allen Widerständen zum Trotz, in der ganzen Welt ausgerufen werden; zwar nicht mit dem Erfolg, daß es bei allen Völkern Glauben findet[5], wohl aber »zum Zeugnis für alle Völker«. Als Feldzeichen Christi, seiner Herrschaft und seines Sieges, wird das Evangelium vom Reich auf dem ganzen Erdkreis aufgepflanzt.

Soweit die Zeichen, die nach den Worten Jesu das Ende des Weltlaufs und das Herannahen seiner Wiederkunft anzeigen werden. Mit illusionsloser Nüchternheit wird in dieser Prophetie das unheimliche Gefälle der Geschichte zum Ende hin aufgedeckt und ins Auge gefaßt. Nicht die allmähliche Verchristlichung der Völkerwelt, vielmehr die tödliche Bedrohung und Verfolgung der Christen, nicht der Triumph des Evangeliums über allen Unglauben und Irrglauben, vielmehr das Überhandnehmen der Verführung, nicht die Aufrichtung einer besseren Gerechtigkeit, die Absage an die Gewalt, die Ächtung des Krieges, vielmehr die Steigerung der Ungerechtigkeit, die Ausweitung der Kriege, der Fortbestand der blutigen Zwietracht der Völker werden von den kommenden Zeitläufen zu erwarten sein. Auch die Gemeinde, die sich um das Evangelium vom Reich schart, wird sich durchaus nicht als eine intakte Größe behaupten, sondern durch schwere Krisen hindurchgehen. Abfall vom Glauben, Verleugnung des Namens Jesu, Verrat und Zwietracht in den eigenen Reihen werden unter dem Druck der Verfolgung zur bitteren Erfahrung werden. Warum diese »Wehen« kommen und kommen müssen, wird nicht gesagt. Nur dies wird uns zum Trost verkündigt, daß alle Schrecken der letzten Zeit die Geburtswehen einer neuen Welt, des Reiches Gottes, sind.

Wie reimt sich diese Voranmeldung des Endes durch die Zeichen, die hier genannt sind, mit dem Satz, daß niemand Tag noch Stunde weiß, wann der Menschensohn kommen wird?

Auf den ersten Blick besteht hier ein *Widerspruch:* Einerseits wird gesagt, daß die Wiederkunft Christi überraschend, mit unberechenbarer Plötzlichkeit erfolgt; andererseits sollen wir auf die Zeichen achten, die dieses Ereignis ankündigen. Aber läßt sich nicht doch sehr wohl beides verknüpfen? Daß es töricht wäre, eine Aussage gegen die andere aufzurechnen, mag ein einfaches Beispiel deutlich machen: Wenn ein Mensch in die Tage des Alters kommt, spürt er am eigenen Leibe, wie das Ende seiner Erdenzeit näherrückt. Sein Haar ergraut, seine physische Spannkraft nimmt ab, sein Augenlicht läßt nach, sein Gedächtnis läßt ihn im Stich — lauter Anzeichen, daß nur noch eine kurz bemessene Wegstrecke vor ihm liegt, daß es Zeit ist, sein Haus zu bestellen, auf den letzten Abschied sich zu rüsten. Trotz dieser Anzeichen ist ihm jedoch die Stunde seines Todes nach wie vor verborgen. Sie kann viel früher schlagen, als er denkt; sie kann länger auf sich warten lassen, als er befürchtet.

Nicht anders verhält es sich mit der Geschichte der Menschheit und ihrem Ende. Auch hier gibt es Anzeichen, die erkennen lassen, daß das Ende näherrückt. Dennoch ist das »Wann« nach wie vor ungewiß.

Von »Zeichen«, nicht von eindeutigen Beweisen ist zudem die Rede. Diese Zeichen der Zeit sind keine Ziffern, an denen man exakt ablesen könnte, wo der Zeiger auf Gottes Uhr steht, wie lange er sich noch fortbewegt. Deshalb ist beim Übertragen der biblischen Aussagen auf geschichtliche Vorgänge und Entwicklungen Zurückhaltung geboten. Zwar läßt sich nicht verkennen, daß gerade die Geschichte dieses Jahrhunderts mit seinen Weltkriegen und Totenheeren, mit seiner um sich greifenden Verwirrung und Verführung der Völkerwelt durch falsche Propheten und trügerische Heilslehren, mit seinen Erdbeben und Hungersnöten apokalyptische Züge trägt. Trotzdem ist es nicht ratsam, über dem allem zu vergessen, daß unser Blickfeld begrenzt, daß uns die Tragkraft und Reichweite der Geduld und Langmut Gottes verborgen, daß der Zeitpunkt des Endes unserer Berechnung entzogen ist. Man darf also nicht sagen: Ehe nicht dies oder das geschieht, kann die Geschichte nicht an ihr Ende kommen. Von Gottes Warte aus betrachtet sieht das Bild der Geschichte wesentlich anders aus; sein Urteil deckt sich nicht mit dem Resultat unserer geschichtlichen Wahrnehmung. So eindeutig werden die Zeichen der Zeit gerade nicht sein, daß der Tag Jesu Christi nicht dennoch für Kirche und Welt überraschend käme[6]! »Ihr selbst wisset genau, daß der Tag des Herrn wird kommen wie ein Dieb in der Nacht. Wenn sie sagen werden: Es ist Friede, es hat keine Gefahr, dann wird sie das Verderben schnell überfallen gleichwie der Schmerz ein schwangeres Weib« — so der Apostel Paulus im ersten Brief an die Thessalonicher (5, 2 f.), der als die früheste Schrift des Neuen Testaments besonderes Gewicht hat.

In dieselbe Richtung weist, daß bei der Ankündigung der Wiederkunft Christi an das Geschlecht der Zeit Noahs erinnert wird: »Wie es in den Tagen Noahs war, so wird auch sein das Kommen des Menschensohnes. Sie aßen, sie tranken, sie freiten und ließen sich freien bis an den Tag, da Noah in die Arche hineinging; und sie achteten's nicht, bis die Sintflut kam und nahm sie alle dahin — so wird auch sein das Kommen des Menschensohnes« (Matth. 24, 37 ff.; Luk. 17, 26 f.). Über ein ahnungsloses Geschlecht, das ganz in seine irdisch-alltäglichen Geschäfte verstrickt war und das der Warnung Noahs vor dem drohenden Gericht keine Beachtung schenkte, brach damals die tödliche Katastrophe, die Sintflut, herein. So wird auch die Wiederkunft Christi, trotz all der Zeichen, in denen sich das Ende ankündigt, ein Geschlecht *überraschen*, das auf die scheinbare Festigkeit des Bestehenden vertraut. Der große Haufe, auch unter denen, die sich Christen nennen, wird sich durch die »Zeichen« nicht aus der natürlichen Sicherheit aufschrecken lassen. Daß diese Welt durch den vor bald zweitausend Jahren ans Kreuz genagelten Jesus von Nazareth, der in ihrem Denken und Handeln doch, aufs Ganze gesehen, eine sehr geringe Rolle spielt, noch einmal ernsthaft behelligt, ja bis in ihre Fundamente erschüttert wird, das wird sie am Tag seiner Zukunft mit jähem Erschrecken erfahren (vgl. Offb. 1, 7).

Der Tag seiner Zukunft

»Die Nacht ist vorgerückt, der Tag aber nahe herbeigekommen« (Röm. 13, 12). Was ist das für ein »Tag«, der nach den Worten des Apostels Paulus heranrückt, ja dessen Anbruch dicht bevorsteht? Es ist kein Tag wie jene Tage, die wir täglich beginnen, erleben und wieder zu Ende bringen; die werden ja alle wieder von der Nacht verschlungen. Ihre Helligkeit ist begrenzt, und dies gilt nicht nur im Blick auf das äußere Sonnenlicht. Es trifft auch zu für den geistig-seelischen Bereich, trotz all den Tagungen, die wir anberaumen. Wie anders müßte die Welt aussehen, wenn es da überall wirklich tagen würde!

Der Tag, den Paulus ankündigt, steht auf einem anderen Blatt. Es ist kein Tag in dem Kalender, den der Mensch am Lauf der Gestirne abgelesen hat. Von jenem Tag spricht Paulus, der auf diese unsere Weltzeit folgt, der diese »Nacht« für immer beendet. Er nennt ihn den »Tag des Herrn« (1. Thess. 5, 2), den »Tag Jesu Christi« (Phil. 1, 6) und meint damit den Tag seiner zukünftigen Erscheinung in Herrlichkeit.

Dieser Tag steht noch aus, er ist auch mit der Auferstehung Christi noch nicht angebrochen. Zwar ist der Erhöhte auch in dieser Weltzeit mit den Seinen, der an ihn glaubenden Gemeinde, fest verbunden: »Siehe, Ich bin bei euch alle Tage bis an der Welt Ende« (Matth. 28, 20). Das ist Seine Gegenwart in geistlicher Verborgenheit. Etwas anderes ist die *endzeitliche, zukünftige Enthüllung seiner Herrlichkeit.* Dies kommt darin, daß von einem besonderen, ganz bestimmten »Tag« Jesu Christi die Rede ist, sehr klar zum Ausdruck. Wohl kann Paulus sagen: »Siehe, jetzt ist die angenehme Zeit (d. h. die Gnadenzeit), siehe, jetzt ist der Tag des Heils« (2. Kor. 6, 2). Aber wenn er hier vom »Tag« des Heils spricht, ist dies durch den Wortlaut des Zitats aus dem Zweiten Jesaja (49, 8) bedingt. An allen anderen Stellen, in denen im Neuen Testament vom »Tag des Herrn« die Rede ist, ist ein *streng zukünftiges Ereignis* ins Auge gefaßt.

Dieser »Tag« hat nicht schon in der Gegenwart begonnen. Er bricht an, wenn Jesus Christus zum zweitenmal erscheint (vgl. Hebr. 9, 28). Eine besonders eindringliche Bestätigung dafür ist die Antwort Jesu auf die Frage der Pharisäer: »Wann kommt das Reich Gottes?« (Luk. 17, 20). Sie lautet zunächst: »Siehe, es ist mitten unter euch« (V. 21). Aber diese Gegenwart der Gottesherrschaft (in seiner Person!) ist nicht das einzige, worauf er hinweist. In den folgenden Versen spricht Jesus von dem »Tag des Menschensohns«, der »wie der Blitz oben vom Himmel blitzt und leuchtet über alles, das unter dem Himmel ist« (V. 22. 24). Dieser Tag steht noch aus; er kommt wie der Blitz, der jäh die ganze Landschaft erhellt. Auf die verhüllte Gegenwart des Gottesreiches in der Person des Herrn folgt dessen Enthüllung in sichtbarer Herrlichkeit. Mit anderen Worten: Die neutestamentlichen Aussagen über den »Tag« des Herrn haben streng eschatologischen Charakter. Sie meinen eindeutig den noch ausstehenden Zeitpunkt seiner Wiederkunft.

Der Sprachgebrauch ist nicht neu, auch nicht nur der spätjüdischen Apokalyptik entnommen. Die Botschaft vom »Tag des Herrn« geht auf das *Alte Testament* zurück. Bei den Propheten ist nicht selten von einem »Tag Jahwes«, der kommen wird, die Rede. »Weh denen, die sich den Tag Jahwes herbeiwünschen; was soll euch der Tag Jahwes, er ist ja Finsternis und nicht Licht« (Amos 5, 18). Offensichtlich wendet sich Amos, der erste Schriftprophet[7] im Alten Testament, mit diesem Weheruf gegen eine im Volk bereits vorhandene Erwartung, die sich von dem kommenden Tag »Licht«, Gutes, die Fülle des Heils verspricht. »Daß dieser Vorstellungskreis von den Schriftpropheten nicht geschaffen, sondern von ihnen im Volksglauben vorgefunden wurde, ist heute unbestritten. Wie er entstand, ist nicht erkennbar« (G. von Rad). Auf jeden Fall hat dabei eine Rolle gespielt, daß der lebendige Gott in Israel als ein geschichtlich handelnder Gott erfahren wurde, dessen Herrschaft alle Völker unterstellt waren und von dem die Erfüllung seiner Verheißungen und Drohungen unter allen Umständen zu erwarten war. Das bestürzend Neue an der Botschaft der Propheten ist, daß sie — jedenfalls vor dem Exil — diese Heilserwartung durch die Ankündigung drohenden Unheils Lügen strafen. Der »Tag Jahwes« ist Finsternis und nicht Licht; das Gericht, das dieser Tag bringt, trifft Israel selbst, nicht seine Feinde oder andere Völker (vgl. Jes. 2, 6; Zeph. 1, 1 ff.). Erst nach der Katastrophe Jerusalems (587 v. Chr.) ändert sich dies.

Jetzt überwiegt die Heilsprophetie, und so erhält auch die Ankündigung des kommenden Tages einen heilvollen Klang. Der »Tag Jahwes« bringt den Heiden Gericht und Untergang, aber Jerusalem Schutz (Sach. 12, 1 ff.), Reinigung (Sach. 13, 1 f.), Läuterung (Mal. 3, 2) und Geistbegabung (Joel 3, 1 ff.). In breitem Strom sind nun uralte volkstümliche Heilserwartungen in die prophetische Predigt hereingeflutet. Der Tag des Herrn ist, besonders bei Joel und Sacharja, ein ausgesprochen endgeschichtliches Ereignis. So wird dann vollends in der späteren Apokalyptik dieser »Tag« ganz in die Endzeit verlegt und mit der Ankunft des Messias verknüpft. Der »Tag Gottes« bzw. der »Tag des Messias« bezeichnet jetzt den Termin des Weltgerichts, das den Abschluß aller irdischen Tage bildet.

Diesen ganzen Vorstellungskreis muß man mitbedenken, wenn man die neutestamentlichen Texte, die von dem »Tag« Jesu Christi reden, verstehen will. Ohne Zweifel hat diese Erwartung, auch und gerade in ihrer apokalyptischen Gestalt, sowohl auf die Verkündigung Jesu wie auf die seiner ersten Zeugen nicht geringen Einfluß gehabt (vgl. Matth. 7, 22; Luk. 10, 12; Joh. 8, 56; 1. Kor. 1, 8; 1. Thess. 5, 2; 2. Thess. 2, 2; 2. Tim. 1, 12; Offb. 6, 17; 16, 14).

Das *Besondere* gegenüber dem alttestamentlichen wie dem spätjüdischen Sprachgebrauch[8] ist nun freilich unverkennbar: Die Person Jesu Christi wird im neutestamentlichen Zeugnis in diesem ganzen Vorstellungskreis der Mittelpunkt. Der kommende Tag ist *Sein* Tag, der seine Herrschaft und Herrlichkeit enthüllt, an dem er als der von Gott eingesetzte Richter über seine Gemeinde, über die Völkerwelt, über den ganzen Erdkreis, über Lebendige und Tote das letzte Urteil spricht. Er wird als »Tag des Gerichts« (Matth. 11, 22; 12, 36; 1. Joh. 4, 17; Apg. 17, 31), aber auch als »Tag der Erlösung« (Eph. 4, 30) erwartet. Der Hauptakzent liegt jedoch darauf, daß der Retter an jenem Tage als Richter erscheint, wie dies auch der zweite Artikel des Apostolikums mit den Worten »Von dannen er kommen wird, zu richten die Lebendigen und die Toten« mit Nachdruck betont. Wie Jesus Christus dieses Gericht vollstreckt, was hier zu hoffen, was zu befürchten ist, davon soll im folgenden Kapitel die Rede sein. Zunächst ist es wichtig, die Tatsache ins Auge zu fassen, daß nach biblischem Zeugnis Jesus Christus selbst im Kommen ist.

Was meinen wir damit? Nicht nur dies, daß er jeder Zeit weit voraus ist, weil er mit dem königlichen Anspruch der Wahrheit für Gott Zeugnis gibt, so daß zu aller Zeit, auch in Zukunft, jeder, der aus der Wahrheit ist, seine Stimme hören wird (vgl. Joh. 18, 37). Auch nicht nur dies, daß er mit jedem neuen Kirchenjahr aufs neue in seiner Gemeinde Einzug hält, wie es in den Adventsliedern der Christenheit besungen wird. *Vielmehr*

*so kommt er, daß er am Ende dieser Weltzeit sichtbar wieder-
kommt!*

Das Wort, das im Neuen Testament für dieses sein anderes,
letztes Kommen vorwiegend gebraucht wird, bedeutet ursprünglich »Anwesenheit«, dann auch »Ankunft« (als Beginn der Anwesenheit)[9]. In diesem ursprünglichen, profanen Sinn begegnet
es auch gelegentlich im Neuen Testament (vgl. 2. Kor. 10, 10;
Phil. 1, 26). Im Blick auf die »*Parusie*« Jesu Christi angewandt,
bekommt dieses Wort einen speziellen Sinn. Es bezeichnet nicht
seine Gegenwart in den gottesdienstlichen Versammlungen der
Gemeinde (z. B. bei der Feier des Herrnmahls), obwohl sich
diese Verwendung anbot, da in der hellenistischen Religiosität
dieses Wort als sakraler Ausdruck für das Hervortreten der
Gottheit und ihre Gegenwart im Kultus gebraucht wurde. Wo
von der Parusie des Christus die Rede ist, ist sein letztes Kommen am Ende dieser Weltzeit gemeint. Am ehesten entspricht
diesem Sprachgebrauch, daß man in Hellas von der »Parusie«
des Herrschers sprach, wenn der Kaiser, Könige oder andere
hochgestellte Amtsträger der Provinz einen Besuch abstatteten.
Nur handelt es sich bei der Parusie Jesu Christi nicht bloß um
einen vorübergehenden Besuch, und sein Kommen betrifft ja
nicht nur eine Provinz dieser Welt. Seine Ankunft ist ein einmaliges Ereignis. Sie geht die ganze Menschheit an, Lebende
und Tote. Sie geschieht am »Jüngsten Tage«, der den Abschluß
aller Erdentage, das Ende der Geschichte bringt, die mit des
Menschen Fall begonnen hat.

Auf dieses Ende bewegt sich die Menschheitsgeschichte zu, wie
wir sie kennen, gestalten und erleiden. Sie dreht sich nicht im
Kreise, sie verläuft nicht im Sande, sie entwickelt sich auch nicht
immer höheren Zielen zu, sie stürzt nicht ins Bodenlose, sie
bricht nicht ab wie ein Viadukt, den eine Bombe traf. Weder die
Lehre von der ewigen Wiederkehr noch der Glaube an die unbegrenzte Fortdauer des Bestehenden, weder die evolutionisti-
sche noch die nihilistische Geschichtsbetrachtung werden recht
behalten. Die Ankunft Christi, seine Wiederkunft in Kraft und
Herrlichkeit wird der von Gott geplante und verwirklichte Abschluß der Geschichte sein.

So klar und eindeutig dies im Neuen Testament bezeugt wird,
so wenig läßt sich verschweigen, daß wir bei dem Versuch, über

diesen Tag seines Kommens genauere Aussagen zu machen, mit unserem menschlichen Denken und Vorstellungsvermögen an eine nicht übersteigbare *Grenze* kommen. Einerseits handelt es sich bei diesem Kommen Christi um ein geschichtliches Ereignis, das seine Zeit und Stunde hat (vgl. Mark. 13, 32). Er kommt ja zu dieser Welt, zu dieser Menschheit, für die er litt, starb und auferstand. Ihre schuld- und leidvolle Geschichte wird zum unwiderruflichen Ende gebracht. Andererseits handelt es sich um die Ankunft des Auferstandenen, des Erhöhten, der die Daseinsbedingungen dieser geschichtlichen, raumzeitlichen Welt längst hinter sich gelassen hat. So gewiß sich seine Wiederkunft ereignen wird, so wenig fügt sich dieses Geschehen und alles, was damit verbunden ist (Totenauferstehung, Weltgericht), in den Rahmen der irdischen Geschichte ein. Es sprengt das »Schema« (1. Kor. 7, 31) dieser Welt. Wie sehr dies der Fall ist, geht schon daraus hervor, daß nicht nur jenes Geschlecht, das die Parusie des Herrn erlebt, von diesem »Tag« überrascht und betroffen wird, daß vielmehr das ganze Menschengeschlecht (Lebendige und Tote) vor ihm, dem kommenden Richter, erscheinen muß.

Insofern stellt sich das *Problem*, ob und, wenn ja, in welchem Sinne man die Parusie als ein geschichtliches Ereignis bezeichnen kann und soll, das seine »Stunde« hat. Der Jüngste Tag ist auf jeden Fall mehr als die letzte Endstation innerhalb der Weltgeschichte; er ist ihr Abschluß, der sie als Ganzes aus den Angeln hebt. Und doch ist er kein jenseitiger Tag, der in jeder Phase der Geschichte gleich aktuell, gleich nahe wäre. Er steht noch aus, ist im Kommen; dennoch läßt er sich weder in unser Weltbild noch in unsre Geschichtserfahrung einordnen. Einerseits ist die Wiederkunft Christi der endgültige Abschluß dieser »Weltzeit«, andrerseits enthüllt sie, daß die Auferstehung Christi wirklich der Beginn eines neuen Äons, der Anbruch einer neuen Schöpfung war. Das einzige, was man mit diesem Tag seines Kommens vergleichen kann, ist der »Tag«, an dem Gott Himmel und Erde schuf. Jenem »Im Anfang« (1. Mose 1, 1) entspricht das »Am Ende«. Sowenig wir diesen Anfang denken oder datieren können, da Gott die Welt nicht in der Zeit, sondern mit der Zeit geschaffen hat (Augustin), genausowenig können wir den Tag der Wiederkunft Christi in unser Denk-

und Vorstellungsvermögen einbeziehen, da an diesem Tag die Welt mitsamt der Zeit vergeht (vgl. Offb. 10, 6). Alles, was wir von dem Jüngsten Tag erwarten, sprengt jede innerweltlich-geschichtliche Vorstellung, wie es schon die Auferstehung Christi aus den Toten tat. Aber dies hebt nicht auf, daß die Parusie des Herrn eine »geschichtszugekehrte Seite« (P. Althaus) hat. Sie hat ihre »Stunde«, genau wie der Tod im Leben des Einzelnen seine Stunde hat. An diesen *Ereignischarakter* der Wiederkunft Christi gemahnt uns das Neue Testament, wenn es den kommenden »Tag des Herrn« anmeldet. Läßt sich dieser Tag auch nicht wie irgendein Geschichtsdatum in unsrem Kalender registrieren, so können wir doch die Wiederkunft Christi als wirkliches Ereignis gar nicht anders bezeugen als so, daß wir diese biblische Ausdrucksweise vom Tag des Herrn übernehmen und beibehalten.

Wir mußten diese Überlegungen anstellen, um klarzumachen, daß es sich bei diesem Kommen Christi keineswegs um eine zeitlose Wahrheit oder eine immer neu sich ereignende Begegnung mit ihm handelt. Sie waren aber auch deshalb notwendig, um einer naiven, unkritischen, die Grenzen unsres Vorstellungsvermögens nicht respektierenden Auslegung der Parusie den Boden zu entziehen. Eine solche Auslegung liegt da vor, wo man die Wiederkunft noch ganz in die irdische Geschichte hereinverlegt und aus dem Geschehen ein *endgeschichtliches Drama* macht, dessen Phasen in einem zeitlichen Nacheinander geschildert werden. Dies geschieht meist im engen Anschluß an das letzte Buch der Bibel, und zwar unter der Voraussetzung, daß die Apokalypse eine exakte Schilderung vom Ablauf der Endereignisse geben wolle. Will sie das wirklich? Handelt es sich bei diesem geheimnisvollen Buch nicht vielmehr um ein Trostbuch für die kämpfende, unter der Verfolgung leidende Gemeinde, die es im Ausharren bestärken, in der Hoffnung auf den Sieg Christi und die neue Welt Gottes befestigen will? Schon die Beobachtung, daß die Zahl sieben das ganze Buch in seinem Aufbau bestimmt, muß zu denken geben; hier liegt eine bestimmte Absicht zugrunde, die die Visionen zu Zyklen zusammenfaßt und so dem ganzen Buch den Stempel einer literarischen Komposition verleiht. Ähnliches gilt von dem Buch Daniel, das um das Jahr 165 v. Chr. in der Zeit der Makkabäerkämpfe als ein Trostwort für das hart bedrückte Volk der Juden verfaßt worden ist. Wir können uns die Auffassung, die aus der Offenbarung des Johannes in Zusammenschau mit dem Buch Daniel einen genauen Fahrplan der Endereignisse entnehmen will, nicht zu eigen machen. Sie widerspricht dem ganzen Offenbarungszeugnis der Schrift, gerade auch was ihre in die Zukunft weisenden Texte betrifft. »Weissagung, nicht Wahrsagung ist das Wesen und der Charakter der Offenbarung Gottes« (Justus Köberle).

Diese Beobachtung bestätigt sich an der Art und Weise, wie in den *Evangelien* vom Ereignis der Parusie die Rede ist. Die Angaben sind bemerkenswert *knapp* gefaßt. Nachdem von den »Zeichen« die Rede war, die die Ankunft des Menschensohns ankündigen, wird diese selbst mit einem einzigen Satz bezeugt: »Alsdann werden sie sehen des Menschen Sohn kommen in einer Wolke mit großer Kraft und Herrlichkeit« (Luk. 21, 27; vgl. Mark. 13, 26). Matthäus fügt hinzu, daß alsdann »das Zeichen des Menschensohnes am Himmel erscheinen wird«, wobei man freilich über die Frage, was mit diesem »Zeichen« gemeint ist, nur Vermutungen anstellen kann[10], und daß »alsdann alle Geschlechter auf Erden heulen werden«, wenn sie den Menschensohn kommen sehen »in den Wolken des Himmels mit großer Kraft und Herrlichkeit« (Matth. 24, 30 f.; vgl. Offb. 1, 7). Daß der Menschensohn mit den Wolken des Himmels kommt, geht im Wortlaut auf Daniel 7, 13 zurück; im übrigen ist zu sagen, daß die »Wolke« im Gesamtzeugnis der Bibel das Zeichen für die Herablassung Gottes zu den Menschen ist (vgl. 2. Mose 19, 16; 40, 34 ff; Matth. 17, 5). Es ist eine Gedankenlosigkeit, wenn man den biblischen Zeugen die Meinung unterstellt, als hätten sie sich die Wiederkunft Christi so vorgestellt, daß er eines Tages von dem Himmel, an dem die Wolken segeln, herabschwebe. Mit keiner Silbe ist hier irgendein mirakulöses Schauspiel beschrieben, geschweige denn ausgemalt. Nur dies Doppelte wird betont: Daß Jesus Christus *sichtbar* wiederkommt und daß er *anders* kommt, nämlich in Kraft und Herrlichkeit. Erstens tritt er heraus aus der Verborgenheit, in der er seit seiner Erhöhung zum Vater lebt und regiert. Schlagartig wird sichtbar, daß ihn die Welt, obwohl sie ihn verwarf, nicht wirklich losgeworden ist. Darum das große »Heulen« — Aus-

druck des Erschreckens, der Selbstanklage, des Entsetzens! Für
die Seinen, die jetzt unter dem Haß der Welt leiden, bedeutet
diese sichtbare Ankunft ihres Herrn, an den sie jetzt glauben,
wiewohl sie ihn nicht sehen (1. Petr. 1, 8), die Verwandlung
ihrer Traurigkeit und Angst in die große Freude, die ihnen niemand mehr nehmen kann (vgl. Joh. 16, 20 ff.). Zweitens hat er
den Mantel der Schwachheit abgeworfen. Stand sein erstes
Kommen unter dem Vorzeichen der Entäußerung (vgl. Phil.
2, 7), so kommt er nun, bei seiner zweiten und letzten Ankunft,
nicht mehr in Knechtsgestalt, sondern in Kraft und Herrlichkeit.
Wir können uns diese Herrlichkeit nicht vorstellen; auch jene
gewaltige Vision am Eingang der Apokalypse (Offb. 1, 12 ff.),
in der die Majestät des Erhöhten beschrieben wird, wäre mißverstanden, wenn wir sie als ein Porträt des Pantokrators (All-
herrschers) verstehen wollten. Unaussprechliches hat der Seher
von Patmos erblickt, von dem er uns nur in der Sprache der
Bilder einen Eindruck vermitteln kann. Genug, zu wissen, daß
der wiederkommende Christus mit der ganzen Majestät Gottes
erscheinen wird. Sein Anblick genügt, um alle seine Feinde in
die Knie zu zwingen, alle seine Verächter zu entwaffnen.
Über diese knappen Angaben der Evangelien führt die Vision
hinaus, die im 19. Kapitel der Offenbarung steht — die erste der
sieben Visionen, die mit triumphierendem Klang die Vollendung des göttlichen Welt- und Heilsplans schildern: »Und ich
sah den Himmel aufgetan; und siehe, ein weißes Pferd, und der
darauf saß, hieß: Treu und wahrhaftig, und richtet und streitet
mit Gerechtigkeit. Seine Augen sind eine Feuerflamme und auf
seinem Haupt viele Kronen; und er trug einen Namen geschrieben, den niemand wußte als er selbst. Und er war angetan mit
einem Kleide, das mit Blut besprengt war, und sein Name heißt:
Das Wort Gottes. Und ihm folgte nach das Heer im Himmel
auf weißen Pferden, angetan mit weißer, reiner Leinwand. Und
aus seinem Munde ging ein scharfes Schwert, daß er damit die
Völker schlüge; und er wird sie regieren mit eisernem Stabe;
und er tritt die Kelter voll vom Wein des grimmigen Zornes
seinem Haupt viele Kronen; und er trug einen Namen geschrieben auf seinem Kleid und auf seiner Hüfte: König aller Könige
und Herr aller Herren« (Offb. 19, 11—16).
Welch ein Kontrast zu jenem Einzug in Jerusalem am Beginn

der Leidenswoche, bei dem Jesus, in Erfüllung von Sacharja 9, 9, auf dem Eselsfüllen, dem Reittier des Armen, sanftmütig und demütig Einzug hielt, zum Sterben entschlossen, zum Opfer bereit! *Jetzt kommt er als Sieger!* Das weiße Pferd weist auf seine Herrscherwürde, desgleichen die Diademe, die er, alle Macht in sich vereinend, auf seinem Haupte trägt. *Jetzt kommt er als Richter!* Davon zeugt das scharfe Schwert, das aus seinem Munde geht (vgl. Hebr. 4, 12), das eiserne Zepter (vgl. Ps. 2, 9), das gerötete Gewand und das Bild von der Kelter (vgl. Jes. 63, 1—3). Die gehäuften alttestamentlichen Zitate zeigen, wie wenig auch bei dieser Schilderung der Parusie zügellose Phantasie am Werk gewesen ist. Wichtiger als die Einzelzüge sind dem Verfasser die *Namen*, aus denen hervorgeht, wer dieser Sieger und Richter ist, wie er seine Macht und sein Mandat verwaltet. Drei Namen werden genannt: »Treu und wahrhaftig« lautet der erste, der im Alten Testament verwurzelt ist (vgl. Jes. 25, 1), »Wort Gottes« der zweite, der im vierten Evangelium Jesus als den Offenbarer Gottes kennzeichnet (vgl. Joh. 1, 1. 14), »König aller Könige und Herr aller Herren« der dritte, der bezeugt, daß ihm alle irdischen und himmlischen Gewalten und Mächte unterworfen sind. Dazu kommt ein Name, »den niemand wußte als er selbst«. Beschreibt dieser Name »seine Verbundenheit mit Gott, in die er niemand Einblick gibt« (Schlatter), tritt er an die Stelle des Jesus-Namens, den der Sohn Gottes trug, als er in Knechtsgestalt sein Werk auf Erden vollbrachte, wie z. B. Oktavian sich Augustus nannte, als er den römischen Kaiserthron bestieg? Wir wissen es nicht. Jedenfalls ist es *derselbe:* der in Armut und Niedrigkeit über die Erde ging und seinen Opfergang am Schandpfahl beendete und der nun in der Glorie des Siegers zum zweiten Mal erscheint. Nur wenn wir beides zusammenschauen, seine Niedrigkeit und seine Hoheit, sein Opfer und seinen Triumphzug, seine Leidensgestalt und seine Königs- und Richtergewalt, haben wir erfaßt, was es um den ganzen, biblischen Christus ist. Er ist »Lamm« und »Löwe« (vgl. Joh. 1, 29; Offb. 5, 5), Knecht und Herrscher, der Allerverachtetste und Allerherrlichste, das A und das O, der Erste und der Letzte (Offb. 22, 13). Was hülfe uns seine Niedrigkeit und seine Kreuzesgestalt, wenn er nicht Herrscher und Sieger wäre? Sie könnten uns nicht retten, nur traurig machen.

Umgekehrt: Was hülfe uns seine Königsmacht und Richtergewalt, wenn er sich nicht für uns geopfert hätte? Sie könnten uns nicht trösten, nur schrecken, vernichten, zu Boden werfen. Nun aber wird enthüllt, daß das »erwürgte Lamm« (Offb. 5, 6) der Sieger ohnegleichen ist. Nun dürfen wir seiner Zunkunft mit aufgerichtetem Haupt entgegengehen (vgl. Luk. 21, 28).

Die Nichterfüllung der Naherwartung

Obwohl die Wiederkunft Christi im Neuen Testament klar und vielstimmig angekündigt ist, ist sie in der Christenheit weithin zu einem vergessenen Glaubensartikel geworden. Nur eine Minderheit rechnet wohl überhaupt noch damit, daß sie sich ereignet. Auch, wenn sie noch als ein fester Bestandteil des kirchlichen Dogmas betrachtet wird, als ein Lehrstück, das man nicht wegstreichen darf, ist die Erwartung des wiederkommenden Christus doch keine das Leben und Handeln wirklich bewegende Kraft. Dies ist ein beunruhigender Tatbestand. Wie weit sind wir damit von dem Glaubensstand der Urkirche entfernt, die diesen Tag seines Kommens herbeisehnte, ja auf diese Ankunft des Erlösers am Ende dieses Weltlaufs ihre ganze Hoffnung setzte!

Fragt man, wie es zu diesem tiefgreifenden Wandel im Glauben, Denken und Hoffen der Christenheit gekommen ist, so lassen sich dafür aus der Kirchengeschichte und der allgemeinen Geistesgeschichte sowie aus der Diagnose der Zeitumstände mancherlei Gründe beibringen. Der entscheidende Grund für dieses Ermatten der Hoffnung auf die Zukunft Christi und den Durchbruch des Gottesreichs ist jedoch, daß sich *die gespannte Naherwartung der ersten Christen ganz offensichtlich nicht erfüllt hat.* Völlig unbekümmert um diese Erwartung, so scheint es jedenfalls, hat die Weltgeschichte ihren Fortgang genommen. Eine Generation um die andre ist ins Grab gesunken, ohne daß sich die Wiederkunft Jesu ereignet hat. Je und je flammte zwar die Erwartung auf, z. B. um die Jahrtausendwende, in der Reformationszeit, in den Erweckungsbewegungen des 19. Jahrhunderts, in Zeiten besonderer Not und Drangsal, die den Eindruck erweckten, die »letzte Zeit« sei angebrochen. Aber jedesmal folgte auf die hochgespannte Erwartung die Ernüchterung: Der Herr blieb aus! So kam es dahin, daß die Christenheit im Warten auf seine Wiederkunft ermattet ist. Die Naherwartung ist vollends in den Verdacht geraten, blanke Schwärmerei zu sein. Den Jüngsten Tag hat man in eine unabsehbare Ferne verlegt, und, so vertagt, regt er niemand mehr auf. Nur bei kleinen christlichen Gruppen, bei den »Stillen im Lande«, findet man noch Christen, die sehnsüchtig nach Dem, der da kommen soll, Ausschau halten. Im übrigen ist die Erwartung der Wiederkunft Christi in die Sekten abgewandert. Die überwiegende Mehrzahl der Christen stimmt — vielleicht nicht lehrmäßig, aber mit ihrem faktisch gelebten Christenstand — dem Urteil zu, daß »die mythische Eschatologie durch die einfache Tatsache erledigt ist, daß Christi Parusie nicht, wie das Neue Testament erwartet, alsbald stattgefunden hat, sondern daß die Weltgeschichte weiterlief« (R. Bultmann).

Ehe wir zu dieser Auffassung Stellung nehmen, müssen wir uns noch einmal vergegenwärtigen, wie sehr die Erwartung der Wiederkunft, des Weltendes, des Gottesreichs im Neuen Testament *Naherwartung* ist. Sie ist es in der *Predigt Jesu*, die mit dem thematischen Satz beginnt: »Tut Buße, denn das Himmelreich ist nahe herbeigekommen!« Das heißt doch: Sein Anbruch steht dicht bevor. Jesus selbst hat nicht nur das Kommen der Gottesherrschaft, sondern durchaus die Nähe dieses Kommens verkündigt. Mehr noch: Er hat erwartet, daß zumindest ein Teil seiner Hörer dieses Geschehen noch zu ihren eigenen Lebzeiten erleben würde. So lesen wir Markus 9, 1: »Und er sprach zu ihnen: Wahrlich, ich sage euch: Es stehen etliche hier, die werden den Tod nicht schmecken, bis daß sie sehen das Reich Gottes kommen mit Kraft.« Dies heißt doch, wenn wir dem Wortsinn nicht Gewalt antun, daß der Anbruch des Gottesreichs so dicht bevorsteht, daß ihn einige Menschen der jetzt lebenden Generation miterleben werden. Noch ehe sie sterben, wird das Reich Gottes kommen. In dieselbe Richtung weist Markus 13, 30: »Wahrlich, ich sage euch: Dies Geschlecht wird nicht vergehen, bis daß dies alles geschehe.« Auch hier wird gesagt, daß die Endereignisse mitsamt der Wiederkunft des Menschensohns zu Lebzeiten dieser Generation stattfinden werden[11]. Dazu kommt eine Stelle bei Matthäus in der sogenannten Aussendungsrede (10, 1 ff.). Hier sagt Jesus zu den Zwölfen, die er zu den verlorenen Schafen aus dem Hause Israel mit der Botschaft vom Anbruch des Himmelreichs aussendet: »Ihr werdet mit den Städten Israels nicht zu Ende kommen, bis des Menschen Sohn kommt« (V. 23). Das griechische Wort für »zu Ende kommen« bezeichnet die Vollendung einer Aufgabe (vgl. Luk. 12, 50); nicht von der Flucht der Jünger von einer Stadt in die andre, wenn sie verfolgt werden, ist demnach die Rede, vielmehr von der Vollendung ihrer Missionsaufgabe an Israel. Der Sinn der Stelle ist also: Ehe noch die Verkündigung des hereinbrechenden Gottesreichs in allen Städten Israels erfolgt ist, wird sich die Ankunft des Menschensohns ereignen. Zwar wird an keiner der genannten Stellen ein genauer Termin festgelegt; es bleibt dabei: »Niemand weiß Tag und Stunde, auch die Engel im Himmel nicht, auch der Sohn nicht, sondern allein der Vater« (Mark. 13, 32). Aber das Kommen des Gottesreichs bzw. des Menschensohns ist doch in die Lebenszeit der Hörer Jesu und seiner Jünger hereinverlegt. So greifbar nah sah Jesus das Zukünftige, das geschehen sollte!

Diese Ankündigung Jesu hat sich offensichtlich *nicht erfüllt*. Auf die Versuche, diese Stellen angesichts ihrer Nichterfüllung umzudeuten, lohnt es sich nicht einzugehen; zu deutlich spürt man ihnen ab, daß dogmatische Gründe dahinterstehen. Nimmt man die Worte so, wie sie dastehen, so scheint nur die Auskunft übrigzubleiben, daß Jesus einem *Irrtum* erlegen ist. Man pflegt dies damit zu entschuldigen, daß er von der apokalyptischen Naherwartung seiner Zeit beeinflußt und insofern in seinem Urteil befangen war; im übrigen habe diese Zeitangabe nur vorläufigen Charakter gehabt, da ja nach Jesu eigenen Worten auch der Sohn den Termin des Endes nicht kannte (Mark. 13, 32). Oder man erklärt sich die »Fehlrechnung« damit, daß sich der Sohn Gottes im Stand seiner Erniedrigung der Teilhabe an der göttlichen Allwissenheit entäußert habe, wodurch dann freilich das Vertrauen auch in das, was er sonst noch gesagt hat, merklich erschüttert wird. Oder man sagt, Jesus habe im Grunde nur den Ernst seines Rufs zur Umkehr damit unterstreichen wollen. Das Reich Gottes ist nahe, das heiße: Jetzt ist Entscheidungszeit! Schließlich kann man auch darauf hinweisen, daß die Zeitangabe, derzufolge das Kommen des Menschensohns dicht bevorsteht, in der eschatologischen Verkündigung Jesu als Ganzem kein entscheidendes Gewicht hat: »Die Naherwartung der Parusie ist nichts, was selbständigen Bestand hätte im Rahmen der Verkündigung Jesu, sondern ist letztlich nichts anderes als Ausdruck der Gewißheit, daß mit Jesu Wirksamkeit jetzt und hier die Stunde der Erfüllung angebrochen ist« (J. Jeremias)[12]. Aber man kann schwerlich behaupten, daß mit all diesen Gedanken und Argumenten die hier auftauchende Schwierigkeit wirklich beseitigt ist[13].

Hat sich Jesus wirklich geirrt? Gilt nicht von seiner ganzen Verkündigung: »Wie mich der Vater gelehrt hat, so rede ich« (Joh. 8, 28)? Sowohl in Markus 9, 1 wie in Markus 13, 30 steht am Anfang des Satzes jenes feierliche »Wahrlich, ich sage euch«, das zum Ausdruck bringt, daß Jesus nicht aus sich selbst redet, vielmehr mit dem, was er sagt, zu dem, was ihm der Vater sagt, das »Amen« spricht. Der angebliche Irrtum fiele also auf Gott selbst zurück. So betrachtet, verschärft sich das Problem, aber es könnte eben darin auch seine Lösung verborgen sein. Denn aus dem Gesamtzeugnis der Schrift geht klar hervor, daß der lebendige Gott mit dem Menschengeschlecht als Ganzem wie mit jedem Einzelnen eine lebendige Geschichte hat. Er hält zwar fest an seinem Plan und kennt seine Ziele. Er steht zu seinen Verheißungen mit ganzer Treue, so gewiß er sich selbst nicht verleugnen kann (2. Tim. 2, 13). Aber in der Durchführung seiner Pläne ist er nicht an ein starres, ein für allemal festgelegtes Konzept gebunden. Wie er sich das Unheil, das er androhte, und das Gute, das er in Aussicht stellte, gereuen lassen kann (vgl. Jer. 18, 7 ff.; Jona 3, 10), so kann er auch Zeit und Stunde ändern (Dan. 2, 21). Sollte Gott selbst nach seinem freien Ermessen, für das er uns keine Angabe der Gründe schuldig ist, Zeit und Stunde geändert haben? Kam das Gottesreich darum nicht so rasch, wie dies zunächst auch beim Vater beschlossen war? Nicht von einem »Irrtum« Jesu, vielmehr von der nicht voraus zu berechnenden Geduld und von dem unbegreiflichen Erbarmen Gottes her (vgl. Hos. 11, 8; Jer. 31, 20) würde sich dann erklären, wieso sich diese Naherwartung nicht erfüllt hat.

Auf jeden Fall muß man mitbedenken, daß wir in den Evangelien auch Worte Jesu finden, die einen *Verzug seines Kommens* in Rechnung stellen. So ermahnt er die Jünger, auf ihren Herrn zu warten, auch wenn er erst »in der zweiten oder in der dritten Nachtwache« kommen sollte (Luk. 12, 38). Ihre Jüngerpflicht ist, wachsam zu bleiben, damit der Herr des Hauses sie nicht »schlafend finde«, ob er »am Abend oder zur Mitternacht oder um den Hahnenschrei oder des Morgens« kommt (Mark. 13, 35). Auch die Gleichnisse von der selbstwachsenden Saat (Mark. 4, 26 ff.), vom Senfkorn und vom Sauerteig (Matth. 13, 31 ff.) und vom Unkraut unter dem Weizen (Matth. 13, 24 ff.) setzen eine längere Zeitspanne voraus, wenn sie auch keineswegs sagen wollen, daß das Gottesreich das Endresultat einer wachstümlichen, innerweltlichen Entwicklung sei. Neben der Naherwartung steht in der Predigt Jesu, jedenfalls als eine Möglichkeit, die sich Gott vorbehält, die Aussage, daß das Kommen des Menschensohns und des Gottesreichs auch länger, als zunächst gedacht, auf sich warten lassen kann (vgl. Matth. 25, 5). Dies zeigt, wie sehr er die *Freiheit Gottes,* seines himmlischen Vaters, respektiert, was die Bestimmung des Termins betrifft. So spricht der Sohn, der dem Vater nichts vorschreibt, nichts abzwingt, sondern ihm ganz, in Worten und Werken, gehorsam ist. Damit ist der Vorwurf hinfällig, die Aussagen Jesu über den Zeitpunkt der Parusie seien widersprüchlich. So verstanden, lassen sie sich sehr wohl zusammenfügen.

Trotz dieser Hinweise Jesu, daß die Jünger auch mit einer längeren Wartezeit rechnen müßten, ist die *Naherwartung* in der jungen Kirche Jesu Christi, die sich nach Ostern und Pfingsten um die Apostel gesammelt hat, lebendig geblieben. Zwar wußte man, daß durch den Kreuzestod und den Ostersieg des Christus das Entscheidende schon geschehen, die Heilszeit wirklich angebrochen war. Man begriff, daß die Wartezeit auf die Wiederkunft Jesu dazu dienen sollte, im Gehorsam gegen seinen Befehl: »Handelt, bis ich wiederkomme« (Luk. 19, 13), das Evangelium vom Reich (Matth. 9, 35) auszurufen. So schließt das Matthäus-Evangelium mit dem sogenannten Tauf- und Missionsbefehl: »Gehet hin und machet zu Jüngern alle Völker!« (28, 18 ff.). Von der Gemeinde in Antiochia, wo man die an Jesus, den Gekreuzigten und Auferstandenen, Glaubenden erstmals »Christen« nannte (vgl. Apg. 11, 26), werden die ersten Sendboten des Evangeliums ausgesandt. Besonders Paulus ist rastlos unterwegs, um im Namen Jesu Christi unter allen Heiden

den Gehorsam des Glaubens aufzurichten (Röm. 1, 5). Lukas verfaßt seinen Bericht über das Werden und Wachsen der jungen Kirche, die sogenannte Apostelgeschichte. Für ihn ist das erste Kommen Christi die »Mitte der Zeit« (H. Conzelmann), was gegenüber der endzeitlich ausgerichteten Reichsgotteserwartung ohne Zweifel eine erhebliche Akzentverschiebung bedeutet hat. Aus den Briefen, die im Neuen Testament gesammelt sind, geht hervor, daß die rasch sich ausbreitende Gemeinde keineswegs mit einem untätigen Warten auf die Wiederkunft ihres Herrn sich begnügt hat. Sie hat ihren Zeugenberuf erkannt und nimmt ihn mit wachsendem Eifer wahr. Man weiß, daß jetzt nicht die Zeit ist, müßig am Markte zu stehen, daß es vielmehr gilt, die Zeit auszukaufen, damit der Herr, wenn er kommt, auf dieser Erde, die er mit seinem Blut getränkt hat, Glauben finde.

Trotzdem bleibt das Bewußtsein lebendig: Diese Zeit des Zeugnisses, der Kirche, der Mission ist nur eine *Zwischenzeit*. Sie ist kurz bemessen! So schreibt Petrus an die »Fremdlinge in der Zerstreuung«: »Es ist aber nahe gekommen das Ende aller Dinge« (1. Petr. 4, 7). So hofft Paulus, daß er nicht mehr sterben, sondern die Ankunft des Auferstandenen erleben werde; er rechnet sich im 1. Korintherbrief noch zu denen, die »verwandelt werden« (1. Kor. 15, 51). Auch bei Lukas ist keineswegs vergessen, daß die Zeit, da der Christus in der himmlischen Welt weilt, nur eine Zwischenzeit ist, auf welche die »Zeit der Erquickung« folgen wird, da »alles wiedergebracht wird, wovon Gott geredet hat durch den Mund seiner heiligen Propheten von Anbeginn« (Apg. 3, 20 f.). An vielen Stellen ließe sich noch zeigen, wie sehr in der ersten Christenheit die Hoffnung auf die Wiederkunft Christi in Gestalt der Naherwartung lebendig blieb. »Über ein Kleines« erwartet man der Verheißung des erhöhten Herrn gemäß mit ihm ein Wiedersehen (vgl. Joh. 16, 16 ff.).

Erst im 2. Jahrhundert n. Chr. ist das *Ausbleiben der Wiederkunft* für die Gemeinde zu einem beunruhigenden Problem geworden. Deutlich geht dies aus dem *2. Petrusbrief* hervor, dem man nach Stil und Inhalt abspürt, daß er nicht den Apostel Petrus zum Verfasser hat, sondern in nachapostolischer Zeit geschrieben wurde. Hier erfahren wir, daß in der Gemeinde »Spötter« ihre Stimme erheben und »des Spottes voll« die Frage stellen: »Wo bleibt die Verheißung seines Kommens? Die Väter sind entschlafen, und doch bleibt alles, wie es von Anfang der Schöpfung gewesen ist« (2. Petr. 3, 3 f.). So begreiflich diese Frage ist, so sehr gibt es zu denken, daß die, die so fragen, als »Spötter« gekennzeichnet werden, die »nach ihrem eignen Gelüste wandeln«. Ihr kecker Zweifel an der Erfüllung der Verheißung steht mit ihrer auf den eigenen Lebensgenuß bedachten Willensrichtung in einem inneren Zusammenhang. Damit soll freilich nicht bestritten sein, daß die Frage »Herr Jesu, wo bleibst du so lange?« auch aus einem ehrlich bekümmerten Herzen kommen kann. Auf jeden Fall dürfen wir dafür dankbar sein, daß die Frage, ob die Länge der Zeit nicht eine Widerlegung der Verheißung ist, im Neuen Testament selbst gestellt wird und darauf an einer Stelle im 2. Petrusbrief eine hilfreiche, gültige *Antwort* gegeben wird. Sie läßt sich in vier Sätze zusammenfassen:

1. Was Gottes Wort sagt, ist gewisser als die scheinbare Festigkeit des Bestehenden; haben doch Himmel und Erde allein durch das Wort des Schöpfers Bestand. Am warnenden Beispiel der Sintflut, durch die Gott einst die Erde und die sie bewohnenden Menschen verderbte, wird dies illustriert. Wie Gott damals die große Katastrophe über die Menschheit heraufführte, so kann er jederzeit Himmel und Erde wieder zunichte machen. Sie sind »aufgespart« auf den Tag des Gerichts. Sie werden und müssen vergehen, so allerdings, daß nicht das Wasser, vielmehr das Feuer das Element der Vernichtung ist.

2. Gott mißt die Zeit mit anderen Maßen. »*Ein* Tag ist vor dem Herrn wie tausend Jahre und tausend Jahre wie *ein* Tag« (vgl. Ps. 90, 4). So gemessen ist die Zeit des Wartens auf das Weltende und die Wiederkunft Christi kurz, auch wenn inzwischen neunzehnhundert Jahre vergangen sind.

3. Daß die Verheißung sich noch nicht erfüllt hat, ist in Gottes Geduld und Langmut begründet. Er will nicht, daß jemand verloren werde, sondern daß sich jedermann zur Buße kehre. Allein deshalb gibt er noch Zeit und Raum zur Umkehr. Von einer saumseligen Verzögerung der Verheißung kann keine Rede sein.

4. Die Verheißung selbst ist dadurch, daß die Erfüllung auf sich

warten läßt, keineswegs hinfällig geworden. »Des Herrn Tag *wird* kommen« — plötzlich, ohne Voranmeldung, »wie ein Dieb«. Da wird den Spöttern das Spotten jäh vergehen. Damit ist nicht nur jenen Spöttern »das Maul gestopft« (vgl. Matth. 22, 34), die damals in der nachapostolischen Generation in der Gemeinde auftraten. Ein für allemal ist mit diesen Argumenten erwiesen, daß »die Länge der Zeit keine Widerlegung der Verheißung ist« (E. Schlink). Wir sollten uns abgewöhnen, von einer »Verzögerung der Parusie« zu sprechen, wie dies in der theologischen Diskussion des Problems üblich ist. Denn genau diese Meinung, daß der Herr sich von der Erfüllung der Verheißung zögernd zurückhalte[14], wird im 2. Petrusbrief (3, 9) ausdrücklich zurückgewiesen. Gottes Langmut hat mit zögernder Bedenklichkeit so wenig gemein, wie seine Geduld mit saumseliger Schwäche verwechselt werden darf. Was der Christenheit in dieser Zwischenzeit zwischen der Himmelfahrt und der Wiederkunft ihres Herrn geboten ist, das ist die standhafte Zuversicht, die — unbeirrt durch die Länge der Zeit — auf die Erfüllung der Verheißung wartet. »So seid nun geduldig, liebe Brüder, bis auf den Tag, da der Herr kommt. Siehe, ein Ackermann wartet auf die köstliche Frucht der Erde und ist geduldig darüber, bis sie empfange den Frühregen und Spätregen. Seid auch ihr geduldig und stärket eure Herzen; denn der Herr kommt bald« (Jak. 5, 7 f.). Man beachte, wie hier die Mahnung zur *Geduld* begründet wird: nicht damit, daß der Herr auf sich warten läßt, vielmehr damit, daß er bald kommen wird. Dies zeigt, daß mit dieser Geduld nicht ein träges, passives Zuwarten gemeint sein kann. Zwar läßt sich Gott nichts abzwingen, erst recht keinen Termin vorschreiben; darauf macht der Vergleich mit dem Landmann, der geduldig auf Frucht und Erntezeit wartet, aufmerksam. Aber er will, daß wir ihn bei seiner Verheißung behaften, allen Spöttern und »Klüglern« (Luther) zum Trotz dabei beharren und mit standhafter Gewißheit auf ihre Erfüllung warten.

Dazu gehört, daß wir um das baldige Kommen des Herrn bitten, zumal Jesus in dem Gleichnis von der bittenden Witwe (Luk. 18, 1 ff.) dem anhaltenden Bitten der Gemeinde die Verkürzung der Drangsal in Aussicht stellt. Recht verstanden ist also diese Geduld mit einer heiligen Ungeduld im Bunde, die

der Bitte nicht müde wird: »Amen, ja komm, Herr Jesus!«
(Offb. 22, 20). Zu rechtem Warten gehört nach biblischer Weisung das Eilen: »Wartet und eilet zu der Ankunft des Tages
Gottes!« (2. Petr. 3, 12). Deshalb können wir aus der Tatsache,
daß sich die Naherwartung der ersten Christenheit nicht erfüllte,
keinesfalls den Schluß ziehen: Also wird es mit dem letzten
Kommen des Herrn auch in Zukunft sicherlich noch gute Weile
haben. Lebendige Hoffnung trägt vielmehr das Kennzeichen,
daß sie Sein Kommen herbeisehnt und es nicht in eine ferne,
unbestimmte Zukunft vertagt. Sowohl in der Zusage des Herrn:
»Siehe, ich komme bald« (Offb. 3, 11) wie im Wesen lebendiger Hoffnung ist es begründet, daß die Gemeinde ihre Erwartung gar nicht anders einüben und festhalten kann als so, daß
sie sich der Nähe seines Kommens freut (vgl. Phil. 4, 4 f.).

Die Auferweckung der Toten

Die Folgen des Ostergeschehens

Niemand sollte sich über Wert und Unwert des Christenglaubens ein Urteil erlauben, der nicht mindestens einmal in seinem Leben eine Nacht bei einem Sterbenden durchwacht hat. Warum? Weil an solch einem Sterbebett endgültig offenbar wird, was es um den Menschen und sein Los auf dieser Erde ist. Man kann sich dies leicht verbergen, solange man mitten im pulsierenden Leben mit seinen täglich neuen Eindrücken, Begegnungen und Aufgaben steht, um so mehr, als unser heutiges Geschlecht in der Verhüllung des Todes ein bemerkenswertes Geschick entwickelt hat. Wer noch nie oder schon lange nicht mehr beim Sterben eines Menschen als Zeuge zugegen war, täuscht sich leicht darüber hinweg, wie unweigerlich wir alle zum Sterben verurteilt sind, nur eine Handbreit vom Tod getrennt.

Zwar soll man den Wert einer solchen Erfahrung auch nicht überschätzen, da sie nur eine Außenansicht des Todes vermitteln kann. Was *Sterben* ist, wissen wir nicht, bis wir selbst an die Reihe kommen. Trotzdem macht es einen Unterschied, ob wir diese Tatsache, daß unser Dasein ein »Sein zum Tode« (M. Heidegger) ist, als eine allgemeingültige Wahrheit zur Kenntnis nehmen oder ob wir beim Sterben eines Menschen Zeuge sind, dem unsre Liebe gehört, der ein Stück unsres eigenen Lebens in sein Grab mit hinunternimmt. Wer es schon erlebt hat, der weiß, wie weh es tut und wie dringlich sich dann die Frage stellt, was es mit diesem Abschied für eine Bewandtnis hat. Ist es ein Abschied für immer oder das Vorausgehen in eine andere Welt? Sterben, was ist das: ein Schlußpunkt oder ein Doppelpunkt?

Wir kennen die Antwort, die das Bekenntnis der Kirche darauf erteilt: »Ich glaube eine Auferstehung des Leibes und ein ewiges Leben.« Aber damit, daß wir dies nachsprechen, ist es nicht getan. Wir möchten verstehen, was diese Antwort bedeutet, worauf diese Hoffnung sich gründet, die die weit verbreitete Meinung, daß der Tod dem Dasein des Menschen ein unwiderrufliches Ende setze, mit so seltsamer Kühnheit bestreitet. Die Frage ist viel zu ernst, als daß irgend jemandem mit der Deklamation christlicher Vokabeln geholfen wäre. Was not tut, ist, daß wir über den Grund und Inhalt dieser Hoffnung zu einer klaren, persönlichen, in Gottes Wort gegründeten Gewißheit kommen. Weniger tut's nicht, denn über unsre menschlichen Meinungen und Wünsche setzt sich der Tod souverän hinweg. Er respektiert sie in keiner Weise. *Gewißheit*, in Gottes Wort gegründete Gewißheit[1] tut not, die auch dann standhält, wenn der Tod in unsre eigene Familie einbricht, wenn er uns die Nächsten und Liebsten raubt, wenn er — ein paar Jahre oder Jahrzehnte früher oder später — nach unsrem eigenen Leben greift.

Um zu solcher Gewißheit zu gelangen, ist es nötig, daß wir uns die existentielle Auseinandersetzung mit dem Tod nicht ersparen. Dabei kann es sich freilich nicht um eine Gewißheit handeln, die sich auf handgreifliche, allgemein einleuchtende Beweise stützt. Dem kecken Zweifler, der sich auf den Standpunkt stellt: Was mir nicht schwarz auf weiß wie ein mathematischer Lehrsatz bewiesen wird, was ich nicht in eigener Beobachtung nachprüfen kann wie das Resultat einer Versuchsreihe in einem chemischen Laboratorium, das gilt für mich nicht — dem ist hier nicht zu helfen. Denn erstens ist der Tod in einem sehr strengen Sinn die unübersteigbare Grenze unsrer Erfahrung und Beobachtung; zweitens ist uns Gott, der Herr über Leben und Tod, keine Beweise schuldig. Durch das Wort der Verheißung erweckt er unsre Hoffnung. Wir sollen damit rechnen, daß er tun kann und auch tun wird, was sein Wort verspricht. Dies ist keine unbillige Zumutung. Denn »Gott ist nicht ein Mensch, daß er lüge, noch ein Menschenkind, daß ihn etwas gereue. Sollte er etwas sagen und nicht tun? Sollte er etwas reden und nicht halten?« (4. Mose 23, 19). Er steht zu dem, was er verheißt, wobei seine Treue mit der Allmacht im Bunde ist (vgl. Hebr. 11, 19). Trotzdem gibt der Glaubensartikel von der Auferstehung der Toten eine Reihe ernsthafter Fragen auf. Es macht uns Mühe, ihn zu fassen und festzuhalten, auch wenn wir uns nicht mit Skepsis wappnen und sehr wohl wissen, wie niedrig der Mensch wird, wenn er nur Begreifliches im Kopfe hat. Mit dem Rezept »Das mußt du eben glauben« ist hier niemandem geholfen, ganz abgesehen davon, daß dies kein Satz der Bibel ist.

So hat sich auch *Paulus*, der mächtigste Zeuge der Totenauferstehung im Neuen Testament, keineswegs auf diesen Satz zurückgezogen, als ihm aus der Christengemeinde in Korinth die Frage gestellt wurde, wie es mit der Auferstehung der Toten sich verhalte, ob denn dieses Unfaßliche, daß die Toten (alle Toten!) noch einmal auferweckt werden, wirklich zur Substanz, zum Wesen der christlichen Heilsbotschaft gehöre. Warum dies in Korinth bezweifelt wurde, mag jetzt beiseite bleiben[2]. In seinem Antwortbrief hat der Apostel sich jedenfalls befleißigt, den Korinthern eine klare, hilfreiche Auskunft zu erteilen (1. Kor. 15, 1 ff.). Sie ist es wert, daß wir sie genauer ins Auge fassen.

Zunächst erinnert er die Korinther an die Gestalt und den Gehalt des *Evangeliums*, wie er es von den Ur-Aposteln empfangen hat und weitergab: »Ich habe euch gegeben, was ich auch empfangen habe: daß Christus gestorben ist für unsre Sünden nach der Schrift; und daß er begraben ist; und daß er auferstanden ist am dritten Tage nach der Schrift.« In diesem Credo (Glaubensbekenntnis) der Urkirche war die Auferweckung des Christus genauso wie sein Tod am Kreuz schon immer fest verankert. Daß Jesus nicht im Grabe blieb, sondern »nach der Schrift«, in Erfüllung göttlicher Verheißung, auferweckt wurde, ist dadurch verbürgt, daß er gesehen wurde: zuerst von Kephas (Petrus), dann von allen Jüngern, dann von »mehr als fünfhundert Brüdern«, dann von Jakobus, dem Herrnbruder, dann noch einmal von »allen Aposteln«, zuletzt von Paulus selbst. Er nennt sich eine »unzeitige Geburt«, weil er, der Verfolger der Gemeinde, nachträglich noch eine sichtbare Begegnung mit dem Auferstandenen erlebt hat[3] (1. Kor. 15, 8; vgl. Apg. 9, 3 ff; 1. Kor. 9, 1). Diese Aufzählung der Zeugen, die den Auferstandenen gesehen haben, deckt sich nicht in allen Aussagen mit den Ostergeschichten, die wir in den Evangelien finden; es zeigt sich, daß die Berichte der Evangelien nur einen Ausschnitt bieten. Beide jedoch — Paulus und die Evangelisten — bezeugen übereinstimmend: Die Gewißheit: Jesus lebt! ist dadurch entstanden, daß Jesus sich nach seiner Auferweckung bestimmten, Menschen, vor allem denen, die ihm nachgefolgt waren, als Lebendiger zeigte. Eindeutig ist auch, daß Paulus die Erwartung einer Auferweckung der Toten ganz auf das *Ereignis von Ostern* gründet. Zwar spricht er, von den Bestreitern seiner apostolischen Autorität dazu genötigt, im 2. Korintherbrief auch von »hohen Offenbarungen«, bei denen ihm im Zustand der Entrückung ein Blick bis in den dritten Himmel, ja bis ins Paradies gewährt wurde (2. Kor. 12, 1 ff.). Aber niemals hat er darauf die Hoffnung auf ein Leben nach dem Tod gegründet. Das ist ein wichtiger Fingerzeig, wie wir übersinnliche Erlebnisse, von denen wir aus mancherlei Quellen und Zeugnissen Kunde bekommen und aus denen wir etwas über die jenseitige, himmlische Welt erfahren, bewerten sollen. Auch das gut Verbürgte, das nur dürrer Rationalismus abstreiten kann, ist höchstens eine schwache Stütze, kann aber niemals das Fundament unsrer Hoffnung sein. Die Hoffnung der Christen unterscheidet sich von allen anderen Hoffnungen über Tod und Grab hinaus eben dadurch, daß sie nicht auf irgendwelche Vermutungen, Spekulationen oder visionäre Erlebnisse, nicht auf die Träume eines Geistersehers[4] oder sonstige okkulte Erfahrungen und spiritistische Geheimlehren, sondern eindeutig auf den Ostertag und Ostersieg Jesu Christi gegründet ist.

Damit ist dem, der von der Botschaft der Bibel und ihrem Widerhall in der Osterpredigt der Kirche, nicht zuletzt in den Osterliedern des Gesangbuchs, weiß, nichts Neues gesagt. Und doch ist es nicht leicht zu fassen, wieso diese Auferweckung Jesu eine solch unvorstellbare Bedeutung hat, daß sie die Auferweckung aller Toten nach sich zieht. Hier setzte auch die Frage der Korinther an Paulus ein. Daß Jesus Christus lebt, war ihnen nicht zweifelhaft, aber daß seine Auferstehung auch *ihre* leibliche Auferstehung, ja die *aller* Toten, im Gefolge haben solle, dagegen hat sich ihr der griechischen Denkweise verhafteter Verstand gesträubt. Was antwortet Paulus? »Wenn Christus gepredigt wird, daß er ist von den Toten auferstanden, wie sagen denn etliche unter euch: Es gibt keine Auferstehung der Toten? Gibt es keine Auferstehung der Toten, so ist auch Christus nicht auferstanden« (1. Kor. 15, 12 f.). Hier steht und fällt das eine mit dem andern. *Dieser Ostersieg ist völlig unteilbar.* Entweder der Christus siegt auf der ganzen Linie so, daß seine Auferweckung die aller Toten im Gefolge hat, oder er hat überhaupt nicht gesiegt. »Wenn die Toten nicht auferstehen, so ist Christus auch nicht auferstanden« (1. Kor. 15, 16). Dann aber ist das ganze Evangelium eine trügerische Botschaft ohne wirklich rettende Kraft. Dann »ist unsre Predigt vergeblich, ist euer Glaube vergeblich, seid ihr noch in euren Sünden, sind die in Christus Entschlafenen verloren« (1. Kor. 15. 14. 17 f.). Dann hat der Tod das letzte Wort, und es bleibt dabei, daß alles »ganz eitel ist« (Pred. 1, 2).

Mit welchem Recht hat Paulus diesen Schluß gezogen? Daß die Toten nicht auferstehen, wenn nicht Christus zuvor auferstanden ist, leuchtet ein; warum aber gilt dieser Satz genauso umgekehrt: Christus selbst ist nicht auferstanden, wenn die Toten nicht auferstehen? Offensichtlich ist die Auferweckung Christi nach der Meinung des Apostels »kein einzeln dastehendes Ereignis, nicht ein isoliertes Wunder, das an irgendeinem beliebigen, einzelnen Menschen geschehen wäre, sondern der Anfang und Durchbruch des umfassenden endzeitlichen Auferstehungs-Geschehens, ein Handeln Gottes an Dem, den er zum Träger und Bringer seiner Herrschaft erwählt hat«[5]. Wer die Totenauferstehung am Ende nicht wahrhaben will, der hat eben deshalb auch ihren Anfang geleugnet. Man kann hier nur das eine *und* das andere, das eine *in* dem andern glauben. Denn der Christus ist für Paulus der Mittler und Vollstrecker aller Gedanken und Pläne Gottes mit den Menschen. Er ist die Schlüsselfigur im ganzen Welt- und Heilsplan Gottes. Wäre Sokrates oder Cäsar, Michelangelo oder Napoleon auferstanden, so wäre die Weltgeschichte um eine Sensation bereichert; weiter nichts! Nun aber wurde der Christus auferweckt, dem Gott alle Gewalt im Himmel und auf Erden übergeben hat (vgl. Matth. 11, 27; 28, 18); der Sohn Gottes ist auferstanden, durch den alle Dinge geschaffen sind und zusammengefaßt werden sollen (vgl. Kol. 1, 15; Eph. 1, 10), der das Haupt des Leibes, seiner Gemeinde, ist (Eph. 1, 22), dem wir durch die Taufe übereignet sind. Hat der König gesiegt, so ist alles gewonnen!

Haben wir diese zentrale Bedeutung der Ostertat Gottes an seinem Christus erkannt, so bleibt uns nicht mehr rätselhaft, wieso dieses Ereignis, die Auferweckung Jesu, unser Schicksal bestimmt und wendet. Als der »*Erstling* unter denen, die da schlafen« (1. Kor. 15, 20), wurde der Christus auferweckt. Fünfzig Tage nach dem Passahfest hat man im Volk Israel das Fest der Erstlinge gefeiert (3. Mose 23, 10): die Erstlingsgarbe wurde vor den Priester gebracht. Ihr folgte Jahr um Jahr die Haupternte, bei der das ganze Land abgeerntet, alles Korn zu Garben gebunden wurde. Ein »Erstling« bleibt nicht allein, er zieht alle anderen nach. So auch hier! Die Auferweckung Christi wird mit innerer Notwendigkeit und göttlicher Gewißheit die Auferweckung aller Toten zur Folge haben. Sein Gefolge ist nicht nur die »kleine Herde« (Luk. 12, 32) derer, die ihm im Glauben anhangen; es umfaßt die Menschheit als Ganzes, alle, die Gott je ins Dasein rief und wieder in die Gewalt des Todes gab. Daß Paulus nicht nur eine Auferweckung der Glieder des Leibes Christi erwartet, sondern *alle*, die ein menschliches Antlitz tragen, miteinbezieht, geht aus seinen Worten klar hervor: »Gleichwie sie in *Adam* alle sterben, so werden sie in *Christus* alle lebendig gemacht werden« (1. Kor. 15, 22). Sterben ist Menschheitslos, dem sich keiner entzieht, der nach Adams Bild geschaffen ist: ein Glied in der Kette der Geschlechter, die mit Adam begonnen hat. Genauso ist Auferwecktwerden Menschheitslos geworden, nun da der Christus als der Erstling aus den Toten auferweckt worden ist. Beidemal ist es so, daß das erste Glied der Kette alle folgenden bestimmt und über ihr Schicksal entscheidet.

Wir stoßen hier auf eine Schau der Menschheitsgeschichte, die in der Theologie des Paulus eine bedeutsame Rolle spielt (vgl. Röm. 5, 12 ff.). Er stellt Christus und Adam einander gegenüber, damit uns die universale, die Menschheit umfassende Heilsbedeutung Christi deutlich werde. Da diese Schau kein eigenes theologisches Fündlein des Paulus ist, sondern in der biblischen Urgeschichte[6] ihren Grund und ihre Wurzel hat, ist es weder ratsam noch geboten, diese Schau als mythologisch zu verdächtigen und sich auf ihre existentiale Interpretation zurückzuziehen, auch wenn wir diesen Fall Adams, durch den der Tod in die Welt gekommen ist, nicht geschichtlich datieren können und der Bericht (1. Mose 3, 1 ff.) die Sprache der »Sage« spricht. Die Menschenwelt, in die wir als einzelne durch unsre

Geburt eingegliedert wurden, ist kein unbeschriebenes Blatt, die Erde, auf der unser Leben verläuft, kein neutrales Gelände. Bestimmte Vorzeichen sind unserem Dasein gesetzt; Grundentscheidungen sind gefallen, die aller Menschen Los in dieser Welt bestimmen, an denen wir nichts ändern, auch wenn der lebendige Gott um jede Generation sich neu kümmert und mit jedem Einzelnen, der ihm sein Antlitz zuwendet, eine ganz persönliche Geschichte hat. Von Adam her sind wir in das Todesschicksal hineinverflochten, dem sich kein Lebendiger entzieht. »Alles Fleisch ist Gras, und alle seine Güte ist wie eine Blume auf dem Felde. Das Gras verdorrt, die Blume verwelkt« (Jes. 40, 6 f.). Nun aber, da der Tod durch den Ostersieg des Christus entmächtigt und überwunden wurde, ist dies, daß wir auferstehen, unser Schicksal geworden. *Beides, das Sterbenmüssen und das Auferwecktwerden, ist Menschheitslos.* Wie es dem Menschen »gesetzt ist, einmal zu sterben, danach aber das Gericht« (Hebr. 9, 27), so unentrinnbar kommt auch dies auf jeden Menschen zu, daß ihn Gott aus dem Totsein auferweckt. Der Nachsatz »danach aber das Gericht« gibt zu bedenken, daß damit über Heil oder Verderben des Einzelnen noch nichts entschieden ist. »Es werden hervorgehen, die da Gutes getan haben, zur Auferstehung des Lebens, die aber Übles getan haben, zur Auferstehung des Gerichts« (Joh. 5, 29). In jedem Fall bleibt es wahr, daß die Auferweckung aus Tod und Grab nun nach Gottes gewaltiger Ostertat an seinem Christus unser und aller Menschen Schicksal geworden ist.

Ob uns dies erwünscht oder schrecklich ist, ist eine andere Frage. Dem, der sich auf der Flucht vor Gott befindet, der keine Vergebung seiner Schuld begehrt und empfangen hat, muß dies, daß auch im Tod kein Schlupfwinkel ist, in dem er sich vor Gott verstecken könnte (vgl. Amos 9, 2; Ps. 139, 8), allerdings ein schrecklicher Gedanke sein. Was wollte er lieber, als daß mit dem Eintritt des Todes alles zu Ende wäre und er nicht zur Rechenschaft gezogen, in alle Ewigkeit nicht mehr von Gott behelligt würde! Kein Wunder, daß die Meinung »Mit dem Tod ist alles aus« zu aller Zeit sehr eifrige Vertreter und bereitwillige Hörer gefunden hat. Aber es stiehlt sich keiner davon! Es ist eine Lüge: Im Grabe ist Ruh. Es bleibt dabei, daß kein Mensch dem lebendigen Gott entrinnt. Es ist eine Täuschung zu glauben, daß wir im Nichts versinken. So billig kommen wir nicht davon; so trostlos werden wir nicht entlassen. Wir werden auferstehen![7]

Das ist freilich ein Geschehen, das kein Verstand der Verständigen begreift. Was »Auferstehung« ist, das wissen wir sowenig, wie ein Kind im Mutterleib sich von seinem Leben nach dem Augenblick der Geburt irgendeine Vorstellung machen kann. Und doch zeigt gerade dieses Beispiel: Was *nicht vorstellbar* ist, ist damit noch keineswegs unmöglich! Daß die Auferweckung aller Toten unser Vorstellungsvermögen, mehr noch, die Fassungskraft unsrer Vernunft schlechthin übersteigt, soll man ruhig zugeben. Es ist kein Gegenbeweis. Was höher ist als alle Vernunft, ist darum bei Gott noch lange nicht unmöglich. »Sollte dem Herrn etwas unmöglich sein?« (1. Mose 18, 14; Luk. 1, 37). Auf diese unbegrenzte Kraft Gottes verweist Jesus in seiner Antwort an die Sadduzäer, die ihm die dreiste Frage vorlegten, wem eine Frau, die sieben Männer gehabt habe, in der Auferstehung der Toten wohl gehöre (Matth. 22, 23 ff.): »Ihr irret und kennet die Schrift nicht noch die Kraft Gottes.« Damit ist dem kecken Zweifel »das Maul gestopft« (Matth. 22, 34).

Aber nun gibt es ja auch den ehrlich bekümmerten Zweifler, der mit dem Artikel von der Totenauferstehung nicht zurecht kommt, auch wenn er sich nicht erdreistet, der Macht Gottes eine Grenze zu ziehen. *Wie soll das zugehen,* daß all diese unermeßlichen Totenheere wieder lebendig werden? Millionen und Abermillionen von Menschen haben auf dieser Erde gelebt und sind wieder begraben worden. Auch wenn wir von der prähistorischen Zeit absehen und unsren Blick auf die Zeit der göttlichen Offenbarungsgeschichte mit dem Menschengeschlecht beschränken, sind doch Jahrtausende vergangen, in deren Verlauf ungezählte Menschen, ganze Völker und Geschlechter, wieder zu Staub und Asche wurden. Ihre Leiber sind im Schoß der Erde verwest, in der Tiefe der Meere versunken, im Feuer der Scheiterhaufen und Krematorien verbrannt, in andre Materie- und Energieformen überführt. Nur verschwindend geringe Spuren blieben zurück und erinnern die Nachfahren daran, daß sie in Kürze dasselbe Schicksal erfahren werden. Ist es nicht doch schlechthin unfaßlich, ja widersinnig, daß all diese Toten wieder lebendig werden sollen?

Wenn du die Toten wirst an jenem Tag erwecken,
so tu auch deine Hand zu meinem Grab ausstrecken;
laß hören deine Stimm und meinen Leib weck auf
und führ ihn schön verklärt zum auserwählten Hauf'.

Johann Heermann

Schöne, in ihrer kindlichen Einfalt und gläubigen Zuversicht
unantastbare Verse, ganz gewiß; aber wem bleiben sie nicht im
Halse stecken, wenn er auch nur einen Augenblick an die Ungezählten denkt, deren Leib kein »Räumlein fand bei frommer
Christen Grab«, die von Bomben zerrissen, in die Luft ge-
sprengt, von Flammen verzehrt wurden: Opfer brutaler, grau-
samer Vernichtung! Welch unzumutbare Zumutung, daß wir
glauben sollen, sie alle würden noch einmal (aus ihren Gräbern!)
auferstehen!

Der Einwand ist begreiflich, aber er ist weder neu noch besonders klug. Schon die Korinther, die die leibliche Auferstehung
der Toten bezweifelten, haben wohl ähnlich gedacht; jedenfalls
hat Paulus in seinem Brief die Frage, wie sich die Auferweckung
der Toten vollziehen werde, aufgegriffen und eine *klare, befreiende Antwort* gegeben. »Möchte aber jemand sagen: Wie
werden die Toten auferstehen, und mit welcherlei Leibe werden
sie kommen?« (1. Kor. 15, 35). Wir erwarten die Auskunft:
Lieber Mensch, so darfst du nicht fragen. Laß dir am »Daß«
genug, laß das *»Wie«* Gottes Sorge sein! Aber der Apostel zieht
sich keineswegs darauf zurück, geht vielmehr auf diese doppelte
Frage sehr genau und gründlich ein.

Zunächst zeigt er, daß es durchaus nicht klug ist, von den Möglichkeiten Gottes gering zu denken. Schon in dieser Schöpfung,
die wir vor Augen haben, beobachten wir eine schier uner-
schöpfliche Fülle von Lebensformen: Menschen, Tiere, Vögel,
Fische, irdische Körper und Himmelskörper, jeweils verschieden
nach Gestalt und Art, nach Form und Wesen (vgl. 1. Kor. 15,
39—41). Mit welch einer Machtfülle, mit welchem Einfallsreich-
tum, mit welch wahrhaft schöpferischer Phantasie hat der lebendige Gott in dieser Welt, in der wir leben, Lebendiges verleib-
licht! Er kann auch demselben Geschöpf zu verschiedener Zeit eine
ganz verschiedene Daseinsweise geben: »Gott gibt ihm einen
Leib, wie er will« (V. 38). Denken wir nur an das bekannte Beispiel von Raupe und Schmetterling: Wer würde glauben, daß der

Falter, der sich mit seinen seidenen Flügeln im Licht der Sonne wiegt, dasselbe Geschöpf ist wie die Raupe, die mühsam über die Blätter kroch, wenn er's nicht vor Augen hätte! Ja, Gott kann durch Sterben hindurch Leben schaffen. Das Saatkorn wird in die Erde gesenkt, stirbt und vermodert, und wie wunderbar: ein neuer Halm wächst hervor, an dem sich eine Ähre bildet. »Was du säest, wird nicht lebendig, es sterbe denn« (V. 36), aber eben dieses Ersterben des Weizenkorns ist das Mittel, dessen sich der Allmächtige bedient, um daraus viel neue Frucht zu schaffen (vgl. Joh. 12, 24). Alle diese Analogien, die Paulus aus dem großen Bilderbuch der Schöpfung bezieht, haben gewiß keine zwingende, den Zweifler überführende Beweiskraft. Dem, der der Verheißung Gottes nicht glauben will, werden sie wenig nütze sein, da ja diese Schöpfung als Ganzes trotz alledem unter dem Gesetz des Werdens und Vergehens steht. Dem jedoch, der glauben möchte und das Unvermögen dazu in sich verspürt, ist's dennoch eine Hilfe, sich daran erinnern zu lassen, daß Allmacht die Macht Gottes ist. Er hat unerhörte Möglichkeiten. »So auch die Auferstehung der Toten« (V. 42). Für diesen Gott, wenn er's nur will, ist sie kein Problem. Wie er dem ruft, was nicht ist, daß es sei, so ruft er dem, was tot ist, daß es lebe (vgl. Röm. 4, 17).

Überdenkt man diese Antwort des Paulus, so fällt auf, daß er auf die Frage »Wie werden die Toten auferstehen?« nicht in der Weise eingeht, daß er zu schildern versucht, *wie* die Auferweckung geschieht. Er weist steil nach oben! An die Allmacht Gottes in den Werken seiner Schöpfung erinnert er und gibt damit zu verstehen: Eine Auferstehung der Toten glauben heißt an die Macht und Gottheit Gottes glauben. Genau besehen ist das Wunder der Schöpfung um nichts geringer als das der Totenerweckung. Der aus dem Nichtsein ins Dasein ruft, kann auch aus dem Totsein zum Leben erwecken.

Die Vorstellung, daß Gott seine Hand nach den *Gräbern* ausstrecke, um die Gebeine der Toten neu zu beleben, wird man bei Paulus vergeblich suchen. Sie geht auf den Propheten *Hesekiel* zurück, der im 37. Kapitel seines Buchs davon erzählt, wie ihn die Hand des Herrn ergriff und mitten auf ein weites Feld stellte, das voller Totengebeine lag. Gott befiehlt ihm, diese verdorrten Gebeine anzureden: »Höret des Herrn Wort! So spricht Gott der Herr: Siehe, ich will Odem in euch bringen, daß ihr wieder lebendig werdet!« (V. 4 f.). In drastischer Anschaulichkeit vollzieht sich das Wunder: Die Gebeine rücken zusammen, überziehen sich mit Sehnen, Fleisch und Haut, und nachdem der Prophet noch einmal über diese Leichname geweissagt hat: »Odem, komm herzu von den vier Winden und blase diese Getöteten an, daß sie wieder lebendig werden!« (V. 9), werden sie lebendig, richten sich auf und stellen sich auf ihre Füße, von Gottes Odem neu belebt. Diese Vision wird aber mißverstanden, wenn man in ihr eine Schilderung der Totenauferstehung zu finden meint. Sie bezieht sich auf die trostlose Lage der Verbannten im babylonischen Exil, die zueinander sagen: »Unsere Gebeine sind verdorrt, und unsere Hoffnung ist verloren, und es ist aus mit uns« (V. 11). Die Wiederbelebung der Totengebeine in der Schau des Propheten soll zeigen, daß der Gott Israels seinem Volk, das alle Hoffnung begraben hatte, eine neue geschichtliche Zukunft schenkt: »Ich will meinen Odem in euch geben, daß ihr wieder leben sollt, und will euch in euer Land setzen, und ihr sollt erfahren, daß ich der Herr bin« (V. 14). Was aus diesem gewaltigen Gesicht zu entnehmen ist, ist also die Gewißheit, daß Gott neues Leben, neue Zukunft schenken kann, wo nach menschlichem Ermessen jede Hoffnung abgeschnitten, begraben ist. Dagegen gibt es keinen Aufschluß darüber, wie sich die Neubelebung der Verstorbenen am Tag der Auferstehung vollziehen wird.

Zwar sagt auch Paulus, daß der Geist Gottes unsre »sterblichen Leiber wieder lebendig macht« (Röm. 8, 11). Die Neubelebung durch den Geist greift auf den ganzen Menschen über, mit Einschluß seiner Leiblichkeit. Im Gegensatz zu der gnostischen Spiritualisierung der Auferstehung hält er daran fest, daß wir leiblich auferstehen. Aber auf die Frage: »Mit welcherlei Leibe werden sie kommen?« (1. Kor. 15, 35) gibt der Apostel eine Antwort, aus der deutlich zu entnehmen ist, daß zwischen diesem Leib, der uns jetzt als Sitz des Lebens und als Werkzeug des Handelns gegeben ist, und dem Auferstehungsleib kein stofflicher Zusammenhang besteht. »Es wird gesät verweslich und wird auferstehen unverweslich. Es wird gesät in Unehre und wird auferstehen in Herrlichkeit. Es wird gesät in Schwachheit und wird auferstehen in Kraft. Es wird gesät ein natürlicher

Leib und wird auferstehen ein geistlicher Leib« (1. Kor. 15, 42—44). Aus diesen Antithesen ergibt sich ein Doppeltes: 1. Mit einem wirklichen Leibe werden die Toten auferstehen. Auch das zukünftige Leben wird, nicht anders als dieses jetzige, ein Leben im Leibe sein. 2. Es wird ein anderer, völlig neuer Leib sein, den wir bei der Auferweckung aus dem Tod empfangen. Denn »Fleisch und Blut können das Reich Gottes nicht ererben« (1. Kor. 15, 50). Damit ist ganz klar, daß die Auferweckung des Leibes nach der Meinung des Paulus nicht besagt, daß *der* Leib, der in die Erde gesenkt wurde und dort verweste, wieder hervorgeholt wird. Auferweckung ist nicht eine Wiederbelebung jener Stoffe, aus denen der irdische Leib gebildet ist. Eine neue Schöpfung geschieht (vgl. 2. Kor. 5, 17) — zwar nicht aus dem Nichts, sondern so, daß Gott denselben Menschen, den er schon einmal ins Dasein rief, aus dem Tod erneut ins Leben ruft, aber doch in der Art, daß Gott wirklich Neues schafft. Viele Denkschwierigkeiten sind hinfällig, wenn wir diese Antwort des Paulus zur Kenntnis nehmen. Ist es für den lebendigen Gott, der uns im Mutterleibe so wunderbar gebildet hat (vgl. Ps. 139, 13), nicht ein Kleines, uns nach dem Bilde Christi aufs neue zu gestalten? Er ist »nicht ein Gott der Toten, sondern der Lebendigen« (Matth. 22, 32). Dies wird er mit der Tat beweisen.

Der neue Leib

In neuer Leiblichkeit werden die Toten auferweckt; daran läßt Paulus keinen Zweifel. Scharf und deutlich weist er jene vergeistigte Auffassung der Auferstehung zurück, die unter dem Einfluß der Gnosis in Korinth Schule machte. Von einer Vergottung des Menschen durch die gegenwärtige Schau des Göttlichen, durch den Geistbesitz oder durch kultische Weihen, wie sie die Gnosis und die hellenistische Mystik verkündeten, will er sowenig wissen wie von einer natürlichen Unsterblichkeit der Seele, wie sie die großen griechischen Philosophen, Sokrates und sein Schüler Plato, lehrten. Es muß deutlich gesagt werden, daß diese Lehre mit der biblischen Schau des Menschen nicht vereinbar ist. Nach biblischer Auffassung ist der Mensch keine verkörperte Seele, vielmehr ein *beseelter Leib*[8] — ein feiner, aber

wichtiger Unterschied! So lesen wir in dem Bericht des Jahwisten über die Erschaffung des Menschen: »Gott der Herr bildete den Menschen aus Erde vom Ackerboden und hauchte ihm Lebensodem in die Nase; so ward der Mensch ein lebendes Wesen« (1. Mose 2, 7). Damit will nicht nur gesagt sein, daß die Lebendigkeit des Menschen eine unverfügbare Leihgabe des Schöpfers ist: »Verbirgst du dein Angesicht, so erschrecken sie; nimmst du weg ihren Odem, so vergehen sie und werden wieder Staub. Du sendest aus deinen Odem, so werden sie geschaffen« (Ps. 104, 29 f.). Aus diesen und anderen Bibelstellen geht auch klar hervor, daß wir Menschen in der Lebendigkeit des *Leibes* das Wunder des Lebens erfahren. Der Mensch *hat* nicht nur einen Leib nach der Meinung der Bibel, er *ist* Leib, was mit den Erkenntnissen der heutigen Wissenschaft über den Menschen und das Leib-Seele-Problem sehr genau zusammenstimmt. Der Leib ist der Sitz und Träger des irdischen Lebens; wir können überhaupt nicht existieren ohne seine biologischen Funktionen. Er ist das Werkzeug unsres Wollens und Handelns: Was wir tun, Gutes oder Böses, geschieht durch den Leib (vgl. 2. Kor. 5, 10). Auch wenn wir denkend oder träumend unsre Leiblichkeit völlig vergessen, so gilt doch, daß der Mensch da ist, wo sein Leib ist, daß er tut und kann, was sein Leib tut und kann. Nur dadurch, daß wir »Leib« sind, gibt es auch die lebendige Begegnung mit anderen: Ohne Leib keine Gemeinschaft zwischen dem Ich und dem Du! Der Leib gibt dem Schmerz die Tränen, der Freude das Lachen, dem Entschluß des Willens die geschäftigen Hände, die eilenden Füße; er gibt unsrem Verlangen nach Gemeinschaft, nach Liebe und Freude die Zunge, das Organ der Sprache, das sehende Auge, das lauschende Ohr. Mensch sein heißt sein Leben im Leibe haben. So wird auch das zukünftige Leben, nicht anders als dieses Leben, ein Leben im Leibe sein.
Freilich muß sofort hinzugefügt werden: Es wird ein anderer, völlig *neuer Leib* sein, mit dem Gott seine Geschöpfe bei der Auferweckung aus dem Tod bekleidet. »Fleisch und Blut können das Reich Gottes nicht ererben« (1. Kor. 15, 50). Sowenig der Apostel Paulus die hellenistische Verachtung des Leibes teilte, so scharf hat er sich von der jüdischen Auferstehungshoffnung abgegrenzt, die das zukünftige Leben als eine Fortsetzung des irdischen Lebens verstanden hat (vgl. Mark. 12, 18 ff.). Im

Gegensatz zu dieser massiv-irdischen Auffassung betont er mit Nachdruck, daß zwischen dem Leib, der jetzt unsre Behausung ist, und dem Leib, den wir mit der Auferweckung aus dem Tod empfangen, ein qualitativer, nicht nur gradueller, Unterschied besteht: »Es wird gesät verweslich und wird auferstehen unverweslich. Es wird gesät in Unehre und wird auferstehen in Herrlichkeit. Es wird gesät in Schwachheit und wird auferstehen in Kraft. Es wird gesät ein natürlicher Leib und wird auferstehen ein geistlicher Leib« (1. Kor. 15, 42 ff.). Aus diesen vier Gegensatzpaaren lassen sich wichtige Aussagen über die Beschaffenheit des *Auferstehungsleibes* ableiten:

1. Es wird gesät in *Vergänglichkeit* und wird auferweckt in *Unvergänglichkeit*. Für den Vordersatz braucht es keine Beweise. Der Leib, der uns jetzt als Träger des Lebens und Werkzeug des Handelns verliehen ist, ist der Vergänglichkeit preisgegeben. Auch wer jung und gesund ist, wer an der sportlichen Ertüchtigung seines Leibes Freude hat, kann sich dies nicht verbergen. Wir leben in einem zerstörbaren Leibe — »ein Lüftlein kann ihn fällen«! Daran haben alle Fortschritte der modernen Medizin, die uns eine höhere Lebenserwartung eingebracht haben, letztlich nichts geändert. Wie völlig ist dieser Leib der Zerstörung ausgeliefert, wenn er nach langwieriger Krankheit oder nach einem tödlichen Unfall, müde und verbraucht oder auch in der Blüte der Jahre dahingerafft, der Erde oder dem Feuer übergeben wird! Anders der Leib, den wir bei der Auferweckung empfangen. Dies wird ein Leib sein, der nicht mehr den Keim des Todes in sich trägt, dem nicht mehr das Herz und die Nerven versagen und zuletzt die Augen brechen. Er wird an dem unvergänglichen Leben Gottes teilhaben.

2. Es wird gesät in *Unehre* und wird auferweckt in *Herrlichkeit*. Ob wir daran denken, wie oft wir diesen Leib zur Sünde mißbraucht haben, oder daran, wie er zuletzt vergeht und beiseite geschafft wird und verwest — so oder so ist es erschütternd wahr: gesät in Unehre! Kein noch so erhebender Nachruf am Sarge, kein noch so prächtiger Grabstein und Leichenzug setzt dies außer Kraft. Es wird gesät in Unehre, aber auferweckt in Herrlichkeit. Das griechische Wort »doxa«, das hier im Urtext steht, erinnert an den Lichtglanz um Gottes Thron[9]. Der neue Leib wird ein Lichtleib sein, ganz eingetaucht in die Lichtfülle

Gottes, von ihr durchstrahlt wie ein Kristall, in dem die Sonne funkelt (vgl. Matth. 13, 43; Dan. 12, 3).

3. Es wird gesät in *Schwachheit* und wird auferweckt in *Kraft*. Solange wir in diesem Leibe leben, sind wir, auswendig und inwendig, von viel Schwachheit umringt. In jeder Nacht fallen uns die Augen zu. Zwar hat der Mensch im Lauf seiner Geschichte gewaltige Kräfte entdeckt, gebändigt und in seinen Dienst genommen. Mit Hilfe der Wissenschaft und Technik hat er seine Macht vieltausendfach gesteigert. Aber wie schwach liegt er zuletzt auf seinem Lager, oft so schwach, daß er kein Wort mehr flüstern, kein Lid mehr heben kann! Es wird gesät in Schwachheit — das gilt auch von den Mächtigsten der Erde. Auch der Christ, der bei Lebzeiten erfahren darf, wie die Kraft Christi in seiner Schwachheit sich wirksam erweist (vgl. 2. Kor. 12, 9), wird, wenn es zum Sterben kommt, noch einmal ganz in die kreatürliche Ohnmacht zurückgeworfen. Aber, was in Schwachheit gesät wird, wird auferweckt in Kraft. An der Kraft Gottes, von dem die Schrift sagt, daß er nicht schläft noch schlummert (Ps. 121, 4), nicht müde noch matt wird (Jes. 40, 28), wird der Auferstehungsleib teilhaben. Welch eine fröhliche, ermutigende Aussicht für die vielen, die unter der Gebrechlichkeit ihres Leibes leiden! Aber nicht nur für sie — für alle, die im Dienst der Liebe oder beim Dienst am Evangelium die Grenzen ihrer kleinen Kraft erfahren! Was für ein wundervolles Werkzeug, um Gott besser und würdiger zu dienen, wird dieser neue Leib sein, der uns alsdann gegeben ist!

4. Es wird gesät ein *natürlicher* (wörtlich: seelischer) Leib und wird auferweckt ein *geistlicher* Leib. Auch der natürliche Leib, den uns Gott im Mutterleibe bereitet hat (vgl. Ps. 139, 15), mit seinen verschiedenartigen Organen und mit dem Zusammenspiel seiner Glieder und Kräfte, ist voller Wunder. Er ist lebendig, beseelt, der Empfindung und Wahrnehmung fähig, zum Denken, Wollen und Handeln ausgerüstet. »Er legt uns das Bild der Welt farbig und greifbar in die Seele, aber er hilft uns nicht, daß wir die Nähe Gottes spüren« (A. Schlatter). Wohl kann und darf er schon jetzt ein »Tempel des heiligen Geistes« werden (1. Kor. 6, 19), aber gerade der Christ erfährt, daß da noch ein »anderes Gesetz«, das Gesetz der Sünde, in seinen Gliedern ist, das sich dem Antrieb des Geistes widersetzt (vgl. Röm.

7, 23). Im Gegensatz zu diesem »seelischen Leib« wird der »geistliche Leib«, den wir mit der Auferweckung empfangen, völlig von Gottes Geist regiert und durchdrungen sein.

So tiefgreifend diese Gegensätze sind, so besteht doch zwischen dem jetzigen und dem zukünftigen Leben eine *Entsprechung*: Auch das ewige Leben wird *leibliches* Leben sein. Muß diese irdische Leiblichkeit vergehen, so besteht doch zwischen Leib und Geist kein Gegensatz, bei dem eins das andre ausschlösse. »Göttlicher Geist ist zwar Gegensatz zu irdischer, sündig-vergänglicher Körperlichkeit, aber keineswegs zur Leiblichkeit« (H.-D. Wendland).

Mit einem himmlischen, verklärten, geistlichen Leib werden wir auferweckt, die wir jetzt in einem irdischen, mit viel Schwachheit behafteten, seelischen Leib das Leben haben. Dies unterstreicht Paulus durch ein *Schriftzitat*: »Gibt es einen natürlichen (seelischen) Leib, so gibt es auch einen geistlichen Leib. Wie geschrieben steht: Der erste Mensch, Adam, ward zu einer lebendigen Seele (1. Mose 2, 7), und der letzte Adam zum Geist, der da lebendig macht. Aber der geistliche Leib ist nicht der erste, sondern der natürliche; danach der geistliche. Der erste Mensch ist von der Erde und irdisch; der andere Mensch ist vom Himmel. Wie der irdische (Mensch) ist, so sind auch die irdischen (Menschen), und wie der himmlische (Mensch) ist, so sind auch die himmlischen (Menschen). Und wie wir getragen haben das Bild des irdischen, so werden wir auch tragen das Bild des himmlischen« (1. Kor. 15, 44 ff.). Von einem Schriftbeweis im strengen Sinne kann freilich nicht die Rede sein, denn aus der zitierten Bibelstelle (1. Mose 2, 7) geht ja nur hervor, wie die Erschaffung des ersten Menschen (Adams) sich vollzog. Gott bildete seinen Leib aus Erde und hauchte ihm Lebensodem ein: »So ward der Mensch ein lebendiges Wesen.«

Die Folgerung, die Paulus daraus zieht: Gibt es einen seelischen Leib, so gibt es auch einen geistlichen Leib, ist für die Vernunft weder zwingend noch einleuchtend. Auch begreift man nicht so recht, warum der Apostel der Feststellung, daß »der geistliche Leib nicht der erste ist, sondern der natürliche; danach der geistliche«, besonderes Gewicht beimißt. Vermutlich weist er hier bestimmte Gedanken und Vorstellungen zurück, die in die korinthische Gemeinde Eingang gefunden hatten. Aus der Tatsache, daß die Erschaffung des Menschen in der Bibel zweimal erzählt wird (1. Mose 1, 26 f. und 1. Mose 2, 7), hatte der jüdische Philosoph Philo gefolgert, daß der erste Bericht von der Erschaffung des »Urmenschen« (Idealmensch göttlichen Wesens), der zweite Bericht von der des irdischen Menschen spreche. Nach dieser Lehre ist der himmlische Mensch der erste, vor dem irdischen erschaffen. Das Ziel des Menschen ist, diesem Idealbild des Urmenschen wesensgleich zu werden und so die wahre Bestimmung des Menschseins zu erfüllen. Dies geschieht dadurch, daß der irdische Mensch durch den Geist mit himmlischer Erkenntnis und Weisheit beschenkt und erleuchtet wird.

Gegen diese Spekulation hat Paulus hier vermutlich Front gemacht. Auch er spricht von himmlischen und von irdischen Menschen, die sich entsprechen und doch wesensmäßig unterscheiden. Aber er stützt sich dabei keineswegs auf die Doppelheit der Schöpfungsberichte, die sich daraus erklärt, daß hier zwei verschiedene Quellen, die Priesterschrift (5. Jahrh. v. Chr.) und die jahwistische Urgeschichte (9. Jahrh. v. Chr.), vorliegen. Der »himmlische Mensch« ist für Paulus der Christus, der vom Himmel kam und Knechtsgestalt annahm, »gleich wie ein Mensch und an Gebärden als ein Mensch erfunden« (Phil. 2, 7). In Jesus, dem Sohn Gottes, hat der »Himmlische« Gestalt gewonnen. Daraus ergibt sich eine Umkehrung der *Reihenfolge*: Zuerst der irdische, dann der himmlische (Mensch); zuerst der natürliche (seelische), dann der geistliche Leib! Auf den ersten Adam (d. h. Mensch) folgte der »letzte Adam«, das Urbild und der Anfänger einer neuen Menschheitsreihe. Er unterscheidet sich von dem ersten Adam auf doppelte Weise: 1. Er ist nicht nur »lebendes Wesen«, sondern »lebenschaffender Geist«, wobei man sowohl daran denken darf, daß er selbst vom Heiligen Geist gebildet, regiert und erfüllt ist, als auch daran, daß er den Heiligen Geist bringt, spendet und mitteilt. 2. Er ist nicht von der Erde genommen, sondern »vom Himmel her«. Dabei denkt Paulus schwerlich an die Präexistenz des Erlösers, der »von oben her« (Joh. 8, 23) in die Welt gekommen ist, vielmehr an die verklärte Leiblichkeit des Auferstandenen, der sich in einem »himmlischen« Leib den ersten Zeugen (vgl. 1. Kor. 15, 5 ff.) lebendig erzeigte. Auch aus den Osterberichten der Evangelien geht hervor, daß es mit diesem verklärten Leib des Auferstandenen eine besondere Bewandtnis hat. Er ist leiblich gegenwärtig: »Sehet meine Hände und meine Füße« (Luk. 24, 39), aber er geht durch die verschlossenen Türen (Joh. 20, 19); in dem Augenblick, da ihn die beiden Emmausjünger erkennen, entschwindet er ihren Augen (Luk. 24, 31). Offenbar ist dieser neue, verklärte Leib des Auferstandenen nicht mehr den Daseinsbedingungen dieser raumzeitlichen Welt unterworfen. Beides wird uns verwehrt: daß wir den verklärten Leib des Osterfürsten materialisieren (verstofflichen) und daß wir ihn spiritualisieren (vergeistigen). In einem wirklichen, aber nicht mehr irdischen, sondern himmlischen Leib hat Gott ihn, den Erstling aus den Toten, auferweckt.

Daraus folgt eine wichtige Erkenntnis, die Paulus in die Worte faßt: »Wie wir getragen haben das Bild des irdischen, so werden wir auch tragen das Bild des himmlischen« (1. Kor. 15, 49). In der Auferstehung werden wir *dem Bild des auferstandenen Christus gleichgestaltet*. Noch einmal wird dadurch unterstrichen, daß zwischen diesem Leib und dem zukünftigen Herrlichkeitsleib keine substantielle, stoffliche Beziehung besteht. An dem Lebensstand des Auferstandenen teilhaben — das ist eine neue, qualitativ andere Existenz! Sie überragt unser Denk- und Vorstellungsvermögen, und so ist es müßig, über das Wie dieser neuen Geistleiblichkeit weitere Überlegungen anzustellen. Auf die Person und Gestalt des auferstandenen Herrn lenkt Paulus unseren Blick und verwehrt uns damit alle weiteren Spekulationen. Hoffen sollen wir, nicht spekulieren! Genug, zu wissen, daß wir eine Heimat (wörtlich: ein Bürgerrecht) im Himmel haben, »von dannen wir auch warten des Heilandes Jesus Christus, des Herrn, welcher unsern nichtigen Leib verklären wird, daß er gleich werde seinem verklärten Leibe« (Phil. 3, 20 f.). Einen »Leib der Niedrigkeit« nennt Paulus hier diesen Leib, weil er uns demütigt und an die Grenzen unserer Kraft erinnert; aber die Gleichgestaltung mit dem »Leib der Herrlichkeit«, wie ihn der zum Kyrios (Herrscher) eingesetzte Christus Jesus in seiner Auferweckung empfangen hat, dürfen wir erwarten.

Ob wir uns in diesem neuen Leib *erkennen* werden? Ganz gewiß! Paulus wird auch in der Auferstehung Paulus und nicht Petrus sein. Wenn wir auch einen völlig neuen Leib empfangen, so bleibt doch die Individualität der Person gewahrt. Auch das Wort Jesu in seiner Antwort an die Sadduzäer: »Wenn sie von den Toten auferstehen, so werden sie nicht mehr freien und sich freien lassen, sondern sie sind wie die Engel im Himmel« (Mark. 12, 25), besagt ja keineswegs, daß die geschlechtliche Differenzierung aufgehoben wird. Nur die Ehe, eine Ordnung des Schöpfers für die erste Schöpfung, wird nicht mehr sein; der Unterschied von Mann und Frau wird jedoch in der neuen Schöpfung nicht verwischt. Wir *werden* uns also erkennen, aber — dies muß sofort hinzugefügt werden — wir werden uns in Jesus Christus erkennen, in Ihm in einer neuen Weise verbunden und durch ihn auch miteinander neu verbunden: eine Gemeinde von Brüdern und Schwestern, die von seiner Liebe regiert, nach seinem Bild gestaltet ist.

Wann wird's geschehen?

Sowohl auf die Frage nach dem »Daß« wie nach dem »Wie« der Totenauferstehung hat Paulus im 1. Korintherbrief eine klare, befreiende Antwort erteilt. Auch der Frage nach dem »Wann« ist er keineswegs ausgewichen. Daß er keinen bestimmten Zeitpunkt nennt, versteht sich. Die Auferweckung der Toten ist ja ein Ereignis, welches das »Schema« dieser Weltzeit (1. Kor. 7, 31) sprengt. Ihr geht die Wiederkunft Jesu Christi voraus, die mit unberechenbarer Plötzlichkeit erfolgt. Was von dem Tag des Herrn gilt, daß er kommen wird »wie ein Dieb in der Nacht« (1. Thess. 5, 2), gilt genauso von dem gewaltigen Weckruf Gottes, der die Toten ins Leben ruft. Der »Zeitpunkt« der Totenauferstehung ist keine Station, die — im Bild gesprochen — der Zug der Menschheitsgeschichte eines Tages passieren würde. Dieses Ereignis hat das Ende, die Aufhebung aller bisherigen Geschichte zur Voraussetzung. Im Unterschied zu manchen berühmten Darstellungen, wie wir sie da und dort finden, wo die alten Maler das Innere einer Kirche mit ihren Fresken schmückten, verzichten deshalb die neutestamentlichen Zeugen bewußt darauf, dieses Geschehen darzustellen oder gar auszumalen. So wird in der Apokalypse die Auferstehung der Toten im Zusammenhang mit dem Weltgericht nur kurz erwähnt: »Und ich sah einen großen, weißen Thron und den, der darauf saß; und vor seinem Angesicht floh die Erde und der Himmel, und ihnen ward keine Stätte gefunden. Und ich sah die Toten, beide, groß und klein, stehen vor dem Thron, und Bücher wurden aufgetan« (Offb. 20, 11 f.).

Erde und Himmel floh — das besagt, daß sich dieses Geschehen nicht innerhalb dieser unsrer Welt und ihrer Geschichte ereignet. Viele Denkschwierigkeiten erledigen sich, wenn man dies beachtet (z. B. die nicht sonderlich geistreiche, aber gar nicht so selten gestellte Frage, wie und wo denn all die unermeßlichen Totenheere im Fall einer Auferweckung auf dieser Erde Platz finden sollten).

Auch der Apostel Paulus hat die *Grenze,* die hier unsrem Wissen, erst recht unsrem Vorstellungsvermögen gezogen ist, durchaus respektiert. Allerdings spürt man im 1. Korintherbrief sehr deutlich, daß er die Auferweckung der Toten nicht in einer fernen Zukunft erwartet. Noch rechnet er sich, als er diesen Brief diktiert, zu denen, die nicht mehr sterben, sondern die Wiederkunft Christi erleben werden. Wichtiger als die Frage, wann dies geschehen wird, ist ihm, was dann an den noch Lebenden geschehen wird. »Das sage ich aber, liebe Brüder, daß Fleisch und Blut nicht können das Reich Gottes ererben; auch wird das Verwesliche nicht erben die Unverweslichkeit. Siehe, ich sage euch ein Geheimnis: Wir werden nicht alle entschlafen, wir werden aber alle verwandelt werden; und dasselbe plötzlich, in einem Augenblick, zur Zeit der letzten Posaune« (1. Kor. 15, 50 ff.). So, wie wir sind, in dieser irdischen Leiblichkeit, will Paulus sagen, können wir nicht ins zukünftige Gottesreich eingehen. Eine Umwandlung unsrer Wesensart tut not; sie geschieht in der Weise, daß wir »verwandelt« werden. Ohne zuvor dieser Leiblichkeit »entkleidet« zu werden, wie es beim Sterben geschieht, werden diejenigen, welche die Parusie des Herrn erleben, mit dem neuen Herrlichkeitsleib »überkleidet« (vgl. 2. Kor. 5, 4) — nicht in einem langwierigen Umwandlungsprozeß, sondern *plötzlich*, im Nu! Mehr weiß auch Paulus über dieses »Geheimnis« nicht zu sagen. Genauso zurückhaltend spricht er über das, was an den Toten geschieht: »Es wird die Posaune schallen, und die Toten werden auferstehen unverweslich« (1. Kor. 15, 52). Daß die Posaune schallen wird, ist eine von Paulus übernommene, bereits festgeprägte Vorstellung (vgl. Matth. 24, 31; 1. Thess. 4, 16). Wie ein schlafendes Heer durch ein Weck- und Alarmsignal zu den Waffen gerufen wird, so ruft der Allmächtige die Toten ins Dasein; niemand kann sich diesem Weckruf entziehen!

Manchen Leser wird es befremden, daß Paulus das Ereignis der Totenauferstehung in so greifbarer Nähe erwartet, ja sich selbst zu denen gerechnet hat, die dann, wenn der Herr kommt, noch nicht gestorben sind, vielmehr verwandelt werden. Aber niemand sollte ihm den Vorwurf machen, daß er sich »verrechnet« habe, wo er doch selbst jeder Berechnung den Boden entzogen hat. Daß sich seine Naherwartung offensichtlich nicht erfüllt hat, sollten wir auch nicht mit mitleidiger Nachsicht registrieren. Denn erstens liegt es im Wesen aller echten, lebendigen Hoffnung, daß sie das Ersehnte nicht in eine ferne Zukunft vertagt, sondern auf seine baldige Erfüllung hofft. Zweitens müssen wir uns selbst fragen, ob es nicht ein beschämender Verlust an Hoffnung ist, wenn wir heutigen Christen so fraglos mit unserem eigenen Sterben rechnen, obwohl doch Jesus Christus auferstanden ist, als ob das Sterben auch jetzt noch, nachdem es Ostern wurde, das Normale im Leben des Christen wäre. Schließlich geht aber aus den späteren Briefen des Paulus deutlich hervor, daß er selbst an dieser Naherwartung nicht eigensinnig festhielt. Sowohl im 2. Korintherbrief wie im Philipperbrief rechnet er damit, daß er selbst, ehe der Herr kommt, sterben werde, ohne daß diese Einsicht seine Gewißheit, am Ostersieg des Christus teilzuhaben, erschüttert hätte.

Er nennt auch den Grund, weshalb die Nichterfüllung seiner ursprünglichen Erwartung für ihn keine Enttäuschung war: »Wir wissen: wenn unser irdisch Haus, diese Hütte, zerbrochen wird, so haben wir einen Bau von Gott erbaut, ein Haus, nicht mit Händen gemacht, das ewig ist im Himmel« (2. Kor. 5, 1). Mit dem irdischen Haus, das wie ein Zelt abgebrochen wird, meint Paulus den Erdenleib, in dem wir jetzt, noch ferne vom Herrn, unsre Wohnung haben; dementsprechend ist auch das Bild im Nachsatz zu deuten: Das ewige, nicht mit Händen gemachte Haus im Himmel bezeichnet den *neuen, himmlischen Leib*, mit dem die in Christus Entschlafenen bei der Auferweckung bekleidet werden. Diese neue himmlische Behausung, so will Paulus sagen, liegt schon für uns bereit. Zwar wollte er selbst lieber nicht »entkleidet«, sondern »überkleidet« werden (V. 4), aber wenn ihm diese sehnsüchtige Erwartung nicht erfüllt wird, ist er darum nicht weniger getrost, zumal er das gewisse Unterpfand der zukünftigen Herrlichkeit, den Geist, schon empfangen hat. »So sind wir denn getrost allezeit und wissen: solange wir im Leibe wohnen, wallen wir ferne vom Herrn; denn wir wandeln im Glauben und nicht im Schauen. Wir sind aber getrost und haben vielmehr Lust, außer dem Leibe zu wallen und daheim zu sein bei dem Herrn« (2. Kor. 5, 6 ff.). Wann sind wir daheim? Dann, wenn wir in unsre himmlische Behausung einziehen, d. h. mit dem neuen, himmlischen Leib bekleidet werden.

Überdenkt man diese Briefstelle, so gewinnt man den Eindruck, daß für Paulus der zeitliche Tod nur ein *Umzug* aus der irdischen in die himmlische Behausung ist. Ein schmerzhafter Vorgang, so gewiß diese Hütte »zerbrochen« wird, aber eben doch nur ein »Umzug«: *Der neue, himmlische Leib liegt schon bereit.* Daraus erklärt sich, daß Paulus im Philipperbrief, damals im Gefängnis und dicht an der Schwelle des Martyriums, das Sterben als »Gewinn« betrachtet: »Für mich ist das Leben (ein Dienst für) Christus und das Sterben ein Gewinn« (Phil. 1, 21). Warum kein Bankrott, weshalb ein Gewinn? Deshalb, weil es dazu dient, die Glaubens-, Lebens- und Leidensgemeinschaft mit Jesus Christus zu vollenden. »Ich habe Lust, abzuscheiden und bei Christus zu sein« (Phil. 1, 23). Auf diese Teilhabe an Christus zielt sein ganzes Begehren: »Ich möchte ja ihn erkennen und die Kraft seiner Auferstehung und die Gemeinschaft seiner Leiden und so seinem Tode gleichgestaltet werden, damit ich gelange zur Auferstehung[10] von den Toten« (Phil. 3, 10 f.). Auch hier ist, genau wie im 2. Korintherbrief (5, 1 ff.), die Auferstehung aus den Toten die Voraussetzung dafür, daß die ersehnte Vereinigung und Gleichgestaltung mit Jesus Christus zustande kommt. Der Gedanke an einen *Zwischenzustand,* eine Art Vorvollendung, der die leibliche Auferweckung erst zu einem späteren Zeitpunkt nachfolgen würde, ist nirgends ausgesprochen. Offensichtlich erwartet Paulus für sich selbst und alle, die in der Taufe mit Jesus Christus gestorben und auferstanden sind, daß diese Glaubens- und Lebensgemeinschaft mit dem auferstandenen, erhöhten Herrn nicht mehr abgebrochen, vielmehr durch das Ereignis des Sterbens vollendet wird.

Wie reimt sich dies mit seinen Aussagen über die Totenauferstehung im 1. Korintherbrief? Meist wird auf diese Frage die Auskunft erteilt, daß hier *zwei Linien der Heilserwartung* unverbunden nebeneinander herlaufen. Daß Paulus die Wiederkunft Christi ohnehin in großer zeitlicher Nähe erwartet habe, erkläre zur Genüge, daß er hier kein Problem empfunden habe. Für uns, die wir vor Augen haben, wie lange die Wiederkunft Christi und die damit verbundene allgemeine Auferweckung der Toten auf sich warten lassen, besteht hier allerdings ein *ernsthaftes Problem*. Man löst es gern durch den Gedanken einer Vorvollendung: Der Geist (bzw. die Seele) werde mit Christus vereint, während die leibliche Auferweckung erst am Ende, am Tag der Parusie, erfolge. Oder man verweist auf das Wort Martin Luthers: »Es ist um ein Stündlein Schlafs zu tun«, und fügt die Erwägung hinzu, daß der Mensch im Augenblick des Todes diese ganze raumzeitliche Welt hinter sich lasse und insofern die Zeitspanne zwischen der Todesstunde und dem Jüngsten Tag für die Entschlafenen ohne Bedeutung sei. Die dritte Möglichkeit, die sich freilich erst recht vom Osterzeugnis des Paulus entfernt, ist die, daß man auch die in Christus Entschlafenen für tot erklärt, bis sie Christus am Tag seiner Wiederkunft zusammen mit allen Toten erneut ins Leben ruft. Oder man zieht sich darauf zurück, daß man bewußt auf jede Lösung dieses Problems verzichtet: Genug, zu wissen, daß wir am Ostersieg Christi teilhaben werden! Wann und wie das geschehen wird, bleibt Gott anheimgestellt.

Jede dieser Antworten ist ein Notbehelf. Das zeigt sich besonders deutlich, wenn sich nach einem Todesfall, der uns persönlich betroffen hat, die Frage stellt: Wo sind nun unsre Toten? Wo müssen wir sie suchen? Im Grabe, in der Totenwelt, im Himmel, bei Christus oder wo sonst? Die Antwort: Sie sind in Gottes Hand, ist in solchem Fall nur eine Beruhigung, aber kein gültiger Trost. Sie nimmt ja die Auferstehungshoffnung, die uns durch das Ostergeschehen verbürgt ist, nicht wirklich auf, sondern zieht sich auf den Glaubensstand der alttestamentlichen Frommen zurück[11]. Auch gegen die andern Auskünfte, die soeben skizziert wurden, lassen sich schwerwiegende *Einwände* geltend machen. Kann man angesichts der biblischen Schau des Menschen Leib und Seele so trennen, wie dies geschieht, wenn man eine Vorvollendung annimmt, der die leibliche Auferweckung erst zu einem späteren Zeitpunkt folgt? Ist der Gedanke, daß für die Entschlafenen die Todesstunde und der Jüngste Tag zusammenfallen, weil sie der Zeitlichkeit entnommen sind, nicht der Bibel fremd? Er läßt sich nirgends nachweisen und kann seine Herkunft aus dem philosophischen Nachdenken über Zeit und Ewigkeit nicht verleugnen. Widerspricht die Auffassung, daß die Toten, auch die in Christus Entschlafenen, bis an den Jüngsten Tag in den Gräbern ruhen, nicht der Erwartung des Paulus, durch das Sterben die Vollendung seiner Gemeinschaft mit Christus zu erlangen? Genügt es, das »Daß« der Auferstehung im Glauben zu bekennen und das Wann und Wie der Allmacht und Weisheit Gottes und seines Christus zu überlassen? Wer so denkt, der geht hinter klare und wichtige Aussagen der Heiligen Schrift zurück, indem er sich zu früh vor dem »Geheimnis« verbeugt. Eine Hoffnung, die inhaltlich so vage ist, hat auch keine welt- und todüberwindende Kraft.

Sowohl im 2. Korintherbrief wie im Philipperbrief, so hat sich gezeigt, erwartet Paulus, durch das Sterben hindurch die Auferstehung zu erlangen. Von einer anderen als einer leiblichen Auferweckung ist dabei nirgends die Rede. Andererseits spricht er im 1. Korintherbrief am Ende des 15. Kapitels davon, daß die Toten erst dann auferstehen, wenn »die Posaune schallt« (d. h. am Jüngsten Tage). Dies ist jedoch nicht das einzige, was er über den »Zeitpunkt« der Auferweckung in diesem gewaltigen Kapitel sagt. Im Anschluß an den Satz: »gleichwie sie in Adam alle sterben, so werden sie in Christus alle lebendig gemacht werden« (V. 22) führt er aus, daß sich die Totenauferweckung in einer bestimmten »Ordnung« vollzieht. Das griechische Wort (tagma), das Paulus hier gebraucht, stammt aus dem militärischen Bereich; es bezeichnet die Abteilung innerhalb einer marschierenden Kolonne. Wie eine Heersäule in Abteilungen gestaffelt ist, so wird auch bei der Auferweckung der Toten eine bestimmte »Ordnung« eingehalten: »Ein jeglicher in seiner Ordnung: der Erstling Christus, sodann die des Christus (sind) in seiner Parusie; dann der Rest[12], wenn er die Herrschaft Gott und dem Vater übergeben wird« (V. 23 f.).

Den Anfang macht der Christus; ihn hat Gott — allen andern weit voraus — am Ostertag als den Erstling unter denen, die da schlafen, auferweckt. Sodann werden »die des Christus«, d. h. die, die durch das Evangelium berufen, durch den Glauben mit ihm, dem Haupt, als die Glieder seines Leibes verbunden, durch die Taufe ihm übereignet sind, in diesen Ostersieg einbezogen und auferweckt. Sie sind des Christus »bei (in) seiner Parusie«; daß sie erst am Tag seiner Wiederkunft auferweckt werden, steht nicht im Text. Paulus scheint vielmehr daran zu denken, daß sie bei der Ankunft des Herrn um ihn versammelt sind (vgl. 1. Kor. 6, 2). Die Meinung, daß auch die, die dem Christus gehören, erst am Ende auferweckt werden, wird ja sofort zurückgewiesen: »dann der Rest«, also alle, die dem Evangelium nicht glaubten, weil sie es nie gehört haben oder weil es ihnen nie glaubwürdig bezeugt worden ist, und alle, die es zwar hören konnten, aber nicht hören wollten und der Botschaft keinen Glauben schenkten. Auch wenn wir mit Luther übersetzen: »dann das Ende«, ist dieser Stelle zufolge die Auferweckung derer, die »des Christus sind«, auf jeden Fall ein Ereignis, das nicht erst am Ende geschieht. Das heißt aber, daß die allgemeine Totenauferstehung und die Auferstehung der Glaubenden nach der Meinung des Paulus zeitlich nicht zusammenfallen. Zwar macht er hier im 1. Korintherbrief über diese *Vorauferstehung derer, die dem Christus gehören*, keine weiteren Angaben, weil er damit rechnet, daß diese drei »Abteilungen« einander in dichtem Abstand folgen. Um so genauer sind seine Ausführungen im 2. Korintherbrief und im Philipperbrief, die wir bereits erläutert haben. Hier spricht er die gewisse Erwartung aus, daß die in Christus Entschlafenen im unmittelbaren Anschluß an ihre Todeserfahrung, durch das Sterben hindurch, »auferweckt« werden, d. h. den neuen himmlischen Leib empfangen, um so mit Christus ganz und ewig vereinigt zu sein.

Wer sich in den Briefen des Paulus auskennt, wird allerdings um einen *Einwand* nicht verlegen sein. Stellt der Apostel im 1. *Thessalonicherbrief* die Auferweckung der Toten, gerade auch der in Christus Entschlafenen, nicht doch wesentlich anders dar? In der Absicht, die Thessalonicher über das Schicksal der verstorbenen Gemeindeglieder zu trösten, schreibt Paulus: »Wir wollen euch aber, Brüder, nicht in Unkenntnis lassen über die

Entschlafenen, daß ihr nicht in Trauer seid wie die anderen, die keine Hoffnung haben. Denn wenn wir glauben, daß Jesus gestorben und auferstanden ist, so wird Gott auch die, die durch Jesus Entschlafene sind, wiederbringen mit ihm. Und das sagen wir euch mit einem Wort des Herrn, daß wir, die wir leben und übrigbleiben bis zur Ankunft des Herrn, den Entschlafenen nicht zuvorkommen werden. Denn der Herr selbst wird, wenn das Befehlswort erschallt, die Stimme des Erzengels ertönt und die Posaune Gottes klingt, vom Himmel herabkommen, und die in Christus Toten werden auferstehen zuerst, dann wir, die wir noch am Leben geblieben sind; und wir werden mit ihnen zusammen in die Luft entrückt werden zur Begegnung mit dem Herrn. Und so werden wir mit dem Herrn zusammen sein allezeit. So tröstet euch denn untereinander mit diesen Worten« (1. Thess. 4, 13—18). Hier spricht Paulus doch die Erwartung aus, daß die Verstorbenen erst dann auferweckt werden, wenn der Kyrios »vom Himmel herabkommt«, wenn das göttliche »Befehlswort« die Vollendung für gekommen hält und anordnet, wenn die »Stimme des Erzengels« und die »Posaune Gottes« erschallt, also kurz gesagt am Jüngsten Tage. Dabei beruft er sich ausdrücklich auf ein Herrnwort (vgl. 1. Kor. 7, 10), das in der Urkirche überliefert wurde oder das er selbst in einer »Audition« (persönliche Wortoffenbarung) empfangen hat. Da es sich bei den Entschlafenen um Glieder der Gemeinde handelt, die »durch Jesus«, d. h. in der Gemeinschaft mit ihm, entschlafen sind, scheint dieser Text eine Auferweckung der Glaubenden *vor* der allgemeinen Totenerweckung auszuschließen. Haben wir also Paulus doch eine falsche Meinung unterstellt, oder hat er in seinen Vorstellungen über das Endgeschehen eine gewisse Entwicklung durchgemacht?

Zunächst gilt es zu beachten, was der Apostel mit diesem Text (1. Thess. 4, 13—18) beabsichtigt. Er will keine exakte Darstellung des Endgeschehens und seiner zeitlichen Abfolge geben; sein Ziel ist vielmehr, die Thessalonicher zu trösten, die sich über das Los von Gemeindegliedern Sorgen machen, weil sie verstorben sind, ehe sich die Wiederkunft des Kyrios ereignet hat. Ihr müßt nicht fürchten, daß sie euch, den Lebenden, gegenüber im Nachteil sind. Das Gegenteil ist der Fall: Sie kommen uns, den Lebenden, zuvor. Gott wird sie »mit Jesus führen«, wie es wörtlich heißt; sie bekommen unverkürzt Anteil an seinem Ostersieg, werden in den Triumphzug des Auferstandenen miteingereiht. Durch ein »Herrnwort« ist klargestellt, was ich euch hiermit mitteilen darf, daß wir, die die Parusie erleben (noch schließt Paulus sich selbst mit ein), jenen nicht »zuvorkommen«, ihnen gegenüber nicht im Vorteil sind.

Im folgenden führt Paulus aus, wie es sich in Wahrheit verhält. Dabei gilt es zu beachten, aus welcher Perspektive heraus er die Ereignisse beschreibt. Er stellt sie so dar, wie sie sich vom Standort der die Parusie Erlebenden aus darstellen werden. Was wird geschehen, wenn der Kyrios vom Himmel herabkommt? »Die Toten in Christus werden auferstehen zuerst« — der Akzent liegt ganz deutlich auf dem Wort »zuerst« —, sie kommen uns, den Lebenden, zuvor. Der Ausdruck »die Toten in Christus« meint dasselbe wie »die Entschlafenen« (V. 14) bzw. »die Schlafenden« (V. 13), nämlich die verstorbenen Glieder der Gemeinde. Der euphemistische Ausdruck »Entschlafene« entspricht unsrem noch heute üblichen Sprachgebrauch; man darf also nicht eine Beschreibung ihres tatsächlichen Zustands daraus entnehmen, genausowenig, wie sich aus der Bezeichnung »die Toten in Christus« ergibt, daß sie tot sind und tot bleiben, bis Christus wiederkommt. Der Sinn der Stelle ist vielmehr: Noch ehe wir, die Lebenden, den wiederkommenden Kyrios sehen, werden sie, die bereits Abgeschiedenen, an seinem Ostersieg Teil bekommen. Vom Blickpunkt der Lebenden aus sind sie »Tote, Entschlafene«; aber wenn der Herr kommt, wird offenbar, daß sie uns, den Lebenden, gegenüber im Vorteil sind. Sie werden »zuerst« auferstehen. Sie, die »Toten in Christus«, kommen uns, den noch Lebenden, zuvor; nicht umgekehrt. Das ist es, was Paulus klarstellen will, damit niemand in der Gemeinde über das Geschick der Entschlafenen sich bekümmere, als wären sie von der Teilhabe an der Auferstehung ausgeschlossen. Diese seelsorgerliche Absicht seiner Ausführungen gilt es im Auge zu behalten. Man darf diesen Text nicht mit Fragen bedrängen, auf die Paulus hier gar nicht antworten will: Ob die Entschlafenen wirklich erst jetzt, nachdem die Parusie des Herrn sich ereignet hat, wieder zum Leben erweckt werden? Wie man sich den Zustand denken soll, in dem sie sich in der Zwischenzeit (zwischen ihrer Todesstunde und dem

Jüngsten Tag) befinden? Angesichts der in unmittelbarer Nähe erwarteten Wiederkunft des Herrn haben weder Paulus noch die Thessalonicher hier ein Problem empfunden. Wichtig ist dem Apostel, was dann, wenn der Christus sichtbar vom Himmel kommt, geschieht: »Dann werden wir, die Lebenden, die Übriggebliebenen, zusammen mit ihnen entrückt (›hingerissen‹) werden in Wolken zur Begegnung mit dem Herrn in die Luft.« Das heißt: Dann werden wir den Kyrios abholen und mit denen, die uns zuvorkamen, zusammen seinen Triumphzug bilden. Dies nämlich ist mit der »Entrückung« gemeint. Wie einem siegreich zurückkehrenden Feldherrn in der damaligen Zeit der Antike eine Abordnung aus der Hauptstadt entgegenzog, um ihn feierlich einzuholen, so wird die Christusgemeinde ihren Kyrios abholen. »Und so werden wir allezeit mit dem Herrn (vereinigt) sein.«

Damit ist erwiesen, worauf es ihm ankommt: daß die Entschlafenen gegenüber denen, die seine Parusie erleben, nicht im Nachteil sind.

Wir mußten diese Verse besonders ausführlich betrachten, weil sie die Vorstellungen, die man sich in der Christenheit von der Totenauferstehung machte, maßgeblich bestimmt haben. Es hat sich gezeigt, daß Paulus nicht die Meinung vorträgt, daß die »in Christus« Verstorbenen erst am Tag seiner Wiederkunft auferweckt werden und bis dahin schlafen. Er sagt nur, daß sie »zuerst«, vor denen, die die Parusie erleben, auferstehen. So verstanden, läßt sich dieser Text mit den Aussagen im 2. Korintherbrief (5, 1 ff.) und im Philipperbrief (1, 21 ff.) durchaus in Einklang bringen, wo Paulus damit rechnet, daß die, die jetzt mit dem Herrn im Glauben verbunden sind, nach dem Abbruch dieser Hütte (des irdischen Leibes) die himmlische Behausung (den Auferstehungsleib) empfangen. Die — schwierige — Annahme eines »Zwischenzustands« wird damit überflüssig.

Ein großer Vorzug dieser Auffassung ist auch, daß sie mit all den Stellen im Neuen Testament zusammenstimmt, die das neue Leben in Christus als eine gegenwärtige Gabe bezeugen, die den mit Christus im Glauben Verbundenen auch durch ihr Sterben nicht mehr entrissen wird. Es sind besonders die *johanneischen* Schriften, die dieser Gewißheit Ausdruck geben (vgl. Joh. 5, 24; 6, 51; 8, 51; 11, 25; 1. Joh. 3, 14; 1. Joh. 5, 11 f.).

94

Schon jetzt ist die Stunde, daß die Toten die Stimme des Sohnes Gottes hören, und die sie hören, werden leben (Joh. 5, 25); aus dem Zusammenhang geht hervor, daß dabei durchaus nicht nur an die geistlich Toten gedacht ist. Nicht erst am Jüngsten Tag, schon jetzt ist der Lebensfürst auf dem Plan und teilt denen, die sein Wort hören und Dem glauben, der ihn gesandt hat, sein Leben mit. Sie *sind* schon »vom Tode zum Leben hindurchgedrungen« (Joh. 5, 24). Das eindringlichste Zeugnis dafür, daß die Lebensmacht des Auferstandenen nicht erst am Jüngsten Tag wirksam wird, ist das Gespräch Jesu mit Martha, der Schwester des Lazarus: »Jesus spricht zu ihr: Dein Bruder wird auferstehen. Martha spricht zu ihm: Ich weiß wohl, daß er auferstehen wird in der Auferstehung am Jüngsten Tage. Jesus spricht zu ihr: Ich bin die Auferstehung und das Leben. Wer an mich glaubt, der wird leben, ob er gleich stürbe; und jeder, der lebt und an mich glaubt, wird in Ewigkeit nicht sterben« (Joh. 11, 23 ff.). Eine Auferstehung am Jüngsten Tag — das haben die Lehrer Israels damals auch gelehrt[13]; auch Martha wußte davon, aber man sieht, daß ihr diese Aussicht nur geringen Trost bedeutet. Was ist das Neue, wahrhaft Befreiende, wirklich Tröstende, das Jesus bringt und verkündigt, das den Rahmen dieser im Spätjudentum bereits vorhandenen Erwartung sprengt? Doch dies, daß er von sich selbst bezeugt: »*Ich* bin die Auferstehung, d. h. in meiner Person ist sie verbürgt und in Kraft gesetzt. Ich *bin* die Auferstehung und das Leben, d. h. dieses neue Auferstehungsleben teilt Gott nicht erst am Jüngsten Tag mit; es ist eine gegenwärtige Gabe, so gewiß in mir Gottes Heil und Reich gegenwärtig ist. Wer an mich glaubt, wird leben, ob er gleich stürbe, d. h. der Tod hat keine Gewalt mehr über das Leben derer, die an mich glauben; er kann es nicht mehr rauben, unterbrechen oder gar zerstören. Jeder, der lebt und an mich glaubt, wird in Ewigkeit nicht sterben, d. h. er ist schon jetzt jenseits der Todeslinie, vom Tod zum Leben hindurchgedrungen.« Des zum Zeichen (nicht zum Beweis!) ruft Jesus den Lazarus noch einmal in das irdische Leben zurück, damit jeder, der an ihn glaubt, erkenne: Der Fürst des Lebens ist auf dem Plan! Mit überlegener Vollmacht nimmt er dem Tod seine Beute ab. Also steht es gewiß auch in seiner Macht, das neue Leben, das er den Seinen schenkt, gegen den Zugriff des

Todes zu schützen. Wer an ihn glaubt, der wird, selbst wenn er stirbt, in Ewigkeit nicht mehr sterben!

Meist wird diese Aussage dahin abgebogen, daß man sagt: Wer an Ihn glaubt, der wird zwar sterben, aber nicht endgültig, nicht unwiderruflich tot sein, weil Christus die Seinen wieder auferweckt und ins Leben führt. Aber wer gibt uns das Recht, an dem klaren Wort Jesu solche Abstriche zu machen? Er hat nicht gesagt: Wer an mich glaubt, der wird zwar sterben, aber dann trotzdem eines Tages wieder leben, vielmehr: Wer an mich glaubt, wird leben, ob er gleich stürbe. Auch der Vorgang des Sterbens kann also dieses Leben nicht mehr, auch nicht zeitweilig, unterbrechen. Jeder, der an Ihn glaubt, wird — in alle Ewigkeit — nicht mehr sterben! So verstanden, bekommt die Hoffnung, die uns in dem Ostersieg Christi geschenkt ist, ihre welt- und todüberwindende Kraft. Jetzt wird deutlich, wieviel davon abhängt, daß wir den Anschluß an Jesus Christus vollziehen: »Wer den Sohn Gottes hat, der *hat* das Leben. Wer den Sohn Gottes nicht hat, der hat das Leben nicht« (1. Joh. 5, 12).

Der Retter als Richter

Weltgeschichte und Weltgericht

In der berühmten Areopag-Rede des Paulus in Athen, wie sie
Lukas in seinem Bericht über das Werden und Wachsen der
Kirche Christi aufgezeichnet hat (Apg. 17, 22 ff.), steht das
Christuszeugnis des Apostels seltsam am Rande. Erst am Schluß
der Rede kommt der Apostel auf den Mann zu sprechen, dem
er dient und gehört, und auch hier ist nicht vom Kreuzestod und
Ostersieg Jesu die Rede. Nur eines betont der Apostel, um die
Notwendigkeit der Umkehr und die Dringlichkeit des Bußrufs
zu begründen: Ein Tag des Gerichts über den ganzen Erdkreis
ist von Gott anberaumt, und zum Vollzug dieses Gerichts ist
der Mann bestimmt, als dessen Bote Paulus nach Athen gekommen ist. »Die Zeit der Unwissenheit hat Gott übersehen;
nun aber gebietet er den Menschen, daß alle an allen Enden
Buße tun. Denn er hat einen Tag gesetzt, an welchem er richten
will den Erdkreis mit Gerechtigkeit durch einen Mann, den er
dazu bestimmt hat« (Apg. 17, 30 f.). Erst jetzt erwähnt Paulus
fast beiläufig, daß Gott diesen Mann vor den Toten auferweckte. Gewiß hätte er den Athenern noch mehr von diesem
Mann erzählt, hätten sie ihm, statt zu spotten, noch länger Ge-
hör geschenkt. Noch hat er ja nicht einmal seinen Namen genannt. Aber die Tatsache, daß in dieser Rede der Vollzug des
Gerichts an erster Stelle steht, gibt doch zu denken, auch wenn
es sich bei dieser Areopag-Rede nicht um eine protokollarische
Niederschrift der Predigt des Paulus handelt, sondern um ein
Beispiel urchristlicher Missionspredigt, das nach Stil und Inhalt
die Handschrift des Lukas verrät.
Auf jeden Fall gehört dies, daß Jesus Christus von Gott zum
Richter der Lebendigen und der Toten verordnet ist, zu der Botschaft der ersten Zeugen. Es ist keine Aussage am Rande, viel-
mehr ein nicht wegzudenkender Bestandteil ihrer Predigt, die

in dem Selbstzeugnis Jesu ihren Grund und Rückhalt hat (vgl. Matth. 16, 27; 25, 31 ff.). »Die Weissagung Jesu und seiner Apostel beschreibt die letzte Offenbarung Gottes immer auch als Gericht und gibt dadurch der christlichen Hoffnung ein wesentliches Merkmal, das nicht beseitigt werden kann, ohne daß sie zerstört wird. Auch dann, wenn das Höchste zum Preis der göttlichen Gnade gesagt wird, wenn jede Verhüllung von ihr entfernt und sie mit der die Welt erneuernden Allmacht offenbar wird, bleibt die Einheit der Gnade mit der Gerechtigkeit das Wahrzeichen Gottes und bestimmt sein Verhältnis zu allen« (A. Schlatter)[1].

Was wir in dieser Predigt des Paulus in Athen über dieses Gericht erfahren, ist ein Dreifaches: 1. Ein bestimmter Tag ist von Gott festgesetzt, an dem es stattfinden wird. 2. Es betrifft den ganzen Erdkreis, hat also universalen, die ganze Menschheit erfassenden Charakter. 3. Als Vollstrecker des Gerichts ist jener eine Mann ausersehen, den Gott aus den Toten auferweckte. Ihm, dem Gekreuzigten und Auferstandenen, ist der Vollzug des Weltgerichts übertragen. Wann dieser »Tag« des Gerichts sein wird, wissen wir nicht, das hat Gott seinem geheimen Ratschluß vorbehalten, so daß der Termin jeder Berechnung entzogen ist. Aber unaufhaltsam naht dieser Tag, der den Abschluß des gesamten irdischen Weltlaufs bildet. Darin unterscheidet sich die biblische Schau der Geschichte von der des deutschen Idealismus, die etwa in dem berühmten Satz »*Die Weltgeschichte ist das Weltgericht*« von Friedrich Schiller zum Ausdruck kommt. Zwar kann diese *idealistische Geschichtsbetrachtung* ihren Zusammenhang mit der biblischen Botschaft von Gott als dem Herrn und Lenker der Geschichte keineswegs verleugnen. Die Überzeugung, daß im ganzen Geschichtsverlauf ein höherer Sinn waltet und eine überlegene Gerechtigkeit sich durchsetzt, ist von der Botschaft der Bibel, ihrem Geist und Wortlaut, inspiriert. Sie ist nicht an der geschichtlichen Erfahrung abgelesen. Viel zu rätselvoll, zu unheimlich und undurchsichtig ist das Bild der Geschichte, das sie unseren Augen bietet, als daß wir das Walten einer höheren Gerechtigkeit darin erkennen könnten. Daß die Weltgeschichte nicht das Spielfeld blinder Zufälle und Leidenschaften ist, auch nicht der ohnmächtige Kampf des Menschen mit der Macht des Schicksals, das jedem sein Los bestimmt und die Pläne der Menschen mit blinder Willkür vereitelt, daß sie »das Bild und die Tat der Vernunft« (Fr. W. Hegel) ist — diese Überzeugung, von der die idealistische Geschichtsphilosophie durchdrungen ist, ist zutiefst in der Selbstoffenbarung Gottes begründet, von der die Heilige Schrift Zeugnis gibt. Hier ist die Willkürherrschaft des Zufalls und die Tyrannei des Schicksals entthront; hier wird das Regiment des lebendigen Gottes über den ganzen Geschichtsverlauf bezeugt; hier erfahren wir, daß dieser Gott das Recht liebt und schützt. Recht und Gerechtigkeit sind seines Thrones Stütze (vgl. Ps. 37, 28; 94, 15; 89, 15).

Trotzdem können wir uns den Satz »Die Weltgeschichte ist das Weltgericht« nicht zu eigen machen. Denn erstens wird hier eine voreilige, allzu kühne Identifikation (Gleichsetzung) vollzogen, die mit der biblischen Geschichtsschau nicht im Einklang ist. Es sieht so aus, als fände das Weltgericht innerhalb der Geschichte statt, als wäre diese in ihrem Ablauf schon Erweis und Vollzug einer höheren, göttlichen Gerechtigkeit. Davon kann nach dem Zeugnis der Schrift, die von dem kommenden Tag des Weltgerichts spricht, keine Rede sein. Zweitens leistet dieser kühne Satz der Meinung Vorschub, diese immanente (innerweltliche) Gerechtigkeit im Geschichtsverlauf sei von der Warte des Menschen aus erkennbar; es bedürfe nur des philosophisch geschulten Blicks oder der Erleuchtung durch Gottes Geist, um diese höhere, schon jetzt in der Geschichte waltende Gerechtigkeit wahrzunehmen. Auch davon kann nach allem, was uns in der Heiligen Schrift über die Verborgenheit des göttlichen Handelns im Geschichtsverlauf gesagt ist, keine Rede sein. Dies soll im folgenden noch genauer begründet werden.

1. *Die Gleichsetzung der Weltgeschichte mit dem Weltgericht.* Wenn wir sie anfechten, so soll damit keineswegs in Abrede gestellt sein, daß auch schon jetzt, innerhalb der Geschichte, Gott als Richter handelt. So hat sich, um ein Beispiel zu nennen, im Frühjahr 1945 Ungezählten die Einsicht aufgedrängt, daß sich in dem Schreckensende der nationalsozialistischen Gewaltherrschaft ein Gottesgericht vollzog. Ohne Zweifel gab und gibt es im Lauf der Weltgeschichte derartige Ereignisse, Abstürze, Zusammenbrüche, die einen unheimlichen Gerichtscharakter haben.

Die Wahrheit, daß unrecht Gut nicht gedeiht, gilt für viele Raubzüge, die im Lauf der Geschichte unternommen wurden. Das Gesetz, daß der Mensch sät, was er erntet, wirkt sich schon hier auf Erden aus — nicht nur im Einzelleben, auch auf dem Feld der großen Politik, im Zusammenleben der Völker und Staaten. Wer Wind sät, wird Sturm ernten; wer Haß sät, wird Haß ernten, wer die Macht mißbraucht, wird erfahren, wie jede Gewaltanwendung Gegendruck erzeugt und sich an ihm rächt. Diese Beobachtungen kann man im Aufstieg und Niedergang ganzer Völker, Kulturen und Weltreiche bestätigt finden. Die Sünde ist nun einmal — durchaus nicht nur im Einzelleben — der Leute Verderben! Schon innerhalb der Geschichte wirkt sich das Gesetz der *Vergeltung* aus, die den Täter bei den Folgen seiner Tat behaftet.

Es kommt hinzu, daß Gott, als Lenker der Geschichte, sich durchaus das Recht vorbehält, je und je in den Ablauf der Ereignisse einzugreifen und ein zeichenhaftes Urteil zu vollstrecken, von dem allen, die Zeugen des Geschehens sind, die Ohren gellen (vgl. 1. Sam. 3, 11). Solches geschah nicht nur am Hause Elis, des Priesters in Silo, oder in der Nacht, da Belsazer, der trunkene König von Babel, erschlagen wurde (vgl. Dan. 5, 30). Diese *Gerichte* waren und sind auch keineswegs auf das Volk Gottes beschränkt, obwohl gerade Israel, das Gott sich zu seinem Eigentumsvolk erwählt hat, besonders hart davon getroffen wurde (vgl. Amos 3, 2). Auch für das Gottesvolk des Neuen Bundes, die Kirche Christi, gilt das ernste Wort, daß »das Gericht im Hause Gottes anfängt« (1. Petr. 4, 17). Schon bei den Propheten finden wir zudem zahlreiche Gerichtsweissagungen über heidnische Stadtstaaten, Völker und Weltmächte (vgl. Amos 1, 3 ff.; Jes. 13—23; Jer. 46—51; Hesek. 26—32). Zu aller Zeit und unter allen Völkern hat der Allmächtige je und je seinen gewaltigen Arm entblößt, zum Zeichen, daß er noch Richter auf Erden ist (Ps. 58, 12). Oft gilt dabei auch die Regel, daß Gott »einen Buben durch den andern schlägt« (Luther).

Aber all diese Gerichte Gottes innerhalb der Geschichte haben doch nur *vorläufigen, zeichenhaften Charakter.* Denn erstens wird ja längst nicht all das Unrecht, das auf Erden geschieht, auf dieser Erde schon geahndet. Wie viele Schurken und Tyrannen sind straflos ausgegangen und ihre Verbrechen blieben ungesühnt! Zweitens beobachten wir, daß sich die Menschen und Mächte, deren Gott sich beim Vollzug seiner Gerichte als Werkzeuge bedient, nicht selten selbst in neues Unrecht verstricken, so daß es fraglich erscheint, ob hier wirklich höhere Gerechtigkeit gewaltet hat. Drittens liegt bei diesen Gerichten keine wirkliche Entsprechung von Schuld und Strafe vor. Wie viele Unschuldige hat jeder Tyrann schon immer bei seinem Sturz mit in die Tiefe gerissen! Zu viele ungelöste Fragen bleiben hier zurück, die im Einzelfall zum schmerzhaften Rätsel werden, als daß wir die Meinung, das Weltgericht finde innerhalb der Geschichte statt, teilen könnten. Sowohl das Zeugnis der Schrift als auch die geschichtliche Erfahrung stehen dazu im Widerspruch.

Dasselbe gilt von der Behauptung, daß es möglich sei, im Geschichtsablauf das Walten einer höheren Gerechtigkeit aufzuweisen.

2. Die Erkennbarkeit einer höheren Gerechtigkeit.

Wohl gibt es innerhalb der Geschichte Ereignisse besonderer Art, die zum Aufhorchen zwingen. Der Untergang des Pharao und seiner Streitmacht im Schilfmeer (2. Mose 14, 27), der Fall Ninives, der Hauptstadt und Zwingburg der Assyrer, der Sturz Babels, das noch im letzten Buch der Bibel als der Typus gottfeindlicher Weltmacht erscheint, werden in der Heiligen Schrift als Beispiele dafür genannt, wie plötzlich Gott eingreifen, die Tyrannen demütigen und ihre Macht in lauter Ohnmacht verkehren kann (vgl. Nahum 3, 1 ff.; Jer. 50, 1 ff.). Blättern wir in den Annalen der Weltgeschichte, so lassen sich im Aufstieg und Untergang der Mächtigen manche Parallelen dazu finden. Nur der Unglaube, der den Menschen blind und taub macht, kann leugnen, daß die Weltgeschichte von den Hammerschlägen der Gerichte Gottes widerhallt. Aber dies besagt keineswegs, daß im ganzen Geschichtsverlauf eine höhere Gerechtigkeit erkennbar wäre. Oft besteht das Gericht Gottes darin, daß er die Menschen und die Völker an ihre Gedanken und Pläne dahingibt und sie ihnen gelingen läßt; das ist ein sehr heimliches Gericht! In der Deutung des Geschehens kann man in solchem Fall, je nach der Einsicht und dem Standort des Betrachters, sehr verschiedener Meinung sein. Zuweilen ist es, als würden in einem dunklen Tunnel einzelne Streckenlichter aufblitzen; aber aufs Ganze gesehen sind die Absichten Gottes in der Geschichte so tief verborgen, daß wir sie nicht erkennen können (vgl. Jes. 45, 15).

Hegel, der große Geschichtsphilosoph des deutschen Idealismus, der die Weltgeschichte als die Selbstentfaltung des absoluten Geistes, »das Bild und die Tat der Vernunft« verstehen lehrte, war freilich der Meinung, daß diese Undurchsichtigkeit der Geschichte keine Widerlegung seiner These sei, weil sich die göttliche Vorsehung der Welt und ihrem Prozeß gegenüber als »absolute List« verhalte: »Die List der Vernunft besteht in der vermittelnden Tätigkeit, welche, indem sie die Objekte ihrer Natur gemäß aufeinander einwirken und sich gegenseitig abarbeiten läßt, ohne sich unmittelbar in diesen Prozeß einzumischen, gleichwohl nur ihren Zweck zur Ausführung bringt. Man kann in diesem Sinne sagen, daß die göttliche Vorsehung der Welt und ihrem Prozeß gegenüber sich als absolute List verhält. Gott läßt die Menschen mit ihren Leidenschaften und Interessen gewähren, und was dabei herauskommt, ist die Vollführung seiner Absichten[2].« Ohne Zweifel steckt in diesem Gedanken eine Wahrheit, die auch der Bibel bekannt ist, man denke an die Josephsgeschichte oder an die Passionsgeschichte. Aber diese überlegene Umklammerung menschlicher Absichten, Irrungen und Wirrungen durch die Weisheit Gottes, der sie als Mittel seiner Pläne benützt, leuchtet uns Menschen, wenn überhaupt, erst in der Rückschau auf (vgl. 1. Mose 50, 20). Aufs Ganze gesehen läßt sich das Walten einer höheren Gerechtigkeit in der Geschichte nicht aufweisen. Man kann auch nicht behaupten, daß sich Recht und Unrecht, Sinn und Widersinn zumindest die Waage halten. Viel stärker drängt sich der Eindruck auf, daß die Gerechtigkeit Gottes unter ihrem *Widerspiel*, dem Triumph des Unrechts, der Gewalt, der Lüge und der Hoffart verborgen ist. Schon im Alten Testament wurde den Frommen diese Verborgenheit der göttlichen Gerechtigkeit im Los des Einzelnen wie im Geschick der Völker zur Anfechtung. Ich wäre schier gestrauchelt, so bekennt der Beter des 73. Psalms, als ich sah, wie es den Gottlosen so wohl geht, indes der Fromme, der seine Hände in Unschuld wäscht, geplagt wird und leiden muß. Mit Leidenschaft weist Hiob, der große Dulder, die wohlgemeinten Versuche seiner Freunde zurück, die göttliche Gerechtigkeit im Weltlauf nachzuweisen; muß er doch am eigenen Leib erfahren, wie unbegreiflich Gottes Handeln ist:

> »Wenn er die Geißel schwingt und plötzlich tötet,
> so spottet er der Unschuld, die verzweifelt.
> Die Erde gab er in des Frevlers Hand
> und hat verhüllt der Richter Angesicht²« (Hiob 9, 23 f.).

Mit unbestechlicher Wahrhaftigkeit wird im Buch des Predigers aufgedeckt, wieviel Unrecht auf Erden geschieht und erlitten wird — und Gott schweigt dazu! »Ich wandte mich und sah an alles Unrecht, das unter der Sonne geschieht, und siehe, da waren Tränen derer, die Unrecht litten und hatten keinen Tröster; und die ihnen Unrecht taten, waren zu mächtig, so daß sie keinen Tröster haben konnten« (Pred. 4, 1). In erschreckendem Ausmaß läßt Gott im Weltgeschehen der Macht des Bösen Raum; ja sie wird nach den Worten Jesu um so mehr Einfluß gewinnen, je mehr die Geschichte ihrem Ende entgegeneilt. »Der Unglaube wird überhandnehmen« (Matth. 24, 12). Nicht nur der gute Same, auch die Aussaat des »Feindes« geht auf dem Acker der Geschichte auf und reift aus auf den Tag des Gerichts (vgl. Matth. 13, 38 ff.). Nur im Gegensatz zu der geschichtlichen Erfahrung, wider allen Augenschein, kann der Glaube die Gewißheit festhalten: Gott lebt und regiert und ist noch Richter auf Erden!

Aus alledem ergibt sich, daß der Satz »Die Weltgeschichte ist das Weltgericht« weder haltbar noch erkennbar ist. Wohl gibt es zeichenhafte Gerichte Gottes im Geschichtsverlauf, den Stromwirbeln vergleichbar, die den Katarakt anmelden. Aber daß Gottes Gericht im Geschichtsprozeß aufgeht, davon kann keine Rede sein. Nicht die Weltgeschichte als solche ist das Weltgericht — das Weltgericht ist die Abrechnung mit der Weltgeschichte!

Der Vollzug des Gerichts

David Friedrich Schleiermacher, wohl der einflußreichste Theologe des vorigen Jahrhunderts, vertrat die Ansicht, daß »die

Tatsachen der Auferstehung und der Himmelfahrt Christi sowie die Vorhersage von seiner Wiederkunft zum Gericht nicht als eigentliche Bestandteile der Lehre von seiner Person aufgestellt werden können« (Glaubenslehre, § 99). Wir können diese Ansicht nicht teilen. Zu zahlreich sind die Aussagen der Bibel im Alten und Neuen Testament, die bezeugen, daß alle Wege der Menschen und Völker unweigerlich vor dem Richterstuhl Gottes zusammenlaufen. Mit gutem Grund hat die Kirche den Satz »Von dannen er wiederkommen wird, zu richten die Lebendigen und die Toten« in ihr Glaubensbekenntnis aufgenommen und diesen Vollzug des Endgerichts durchaus als Bestandteil der Lehre von der Person Christi betrachtet und festgehalten. Denn der *Vollzug* dieses Gerichts, das den Abschluß der Geschichte bildet, ist Jesus Christus, dem Sohne Gottes, anvertraut.

Schon im Alten Testament ist an einzelnen Stellen davon die Rede, daß Gott seinen »König« zum Richter bestellt (vgl. Ps. 2, 7 ff.; Ps. 72, 1 f.); zum Beruf seines »Knechtes« gehört es, auf Erden »das Recht aufzurichten« (Jes. 42, 4). Im Neuen Testament wird vollends deutlich, daß der Vater alles Gericht dem *Sohn* übergeben hat (Joh. 5, 22). Durch ihn will und wird Gott den Erdkreis richten mit Gerechtigkeit (Apg. 17, 31). Sowohl in den Evangelien wie in den Briefen der Apostel ist von dem Richteramt und Richterstuhl Christi wieder und wieder die Rede. Es genügt, an die bekannte Ankündigung des Weltgerichts am Schluß der Wiederkunftsrede bei Matthäus (25, 21 ff.) zu erinnern oder einen Text wie 2. Korinther 5, 10 (»Wir müssen alle offenbar werden vor dem Richterstuhl Christi«) ins Gedächtnis zu rufen, um jedem Bibelleser den unausweichlichen Ernst dieser Gerichtsankündigung bewußt zu machen.

Zwar spürt man an den Darstellungen des *Jüngsten Gerichts* in der christlichen Kunst sehr deutlich, daß dieses Geschehen unser menschliches Vorstellungsvermögen übersteigt; trotzdem ist es notwendig, daß wir die Schriftstellen, in denen von diesem letzten Gericht die Rede ist, nach ihrem Inhalt befragen. Wie bei dem Artikel von der Wiederkunft Christi können wir uns auch hier nicht auf das »Daß« beschränken und das »Wie« offenlassen. Denn auch hier, bei der Botschaft der Bibel vom Welt- und Endgericht, bricht eine Reihe von *Fragen* auf, die durchaus nicht auf das Konto der Neugier gehen, vielmehr die

Glaubens- und Heilsgewißheit jedes Einzelnen wie das Hoffnungsziel des Christen für die Menschheit als Ganzes betreffen: Wer muß sich vor diesem Richterstuhl Christi verantworten? Nach welchem Maßstab wird das Urteil gesprochen? Wie reimt sich die Aussage, daß wir alle vor diesem Richterstuhl erscheinen müssen, mit dem Wort Jesu: »Wer mein Wort hört und glaubt dem, der mich gesandt hat, der kommt nicht in das Gericht, sondern er ist vom Tode zum Leben hindurchgedrungen« (Joh. 5, 24)? Ist das Gericht über die Völkerwelt und das Gericht über die Gemeinde ein und derselbe Akt? Wird durch die Erwartung des unentrinnbaren Endgerichts nicht alle Heilsgewißheit erschüttert, ja zunichte gemacht? Vor allem aber stellt sich die Frage: Was bedeutet es für den Vollzug des Gerichts, daß Jesus Christus, der Gekreuzigte und Auferstandene, d. h. für uns Gerichtete, der Richter ist? Versuchen wir im folgenden diese Fragen zu beantworten, indem wir die wichtigsten Aussagen, die wir über das Endgericht in der Heiligen Schrift finden, zusammenstellen und das Ergebnis in sieben Leitsätzen zusammenfassen:

1. *Die Botschaft von dem zukünftigen Gericht ist im Gesamtzeugnis der Bibel weniger eine Schreckensbotschaft als vielmehr eine Siegesbotschaft.* Das Endgericht bringt und verbürgt den Sieg des Rechts über alles Unrecht, das auf Erden geschah und erlitten wurde. Der christlichen Tradition gemäß, in der wir erzogen sind, hat das »Jüngste Gericht« für unsre Ohren einen ausgesprochen erschreckenden Klang. Wir denken an die berühmte lateinische Sequenz des Thomas von Celano († 1260) »Dies irae, dies illa solvet saecla in favilla«:

> Jenen Tag, den Tag der Wehen,
> wird die Welt im Brand vergehen,
> wie Prophetenspruch geschehen.
> Welch Entsetzen vor der Kunde,
> daß der Richter kommt zur Stunde,
> prüfend alles bis zum Grunde!
> Ach, wie werd ich Armer stehen,
> wen zum Anwalt mir erflehen,
> wenn Gerechte schier vergehen?

Gewiß ist hier und in ähnlichen Liedern[4] etwas Richtiges zum Ausdruck gebracht. »Es ist schrecklich, in die Hände des lebendigen Gottes zu fallen« (Hebr. 10, 31), in die Hände dessen, der nicht nur den Leib töten, sondern »Leib und Seele verderben kann in der Hölle« (Matth. 10, 28). Einem Geschlecht wie dem unsrigen, das die Furcht Gottes verlernt hat, muß auch dieser drohende Ernst des kommenden Gerichts mit Nachdruck bezeugt werden: »Siehe, es kommt ein Tag, der brennen soll wie ein Ofen. Da werden alle Verächter und Gottlosen Stroh sein, und der kommende Tag wird sie anzünden, spricht der Herr Zebaoth, und er wird ihnen weder Wurzel noch Zweig lassen« (Mal. 3, 19). Aber im Gesamtzeugnis der Bibel hat diese Botschaft, daß Gott Richter auf Erden ist und den Erdkreis richten wird, durchaus nicht nur diesen drohenden Klang. In den Königspsalmen (Ps. 96—99) wird dieses »Richten« Gottes mit lautem Jubel angekündigt. Himmel und Erde, Menschen und Völker, das Meer und alles, was darinnen ist, die ganze Schöpfung wird in diesen Jubel einbezogen und zum Frohlocken aufgefordert:

> Der Himmel freue sich, und die Erde sei fröhlich,
> das Meer brause und was darinnen ist;
> das Feld sei fröhlich und alles, was darauf ist;
> es sollen jauchzen alle Bäume im Walde
> vor dem Herrn; denn er kommt, zu richten das Erdreich.
> Er wird den Erdkreis richten mit Gerechtigkeit
> und die Völker mit seiner Wahrheit (Ps. 96, 11 ff.).

Bringt doch dieser Gerichtstag den Sieg der Gerechtigkeit Gottes über alles Unrecht und alle Lüge, über alle Bosheit, Willkür und Gewalttat, die in der Menschheitsgeschichte einen so erschreckend großen Raum einnehmen! An diesem Gerichtstag wird den Unterdrückten und Vergewaltigten, den Mißhandelten und zu Unrecht Verurteilten ihr Recht zuteil werden (vgl. Ps. 72, 12 ff.). Welch ein gewaltiger Trost in all der Anfechtung, die aus der Ungerechtigkeit dieses Weltlaufs erwächst, daß Gott sich selbst das letzte Urteil vorbehalten hat und daß er dem Unrecht nicht tatenlos zusieht, sondern endlich und zuletzt Einhalt gebietet, und zwar so, daß jedem ganze Gerechtigkeit widerfährt!

2. *Der Vollzug des Gerichts gehört zu dem Amt, das Gott seinem Christus übertragen hat. Ihn, den Christus Jesus, hat Gott dazu bestimmt, aller Welt das Urteil zu sprechen.* Wohl bezeugt Jesus im Gespräch mit Nikodemus: »Gott hat seinen Sohn nicht in die Welt gesandt, daß er die Welt richte, sondern daß die Welt durch ihn gerettet werde. Wer an ihn glaubt, der wird nicht gerichtet; wer aber nicht glaubt, der ist schon gerichtet, denn er glaubt nicht an den Namen des eingeborenen Sohnes Gottes« (Joh. 3, 17 f.). Aber hier ist ganz deutlich von dem ersten Kommen des Gottessohns in diese Welt die Rede, das ganz im Dienst der versöhnenden Liebe stand, die Verlorenen zu retten (Joh. 3, 16). Daß dem Menschensohn auch die Vollmacht verliehen ist, das Gericht zu halten, wird auch im vierten Evangelium klar bezeugt (vgl. Joh. 5, 27 ff.). Es wäre verkehrt, eine Aussage gegen die andere auszuspielen; auch besteht kein triftiger Grund dafür, diesen Hinweis auf das Gericht, das der Vater dem Sohn übertragen hat, als eine spätere redaktionelle Zutat (R. Bultmann) abzuwerten. Wohl betont gerade das vierte Evangelium, daß sich schon jetzt in der Begegnung mit Jesus Christus, dem Offenbarer Gottes, im Annehmen und Zurückweisen seiner Botschaft eine Scheidung vollzieht. Nicht erst am Tag des Endgerichts, schon jetzt ist die Zeit der »Krisis«, wie schon jetzt im Glauben an den Sohn Gottes das »Leben« gewonnen und mit der Verweigerung des Glaubens das Leben ausgeschlagen wird. Aber diese Vergegenwärtigung des Gerichts unterstreicht nur, welch unausdenkliches Gewicht die Entscheidung für oder wider den Sohn hat, in dem Gott selbst mit all seiner Herrlichkeit, voller Gnade und Wahrheit, gegenwärtig ist (Joh. 1, 14). Der Urteilsspruch des kommenden Richters, der den Einzelnen bei dieser Entscheidung behaftet, ist damit weder hinfällig noch für überflüssig erklärt.

Das Wort von Johannes 5, 24 ist kein Gegenbeweis. Wenn es hier heißt: »Wahrlich, wahrlich, ich sage euch: Wer mein Wort hört und glaubt dem, der mich gesandt hat, der hat das ewige Leben und kommt nicht in das Gericht, sondern er ist vom Tode zum Leben hindurchgedrungen«, so liegt der Akzent auf dem Wort »kommt«; man mißversteht, was Jesus sagen will, wenn man das Wort »nicht« akzentuiert. Nicht dies ist der Sinn: Wer glaubt, wird überhaupt nicht vom Gericht behelligt werden, vielmehr: das Gericht vollzieht sich schon jetzt! Daß dem Glaubenden überhaupt keine Begegnung mit dem kommenden Christus und seinem Richterspruch mehr bevorstünde, liest man zu Unrecht aus diesem Text heraus. Wer jetzt zum Leben durchgedrungen ist, bietet ja keineswegs die Gewähr dafür, daß er auch wirklich an Christus bleibt wie die Rebe am Weinstock. Auch über seinem Leben im Glauben steht noch immer das ernste Wort: »Wer nicht in mir bleibt, der wird weggeworfen wie eine Rebe und verdorrt, und man sammelt sie und wirft sie ins Feuer, und müssen brennen« (Joh. 15, 6). Es geht also keineswegs mit rechten Dingen zu, wenn man auf Grund dieser Aktualisierung des Gerichts im vierten Evangelium die Tatsache aus den Angeln heben will, daß Jesus Christus, der Sohn Gottes, von Gott zum Richter aller, der Lebendigen und der Toten, verordnet ist. An seinem Richterstuhl drückt sich keiner vorbei. Aus seinem Munde werden alle, auch die, die ihm im Glauben anhangen, ihr Urteil empfangen.

3. *Vor dem Richterstuhl Christi muß sich die ganze Menschenwelt verantworten. Er spricht das Urteil über Christen und Nichtchristen, Juden und Heiden, Fromme und Gottlose, Lebendige und Tote.* Das Endgericht ist ein universales Gericht, das die ganze Menschenwelt angeht und einfordert. Es ist wirklich »Weltgericht«, und zwar in dem umfassenden Sinn, daß es beide, Kirche und Welt, betrifft. Sowenig sich irgendein Mensch dem Todesschicksal entziehen kann, genausowenig kann er sich der Verantwortung vor diesem Richter der Lebendigen und Toten entziehen: »Es ist den Menschen gesetzt, einmal zu sterben, danach aber das Gericht« (Hebr. 9, 27) — also nicht das Verlöschen, der Zerfall im Nichts, das endgültige Vergessen und Vergessenwerden, vielmehr die Verantwortung in letzter Instanz!

In dieser Tatsache, daß vor diesem Gericht kein Ausweichen möglich ist, daß es genau wie der Tod zum Los des Menschen gehört, kommt noch einmal die Unentrinnbarkeit des lebendigen Gottes an den Tag, wie sie der 139. Psalm bezeugt (vgl. Ps. 139, 7 ff.). Auch das Grab und die Totenwelt sind kein Schlupfwinkel, wo sich irgendein Mensch vor diesem Gericht verstecken könnte. »Wenn sie sich auch unten bei den Toten vergrüben, soll sie doch meine Hand von dort holen, und wenn sie zum Himmel hinaufstiegen, will ich sie doch herunterstoßen« (Amos 9, 2). Dem Endgericht geht ja die Auferweckung der Toten voraus, der gewaltige Weckruf der »letzten Posaune« (1. Kor. 15, 52), der in die Gräber dringt, den keiner, der zu den Toten versammelt ist, verschlafen oder überhören kann.

Daß auch die *Toten* vor diesem Richterstuhl erscheinen müssen, wird in der Vision vom letzten Gericht, die sich am Schluß der Apokalypse findet, besonders eindringlich bezeugt: »Und ich sah einen großen, weißen Thron und den, der darauf saß; und vor seinem Angesicht floh die Erde und der Himmel, und ihnen ward keine Stätte gefunden. Und ich sah die Toten, beide, groß und klein, stehen vor dem Thron, und Bücher wurden aufgetan. Und die Toten wurden gerichtet nach dem, was geschrieben steht in den Büchern, nach ihren Werken. Und das Meer gab die Toten, die darin waren, und der Tod und sein Reich gaben die Toten, die darin waren; und sie wurden gerichtet, ein jeglicher nach seinen Werken« (Offb. 20, 11 ff.). Sowenig das Endgericht auf diejenigen beschränkt bleibt, welche die Wiederkunft Christi zum Weltgericht erleben, sowenig betrifft es nur jene, die durch den geschichtlichen Gang der göttlichen Offenbarung von dem Herrschaftsanspruch Gottes und seiner Heilstat in Jesus Christus Kunde bekommen haben. Mit Nachdruck betont Paulus, daß »an dem Tag, da Gott das Verborgene der Menschen durch Jesus Christus richten wird«, alle Menschen, auch die *Heiden*, die, ohne das Gesetz zu kennen, gesündigt haben, ihr Urteil empfangen werden. Wenn sie auch das Gesetz Gottes nicht gekannt haben, so sind sie doch unentschuldbar: »Obwohl sie das Gesetz nicht haben, sind sie sich selbst ein Gesetz; denn sie beweisen, des Gesetzes Werk sei geschrieben in ihrem Herzen« (Röm. 2, 14 f.). Als »Beweis« dafür nennt der Apostel den inneren Gerichtshof des Gewissens mit seiner Selbstanklage und Selbstentschuldigung. Nach dem Maß ihrer Kenntnis des vom Gesetz Gebotenen werden sie ihr Urteil empfangen.

Von diesem Gericht über die heidnische *Völkerwelt* handelt auch jener Text, der in der Rede Jesu von den letzten Dingen bei Matthäus den majestätischen Abschluß bildet (Matth. 25, 31 ff.). Dies geht aus den Eingangsversen klar hervor: »Wenn aber des

Menschen Sohn kommen wird in seiner Herrlichkeit und alle Engel mit ihm, dann wird er sitzen auf dem Thron seiner Herrlichkeit, und werden vor ihm alle Völker versammelt werden. Und er wird sie voneinander scheiden, gleichwie ein Hirt die Schafe von den Böcken scheidet, und wird die Schafe zu seiner Rechten stellen und die Böcke zur Linken.«

So mühelos und treffsicher ein Hirte Schafe und Böcke auseinanderkennt und zu scheiden vermag, so klar und eindeutig nimmt der Menschensohn diese letzte Scheidung vor. Über den Maßstab, nach dem er das Urteil spricht, wird noch besonders zu reden sein. Zunächst ist wichtig, daß ihm wirklich das Gericht über die ganze Völkerwelt übertragen ist. Derselbe, der als Kind in der Krippe lag, der in der Gestalt eines obdachlosen Wanderpredigers über die Erde ging, der von Gott und den Menschen verlassen am Schandpfahl hinglitt und starb, der kommt am Ende »in Herrlichkeit« als Weltenrichter. Ihm steht es zu, über alle Menschen und Völker das letzte Urteil zu sprechen. So groß ist die Vollmacht, die dem Menschensohn übertragen ist, so weit reicht seine Kompetenz! Auch diejenigen, die das Evangelium angenommen haben und als Glieder seines Leibes mit ihm, dem Haupt, verbunden sind, müssen vor seinem Richterstuhl erscheinen. Daran läßt Jesus Christus keinen Zweifel (vgl. Matth. 7, 21 ff.; 24, 45 ff.). Auch über seine Jünger behält er sich ein letztes richterliches Urteil vor (vgl. Luk. 12, 42 ff.). Auch »wir (die wir an ihn glauben) müssen alle offenbar werden vor dem Richterstuhl Christi, auf daß ein jeglicher empfange, wie er gehandelt hat bei Leibesleben, es sei gut oder böse« (2. Kor. 5, 10; vgl. 1. Kor. 4, 5). Sowenig der Gemeinde Jesu durch eine vorausgehende Entrückung die Zeit der antichristlichen Drangsal erspart bleibt, die ihr zur Läuterung und Sichtung dienen muß, sowenig darf sie sich einreden, sie sei von dem künftigen Gericht nicht mitbetroffen. Auch die, die sich von Gott »aus diesem verkehrten Geschlecht« haben erretten lassen (vgl. Apg. 2, 40), müssen wissen, daß sie Den als Vater anrufen, der »ohne Ansehen der Person richtet nach eines jeglichen Werk« (1. Petr. 1, 17). Sind wir Gottes Kinder, so sind wir damit keineswegs Gottes Günstlinge, denen er mit parteiischer Liebe das Böse, das sie tun, durchgehen ließe. An allen wird Jesus Christus als Richter handeln, auch an denen, die durch den Glauben sein Eigentum geworden sind. Am Ernst dieses Gerichts ist nichts abzubrechen[5]!

Trotzdem besteht zwischen dem Gericht über die heidnische Völkerwelt und dem Gericht über die Gemeinde ein *Unterschied*, den man nicht verwischen sollte. Wenn Paulus sagt, daß »die Heiligen die Welt richten werden« (1. Kor. 6, 2; vgl. Matth. 19, 28), so muß man daraus folgern, daß das Gericht über die Gemeinde der »Heiligen« und das Gericht über die »Welt« nicht ein und derselbe Akt sein kann. Wie die Auferweckung derer, die des Christus sind, der allgemeinen Totenerweckung vorausgeht, so ist auch das Gericht über die Glaubenden dem Gericht über die »Völker« (Heiden) zeitlich vorgeordnet. Auch der Maßstab, nach dem diese und jene ihr Urteil empfangen, ist keineswegs derselbe! Wer den Ruf gehört hat, wird nicht nur danach gefragt werden, was er jenen »geringsten Brüdern«, von denen Matthäus 25, 40 die Rede ist, an Barmherzigkeit gewährt bzw. verweigert hat. Er wird auch danach gefragt, ob er sich zu Jesus Christus vor den Menschen bekannt oder sich seines Namens und seiner Worte geschämt hat (vgl. Matth. 10, 33; Luk. 9, 26), ob er mit den ihm anvertrauten Talenten gewuchert oder sein Pfund vergraben hat (vgl. Matth. 25, 19 ff.), ob er als ein treuer Haushalter über Gottes Geheimnisse sich bewährt hat (vgl. 1. Kor. 4, 2), auch in Verfolgung und Trübsal standhaften Glauben bewiesen (vgl. Hebr. 10, 39) oder die erste Liebe verlassen (vgl. Offb. 2, 4), vielleicht gar als »Feind des Kreuzes Christi« die Gemeinde verwirrt hat (vgl. Phil. 3, 18), ob er den Ruf zur Heiligung, ohne welche niemand den Herrn sehen wird, in den Wind geschlagen hat (vgl. Hebr. 12, 14). Weder zeitlich noch sachlich fällt das Gericht über die Kirche (die Glieder des Leibes Christi) mit dem über die Welt (die außerchristliche Menschheit) zusammen. Und doch ist es ein und derselbe Richter, vor dem alle erscheinen und sich verantworten müssen.

4. Das Urteil des Richters erfolgt mit unbestechlicher Gerechtigkeit. Es bringt das Verborgene ans Licht; jeder Einspruch muß verstummen. Bei Gott ist kein Ansehen der Person. Das bestätigt sich bei dem Gericht, das seinem Christus übertragen ist. Ebenso wird im Gericht offenbar, daß Gott nicht sieht, was vor

Augen ist, sondern als der »Herzenskündiger« (Apg. 15, 8) Herzen und Nieren prüft (vgl. Ps. 7, 10; Jer. 17, 10; Offb. 2, 23). Das Endgericht wird eine unwiderlegbare Enthüllung dessen sein, was jeder Einzelne im Grund seines Wesens gewesen ist.

Dies bedeutet erstens, daß an jenem Tag alle Lüge und Heuchelei entlarvt wird, auch wenn sie in das Gewand einer innerlich verlogenen Frömmigkeit gekleidet war. »Nicht alle, die zu mir ›Herr, Herr‹ sagen, werden in das Himmelreich kommen, sondern die den Willen tun meines Vaters im Himmel« (Matth. 7, 21). Wer den Namen Christi im Munde führte und unter dem Vorwand dieses Namens viele Taten getan hat, sich aber doch im Kern seiner Person dem Willen Gottes entzogen hat, wird unter das Urteil fallen: »Ich habe euch nie gekannt; weichet von mir, ihr Übeltäter!« (Matth. 7, 23).

Es bedeutet zweitens, daß es bei diesem Gericht ungeahnte Überraschungen geben wird. Erste werden Letzte, Letzte Erste werden! Beide, die Gesegneten, die der Menschensohn zu seiner Rechten stellt, und die Verfluchten, die er zur Linken stellt, sind über das Urteil, das sie empfangen, gleichermaßen erstaunt (vgl. Matth. 25, 37. 44).

Es bedeutet drittens, daß es weder recht noch ratsam ist, mit eigenem Urteil über sich selbst oder die andern dem allein maßgeblichen Urteilsspruch des kommenden Richters vorzugreifen. »Bin ich mir selbst nichts bewußt, so bin ich dadurch noch nicht gerechtfertigt; der Herr ist's, der mich richtet« (1. Kor. 4, 4). Genauso sollen wir uns die schnellfertigen, voreiligen Verurteilungen anderer verwehrt sein lassen (vgl. Matth. 7, 1 ff.). Unsre Urteile können völlig danebengreifen, da uns das Innerste im Menschen verborgen bleibt; mit unserem Richten über andere vergreifen wir uns an dem Majestätsrecht des himmlischen Richters, der sich das gültige Urteil vorbehält. »Darum richtet nicht vor der Zeit, bis der Herr kommt, welcher wird ans Licht bringen, auch was im Finstern verborgen ist, und wird das Trachten der Herzen offenbar machen« (1. Kor. 4, 5).

Gegen sein Urteil, das mit durchdringender Klarheit und unbestechlicher Gerechtigkeit ergeht, gibt es keinen Einspruch. Niemand kann Berufung einlegen, niemand an eine noch höhere Instanz appellieren, wie dies vor dem irdischen Richter möglich ist. Kein langfristiges Verhör tut hier not, keine Zeugenbefragung und Beweisaufnahme; gilt doch von diesem Richter: Es ist alles bloß und aufgedeckt vor seinen Augen (vgl. Hebr. 4, 13). Auch die Toten können nichts verbergen. »Es wurden Bücher aufgetan«, so haben wir gehört, »und die Toten wurden gerichtet nach dem, was geschrieben steht in den Büchern, nach ihren Werken« (Offb. 20, 12). Der Unglaube der Spötter hat darüber nicht selten gewitzelt, zumal gesagt ist, daß die Menschen von jedem nichtsnutzigen Wort, das sie geredet haben, am Tag des Gerichts Rechenschaft geben müssen (Matth. 12, 36). In welch einer himmlischen Riesenbibliothek soll dies alles auf den Tag des Jüngsten Gerichts festgehalten sein! Inzwischen haben wir Menschen technische Apparaturen ersonnen, die das Gesprochene und Geschriebene auf engstem Raum konservieren; das mag manchem Spötter zu denken geben. Jedenfalls hat jedermann, im Gedanken daran, daß bei Gott nichts vergessen ist, allen Grund, sich vor leichtfertigen Worten und vor dem mutwilligen Spielen mit der Sünde wie vor einem Spiel mit dem Feuer zu hüten. Vieles mögen wir selbst wieder vergessen oder aus unsrem Bewußtsein verdrängen, vieles vor den anderen mit Erfolg vertuschen. Aber vor dem Richterstuhl Christi wird alles mit unwidersprechlicher Klarheit ans Licht gebracht. Das »Schiebespiel mit der Schuld« (M. Niemöller), in dem wir so große Fertigkeit entwickelt haben, ist dann endgültig ausgespielt. Mit der Selbstentschuldigung und Selbstverteidigung kann keiner mehr auf den Spruch des Richters Einfluß nehmen. Das ist vorbei.

5. *Der Maßstab, nach dem Jesus Christus beim Endgericht das Urteil fällt, ist uns bekannt gemacht. Lebendige und Tote werden nach ihren Werken gerichtet werden.* In völliger Übereinstimmung wird an all den Stellen, die vom letzten Gericht handeln, dieser Maßstab genannt. Nicht nach unseren Gedanken oder Vorsätzen, nach unseren Gesinnungen oder gesellschaftlichen Positionen, auch nicht nach unserer sittlichen Grundhaltung oder christlich geprägten Lebensführung, vielmehr nach unseren »Werken« werden wir unser Urteil empfangen. Mit gutem Grunde! Durch das »Werk« tritt der Mensch aus dem Umkreis seines Eigendaseins heraus und greift — heilvoll oder zerstörend — in fremdes Leben ein. Er trifft Entscheidungen, die

in jedem Fall, auch im Fall der Unterlassung, im Leben seiner Mitmenschen sich auswirken. Daran, wie wir in das Leben der anderen eingreifen, ist aber Gott ganz besonders interessiert! Darum kommen die Werke im letzten Gericht zur Sprache. Unser Handeln wird auf die Waage gelegt. Danach wird jeder sein Urteil empfangen, wie er gehandelt hat bei Leibesleben, es sei gut oder böse (2. Kor. 5, 10). Wenn die Bibel von den »Werken« spricht, ist nicht nur an das gedacht, was man landläufig unter »guten Taten« versteht. Nicht nur Opfer und Almosen oder irgendwelche Samariterdienste, auch Gebet und Gottesdienst, Glaubenszeugnis und Fürbitte, Bekenntnis und Mitarbeit am Bau der Gemeinde gehören zu dem »Werk«, das dem Christen befohlen ist. Auch die Arbeit im irdischen Beruf ist in jenen »Gottesdienst« miteingeschlossen, zu dem Paulus die Gemeinde im Römerbrief verpflichtet: »Ich ermahne euch, liebe Brüder, durch die Barmherzigkeit Gottes, daß ihr eure Leiber gebet zum Opfer, das da lebendig, heilig und Gott wohlgefällig ist. Das sei euer vernünftiger Gottesdienst« (Röm. 12, 1). Ein Geschlecht wie das unsrige, das sich von den Taten des Glaubens und der Liebe gern durch Beiträge zu irgendwelchen »guten Zwecken« loskauft, muß man an dieses Ganzopfer des Gehorsams, zu dem auch der Gehorsam gegen die erste Tafel der Gebote gehört, mit allem Nachdruck erinnern.

Gerade wir Protestanten, die wir sofort den reformatorischen Protest gegen die »guten Werke« als Mittel zum Erwerb der Seligkeit im Ohr haben, wenn von den Werken die Rede ist, sollten an diesem Punkt sehr sorgfältig auf das Zeugnis der Schrift achten. Eine geringschätzige Abwertung der guten Werke ist nach allem, was wir über das zukünftige Gericht des Menschensohns erfahren, durchaus fehl am Platze. Zudem hat sich ja der Protest Luthers keineswegs gegen die guten Werke als solche, vielmehr gegen die fromme »Werkerei« gerichtet, d. h. gegen das falsche Vertrauen auf ihre Verdienstlichkeit. Von solcher Verdienstlichkeit kann freilich keine Rede sein. Wer sich aus seinen Werken vor Gott, vor den Menschen oder auch vor sich selbst einen Ruhm bereitet, hat seinen Lohn dahin (vgl. Matth. 6, 5 ff.). Auch in der Szene vom Weltgericht (Matth. 25, 31 ff.) lohnt der Menschensohn keineswegs nach Verdienst und Würdigkeit. Wie erstaunt sind diejenigen, die er zu seiner

Rechten stellt, daß das, was sie an den Hungrigen, den Durstigen, den Obdachlosen, den Frierenden, Kranken und Gefangenen getan haben, Beachtung findet! Von einer Äquivalenz (Entsprechung) zwischen Leistung und Lohn kann keine Rede sein. Gnade ist es, wenn der himmlische Richter den Becher Wassers, der dem Dürstenden gereicht wurde, mit der Erbschaft des Gottesreichs belohnt[6]. In dieselbe Richtung weist das Gleichnis von den Arbeitern im Weinberg (Matth. 20, 1 ff.), die am Abend alle denselben Lohn ausgezahlt bekommen. Von einer Entsprechung zwischen Arbeitsleistung und Lohnzahlung, wie sie im menschlichen Erwerbsleben üblich ist, ist bei diesem »Lohn« gerade nicht die Rede. In freier, unverdienter Güte bekommen alle, auch die zuletzt Angeworbenen, denselben Lohn. So gütig wird das Urteil des Richters am Jüngsten Tage sein. Trotzdem ist es nicht gleichgültig, was der Glaube wagt und die Liebe tut. »Ihre Werke folgen ihnen nach«, so wird von den Toten gesagt, die in dem Herrn sterben (Offb. 14, 13). Die Werke fallen ins Gewicht, wenn dieser Herr sein Urteil spricht. »Es wird hier wirklich einem jeden nach seinen Werken, d. h. nach der gelebten Wirklichkeit seines Glaubens oder Unglaubens vergolten werden. Seines Glaubens oder Unglaubens an Gottes Barmherzigkeit, aber nach der gelebten Wirklichkeit, nicht nach einem noch so feinen Schein dieses Glaubens oder Unglaubens« (K. Barth)[7].

6. Im letzten Gericht werden alle, die im Dienst Christi stehen, das Urteil über ihr Lebenswerk empfangen. Lob und Strafe richten sich nach dem Maß der angewandten Treue. Wenn vom Jüngsten Gericht die Rede ist, so denken wir der christlichen Tradition gemäß meist sofort daran, daß bei diesem Gericht die Entscheidung über Seligkeit oder Verdammnis fällt. Es gibt aber zahlreiche Texte, die darauf hinweisen, daß Jesus Christus sich nicht auf diesen letztgültigen Entscheid beschränkt, sondern auch die Lebensarbeit seiner Knechte und Mägde ins Licht seines Urteils rückt. »Eines jeglichen Werk wird offenbar werden; der Tag wird's klar machen« (1. Kor. 3, 13). So schreibt Paulus im Blick auf die Mitarbeiter Gottes beim Bau seiner Gemeinde. Er rechnet mit einer Art »Feuerprobe«, der ihr Werk am Tag des Gerichts unterzogen wird: »Welcherlei eines jeg lichen Werk sei, wird das Feuer bewähren. Wird jemandes Werk bleiben, so wird er Lohn empfangen. Wird aber jemandes Werk verbrennen, so wird er Schaden leiden; er selbst aber wird gerettet werden, doch so wie durchs Feuer hindurch« (1. Kor. 3, 13 ff.). Beide Möglichkeiten sind hier ins Auge gefaßt: die eine, daß das Werk eines Christen Bestand hat und er selbst dafür Lohn empfängt, also seine Arbeit von dem Herrn anerkannt wird, und die andre, daß das Werk eines Mitarbeiters am Hause Gottes untauglich gefunden, verworfen wird.

Das letztere ist gewiß eine sehr schmerzhafte Erfahrung, auch wenn der Betroffene selbst »wie durchs Feuer« gerettet wird, also nicht mit umkommt, sondern wie ein Seefahrer, der Schiff und Ladung verlor und nur sein Leben davonbringt, das rettende Ufer erreicht. Umgekehrt ist es kein geringer Trost und Ansporn zu wissen, daß Jesus Christus das Werk seiner Dienstleute auch sehr wohl für brauchbar erachten, ja mit seinem Lob auszeichnen kann (vgl. 1. Kor. 4, 5). Er ist kein unverbesserlicher Kritiker, dem man nichts recht machen kann. Dies geht auch aus den Sendschreiben an die sieben Gemeinden in Kleinasien hervor, in denen der Erhöhte spricht und den Gemeinden bezeugt, daß er ihre Werke weiß (Offb. 2, 1 ff.). Sehr genau sind hier Lob und Tadel abgewogen. Dabei zeigt sich freilich auch, wie wenig sich das Urteil des Herrn mit der Selbsteinschätzung der Gemeinde und ihrer Glieder deckt (vgl. Offb. 3, 17). Schonungslos wird aller geistliche Selbstbetrug aufgedeckt. So wird gewiß mancher mit seinem Werk im letzten Gericht zuschanden werden, der meint, er habe Großes geleistet, und vielleicht von den Menschen darum bewundert wurde. Andererseits wird auch vieles, was im Verborgenen getan wurde und bei den Menschen keine Anerkennung fand, in überraschender Weise als ein lauteres, wertbeständiges Werk im Urteil Christi dastehen und sein Lob empfangen. Wichtig bleibt auf jeden Fall, daß nicht der Erfolg, sondern die Treue zählt (vgl. 1. Kor. 4, 2; Luk. 12, 42).

7. *Am Tag des Gerichts wird eine Scheidung vollzogen, die nur das Entweder-Oder von Rettung oder Verdammnis übrigläßt. Von der radikalen Schärfe dieses Urteils ist nichts abzubrechen.* So ist es nicht, daß der Sohn Gottes beim letzten Gericht nur

nach allen Seiten ein wohlausgewogenes Maß von Lob und Tadel, Lohn und Strafe austeilen würde. Es werden nicht nur wie bei einem Examen Zensuren verteilt. Ein Gerichtsurteil wird ausgesprochen und vollstreckt. Noch einmal muß jetzt an die Schilderung des Weltgerichts in Matthäus 25, 31 ff. erinnert werden. Hier wird am Bild des Hirten, der die Schafe von den Böcken scheidet, gezeigt, wie das Urteil des Menschensohns die Völkerwelt in zwei Lager spaltet: Die einen stellt er zu seiner Rechten, die anderen zu seiner Linken. Wer nicht zu seiner Rechten steht, der steht nicht irgendwo frei im Gelände, sondern bei den Verworfenen! »Kommt her, ihr Gesegneten meines Vaters, ererbet das Reich, das euch bereitet ist von Anbeginn der Welt!« — so sagt der König zu denen, die zu seiner Rechten sind. »Gehet hin von mir, ihr Verfluchten, in das ewige Feuer, das bereitet ist dem Teufel und seinen Engeln!« — so lautet sein Urteil über die, die zu seiner Linken sind. Die Schärfe dieses Urteils ist erschreckend, auch wenn der König weder den Begnadigten noch den Verworfenen die Begründung schuldig bleibt. Es kommt hinzu, daß es sich um ein abschließendes, unwiderrufliches Urteil handelt.

Dasselbe Entweder-Oder steht Paulus vor Augen, wenn er an die Korinther schreibt: »Das Wort vom Kreuz ist eine Torheit denen, die verloren werden; uns aber, die wir gerettet werden, ist's eine Gotteskraft« (1. Kor. 1, 18). In der Annahme bzw. Ablehnung der Botschaft von dem Gekreuzigten zeichnet sich eine Scheidung ab, die durch das Endgericht bestätigt und befestigt wird. Wir kommen später noch auf die Frage zu sprechen, was es mit dem Los der Verworfenen für eine Bewandtnis hat, ob sie endloser Qual oder endgültiger Vernichtung überantwortet werden. In jedem Fall hat dieses letzte Urteil des kommenden Richters ein unausdenkliches Gewicht. Wer kann bestehen, wenn dieses scharfe, zweischneidige Schwert aus seinem Munde geht (vgl. Offb. 1, 16)?

Im 1. Johannesbrief ist mehrfach von der Freudigkeit, dem Freimut, der Zuversicht die Rede, die nach der Meinung des Apostels ein Merkmal der Kinder Gottes ist (1. Joh. 2, 28; 3, 21; 5, 14). Mit überraschender Kühnheit spricht der Verfasser sogar den Gedanken aus, daß solche Freudigkeit auch am Tag des Gerichts möglich, ja das Kennzeichen der völligen Innewohnung der Liebe Gottes in den Herzen seiner Kinder sei: »Darin ist die Liebe (Gottes) völlig bei uns, daß wir Zuversicht haben am Tage des Gerichts« (1. Joh. 4, 17).

Wieso kann nach allem, was wir über den Vollzug dieses Gerichts gehört haben, davon die Rede sein, daß wir ihm mit Freudigkeit entgegengehen, ja mit Freimut vor diesem Richterstuhl Christi erscheinen sollen? Hat das bisher Gesagte nicht vielmehr den Eindruck hinterlassen, daß die Botschaft vom zukünftigen Gericht den ganzen Trost des Evangeliums in Frage stellt, jede Heilsgewißheit unmöglich macht? Wer kann sich noch auf die Wiederkunft Christi freuen, wer mit sehnsüchtiger Erwartung auf sein Erscheinen hoffen, wenn er von dem, der da kommen soll, ein solch strenges Urteil zu erwarten hat?

Ohne Zweifel gibt es eine Art und Weise, das Jüngste Gericht zu predigen, die Herz und Gewissen nur mit Furcht und Schrecken füllt und allen Trost des Evangeliums vernichtet. Aber ebenso gewiß ist, daß sich eine solche Predigt vom Inhalt und von der Absicht der neutestamentlichen Gerichtsverkündigung entfernt. Daß Jesus Christus von Gott zum Richter über Lebendige und Tote verordnet ist, das ist im Neuen Testament keine Unheilsbotschaft, sondern eine Heilswahrheit, ein Bestandteil des Evangeliums. Nur dann reden wir recht vom Endgericht, wenn auch hier das Evangelium aufleuchtet als der einzige, ewig gültige Trost des vor Gott erschrockenen Gewissens. Mit aufgerichtetem Haupt, nicht angstvoll in den Staub geduckt, sollen und dürfen wir mit allen, die an Jesus Christus als ihren Retter glauben, sein Kommen zum Gericht erwarten[8].

Warum ist solche Freudigkeit auch im Blick auf den Tag des Gerichts uns erlaubt und geboten? Dreierlei fällt hier ins Gewicht und will bedacht sein:

1. Der ist zum Richter eingesetzt, der für unsre Rettung am Kreuz gehangen hat. Nicht irgendeinem Richter sind wir auf Gnade und Ungnade ausgeliefert, vielmehr dem, der zuvor für uns gerichtet worden ist, der als das Lamm Gottes der Welt Sünde getragen hat (Joh. 1, 36), der unsre Sünde an seinem Leibe hinaufgetragen hat auf das Holz (1. Petr. 2, 24), auf dem die Strafe lag, damit wir Frieden hätten (Jes. 53, 5). Er hat an unsrer Statt das Gerichtsurteil erduldet, das wir alle verdient haben. Er hing am Fluchholz, damit wir den Segen der Verheißung, die Kindschaft Gottes und die Erbschaft des ewigen Lebens empfangen konnten (Gal. 3, 13 f.). Seine Verurteilung ist unser Freispruch! Dieser für uns gekreuzigte Christus Jesus, in dem Gott die Welt mit sich versöhnt hat (2. Kor. 5, 19), der noch am Kreuz für seine Feinde und Mörder Verzeihung erflehte, verwaltet und vollzieht das Weltgericht.

Nur wenn wir diese Tatsache nicht aus den Augen lassen, denken und reden wir recht vom Jüngsten Gericht[9]. Gewiß kommt er in anderer Gestalt, nicht in der Knechtsgestalt, vielmehr in Kraft und Herrlichkeit, mit königlicher Majestät umgürtet. Aber das heißt ja keinesfalls, daß er sich in seinem Wesen geändert hätte. Er ist derselbe gestern und heute und in Ewigkeit (Hebr. 13, 8); sowenig wie Gott kann er sich selbst untreu werden, sich selbst verleugnen (vgl. 2. Tim. 2, 13). Wir müssen nicht fürchten, daß er nun, in der Rolle des Richters, nichts mehr von dem Erbarmen wissen wollte, mit dem er der Sünder sich annahm und an ihre Rettung sein Blut und Leben wandte. Wohl ist an einer einzigen Stelle im Neuen Testament auch vom »Zorn des Lammes« die Rede (Offb. 6, 16): »Fallet über uns und verberget uns vor dem Angesichte des, der auf dem Thron sitzt, und vor dem Zorn des Lammes!« so rufen die Könige der Erde, die Großen und Gewaltigen zu den Bergen und Felsen, als der Himmel entweicht und das Erdreich erzittert vom Anbruch des letzten Gerichts (vgl. Jes. 2, 10 ff.). Aber dieser Schreckensruf ist keine Beschreibung der Art und Weise, wie dieses »Lamm«, das der Welt Sünde trug, wie Jesus Christus das Gericht vollzieht. So ist es gewiß nicht, daß er, des Erbarmens überdrüssig, von seinem Richterstuhl nur noch zornsprühende Blitze zu schleudern wüßte. Er wird auch im letzten Gericht das geknickte Rohr nicht zerbrechen und den glimmenden Docht nicht auslöschen (Jes. 42, 3). Wir dürfen damit rechnen, daß wir in Ihm einen barmherzigen Richter finden, dessen Liebe auch die Menge der Sünden deckt.

2. *Der Grund für die Verwerfung im Gericht wird die Verhöhnung der Gnade und die Verweigerung des Erbarmens sein.* Also nicht die Sünde, wenn sie gleich blutrot wäre (vgl. Jes. 1, 18)! Sie ist getragen worden, unsre Schuld ist gebüßt und bezahlt. Es bleibt dabei, daß wir in Jesus Christus einen Fürsprecher bei dem Vater haben, der die Versöhnung für unsre Sünden ist, »nicht allein für die unseren, sondern auch für die der ganzen Welt« (1. Joh. 2, 2). Sein Blut macht uns rein von aller Sünde (1. Joh. 1, 7). Dies gilt nicht nur für die Sünden, die wir begangen haben, sondern auch für alle, die wir, wissentlich oder unwissentlich, noch begehen werden. Allgenugsam ist das Sühnopfer, das Jesus Christus am Kreuz vollbracht hat. Seine rettende Kraft und Wirkung wird durch das Gericht, das ihm übertragen ist, nicht aufgehoben oder in Frage gestellt. Nur an der Verhöhnung der Gnade, die uns widerfahren und angeboten ist, kann der Zorn des Richters entbrennen!
Solche Verhöhnung der Gnade geschieht, wenn »wir mutwillig sündigen, nachdem wir die Erkenntnis der Wahrheit empfangen haben. Dann haben wir hinfort kein andres Opfer mehr für die Sünden, sondern es bleibt nichts als ein schreckliches Warten auf das Gericht und das gierige Feuer, das die Widersacher verzehren wird« (Hebr. 10, 26 f.). Mit der mutwilligen Sünde ist jene frivole Verhöhnung der Gnade Gottes in Jesus Christus gemeint, die »den Sohn Gottes mit Füßen tritt und das Blut des Bundes unrein achtet und den Geist der Gnade schmäht« (Hebr. 10, 29); man beachte die starken Ausdrücke, in denen das Empörende, wahrhaft Lästerliche solchen Verhaltens angeprangert wird! In dieselbe Richtung weist das Gleichnis vom Schalksknecht (Matth. 18, 23 ff.), der seinen Mitknecht würgt: »Bezahle, was du mir schuldig bist!«, obwohl ihm selbst die Schuld in Höhe von zehntausend Talenten vom König erlassen worden war. Auch hier hat der Hohn und Spott auf die empfangene Gnade zur Folge, daß sie sich in Zorn verwandelt und den hartherzigen Knecht, der selbst nicht verzeihen will, den Peinigern überantwortet. Genauso trifft der Zorn Gottes den Menschen,

der seinem Nächsten die Barmherzigkeit verweigert, obwohl er selbst tagtäglich von den Wohltaten Gottes, von seiner schenkenden Güte lebt. Ob wir an den reichen Mann im Gleichnis Jesu denken (Luk. 16, 19 ff.), der alles in Fülle hat und doch für den armen Lazarus an der Schwelle seines Hauses kein Fünklein Erbarmen übrig hat, oder an jene, die Jesus Christus »Verfluchte« nennt, weil sie den geringsten seiner Brüder in ihrer Notlage Speise und Trank, Obdach und Kleidung verweigert, sie weder aufgesucht noch überhaupt sich um sie gekümmert haben (Matth. 25, 41 ff.) — hier wie dort ist der Grund für die Verwerfung die Verweigerung der Barmherzigkeit. Warum kommt jener Reiche an den Ort der Qual? Darum, weil Gott barmherzig ist, so barmherzig, daß er Unbarmherzigkeit schlechterdings nicht erträgt! Weshalb stößt der Menschensohn am Tag des Gerichts jene »Verfluchten« von sich, die zu seiner Linken stehen, und übergibt sie dem ewigen Feuer? Deshalb, weil er sich in brüderlicher Solidarität zu denen stellt und bekennt, die im Elend sind, so barmherzig um ihre Not bekümmert, daß er die hartherzige Gleichgültigkeit derer, die kein Erbarmen für sie übrig haben, nicht ertragen kann! Nicht obwohl, sondern gerade weil Gott barmherzig ist, »wird ein unbarmherziges Gericht ergehen über den, der nicht Barmherzigkeit getan hat« (Jak. 2, 13). In zugespitzter Weise kann man geradezu sagen: Das Endgericht ist die angewandte göttliche Barmherzigkeit. Noch die Verwerfung der Verdammten und Verfluchten wird auf ihre Weise bezeugen, daß hier der Erbarmer ohnegleichen Richter ist.

3. Die Erwartung des Gerichts hebt die Heilsgewißheit nicht auf, aber sie schiebt der Trägheit und Sicherheit einen Riegel vor. Daß zwischen der Rechtfertigung des Sünders durch den Glauben um Christi willen, diesem Haupt- und Kernsatz reformatorischer Lehre, und dem Gericht nach den Werken eine unauflösliche Spannung besteht, wurde schon oft vermerkt[10]. Hebt nicht eins das andre auf?
Ohne Zweifel liegt hier ein ernsthaftes Problem vor, auf das jeder stößt, der mit der Frage nach seinem Heil das Neue Testament studiert. Häufig kann man die Meinung hören, daß es nötig sei, diese Spannung zu ertragen und also die eine Wahr-

heit gegen die andere nicht aufzurechnen. Aber diese Auskunft ist nicht nur intellektuell unbefriedigend, weil sie das Problem zwar bezeichnet, aber keinen Fingerzeig zu seiner Lösung gibt. Sie ist, was noch viel schwerer wiegt, gefährlich, weil damit jede *Heilsgewißheit* ausgeschlossen wird und an ihre Stelle bis zuletzt die Ungewißheit tritt über das, was der, der an Jesus Christus glaubt, nun eigentlich und wirklich von ihm zu erwarten hat. Hat Luther nicht recht, wenn er mit allem Nachdruck betont: Der Heilige Geist ist kein Skeptiker, er schreibt Gewißheiten ins Herz? Wenn ich im Blick auf mich selbst feststellen muß, daß ich im Urteil Gottes nicht bestehen kann, daß all mein Tun umsonst ist auch in dem besten Leben, so darf ich dennoch im Aufblick zum Kreuz Christi dessen ganz gewiß sein, daß ich begnadigt, angenommen, freigesprochen bin. »Herr, ich bin deine Sünde, du bist meine Gerechtigkeit«, spricht der Glaubende, durch diesen »fröhlichen Tausch und Wechsel« aus aller Angst um sein Heil befreit. Im Schmuck der Gerechtigkeit Christi, unseres einzigen Mittlers und Fürsprechers, dürfen wir dem Gericht entgegengehen und vor seinem Richterstuhl erscheinen. »Wer will die Auserwählten Gottes beschuldigen? Gott ist hier, der da gerecht macht. Wer will verdammen? Christus ist hier, der gestorben ist, ja vielmehr, der auch auferweckt ist, welcher ist zur Rechten Gottes und vertritt uns« (Röm. 8, 33 f.). Auf diese triumphierende Gewißheit darf kein Schatten fallen, sonst ist der Trost und die rettende Kraft des Evangeliums entleert. Auch im letzten Gericht wird Jesus Christus, wird sein stellvertretendes Sühnopfer am Kreuz unser einziger, ganzer und gültiger Trost sein. Nur dies, dies allein, kann unsre Sorge sein, daß wir uns als solche erweisen werden, die ganz auf ihn gehofft haben und allein von ihm ihre ewige Rettung erwarten (vgl. 1. Petr. 1, 13).

Nicht im Gegensatz zu dieser Heilsgewißheit, auch nicht in einer ungelösten Spannung zu ihr, vielmehr *innerhalb dieser Gewißheit* hat die Erwartung Christi als des Richters ihren Platz. Was sie will und soll, ist ein Doppeltes:

1. Sie wehrt der Trägheit und hält die Liebe wach und lebendig, die um die Not des Nächsten sich kümmert und in dem Werk des Herrn sich müht. Dem Mißbrauch der Gnade, indem man die Hände in den Schoß legt und nichts tun zu müssen meint,

wird ein Riegel vorgeschoben. Mit gutem Grund! Hat sich doch Jesus Christus dazu für uns geopfert, daß er ein Volk zu eigen habe, das »fleißig wäre zu guten Werken« (Tit. 2, 14). Der Gedanke daran, daß wir vor dem Richterstuhl Christi erscheinen müssen, daß es ihm keineswegs gleichgültig ist, ob wir solchen Fleiß an den Tag legen oder in träger Selbstsucht verharren, ist ein kräftiger Ansporn, sich mit lauterer Treue um Seine Sache zu mühen und im Handeln die Liebe zu bewähren.

2. Der Ausblick auf den Tag, an dem wir vor den Richterstuhl Christi gefordert werden, verwehrt alle fleischliche Sicherheit. Nicht nur das mutwillige Spielen mit der Sünde muß dem vergehen, der mit diesem Richter rechnet, nicht nur vor aller scheinheiligen Heuchelei muß ihm bange sein, da sie sich an diesem Tag als kurzfristiger Selbstbetrug herausstellen wird; auch die persönliche Glaubens- und Heilsgewißheit wird dadurch vor dem Umschlagen in eine natürliche Sicherheit bewahrt, die das Geschenk der Rechtfertigung als Schlafpolster des Gewissens mißbraucht und sich das Jagen nach der Heiligung erspart. Diese Heiligung ist zwar keineswegs das Resultat unsres eigenen christlichen Bemühens, vielmehr — genauso wie die Rechtfertigung — Gottes Tat an uns in Christus Jesus, unsrem Herrn, der uns »gemacht ist von Gott zur Weisheit und zur Gerechtigkeit und zur Heiligung und zur Erlösung« (1. Kor. 1, 30; vgl. 1. Kor. 6, 11; 1. Thess. 5, 23). Aber sie will begehrt sein mit allem Fleiß und mit ernstlichem Verlangen. Anders kommt es im Leben dessen, der Jesus Christus als Glied seines Leibes angehört, zu keiner fruchtbaren Erkenntnis dieses Herrn und seiner aus dem Totsein-in-Sünde errettenden Kraft.

Mit anderen Worten: Die Ankündigung des Gerichts ist keine Widerlegung oder Beeinträchtigung der Heilsgewißheit. Sie hat die heilsame Funktion, diese Gewißheit in Kraft zu setzen und wirklich lebendig zu erhalten. »Darum, liebe Brüder« — weil ihr nun wisset, daß euer Retter auch euer Richter ist —, »tut desto mehr *Fleiß*, eure Berufung und Erwählung *festzumachen*. Wenn ihr solches tut, werdet ihr nicht straucheln, und so wird euch reichlich dargereicht werden der Eingang zu dem ewigen Reich unsres Herrn und Heilandes Jesus Christus« (2. Petr. 1, 10 f.).

Die große Ernte

Die Heimholung der Völker

In einem jener kurzen Sammelberichte, wie sie die Evangelisten ihrem Bericht über den Weg und das Werk Jesu je und je eingefügt haben, stehen die Worte, die die Überschrift über dieses Kapitel in Erinnerung bringt: »Die Ernte ist groß.« Vollständig zitiert lautet der Text: »Und Jesus ging umher in alle Städte und Dörfer, lehrte in ihren Synagogen und predigte das Evangelium von dem Reich und heilte alle Krankheit und alle Gebrechen. Und da er das Volk sah, jammerte ihn desselben; denn sie waren verschmachtet und zerstreut wie die Schafe, die keinen Hirten haben. Da sprach er zu seinen Jüngern: Die Ernte ist groß, aber wenige sind der Arbeiter. Darum bittet den Herrn der Ernte, daß er Arbeiter in seine Ernte sende« (Matth. 9, 35 ff.).

Der Zustand des Gottesvolks, wie ihn Jesus sieht, ist alles andere als hoffnungsvoll. Es gleicht einer zerstreuten Herde ohne Hirten, deren Schafe ermattet am Boden liegen. Es »jammerte« ihn, so hören wir, es griff ihm ans Herz, wie es um die Herde Gottes stand. Trotzdem veranlaßt ihn diese Diagnose keineswegs zu dem Urteil, daß hier alle Hilfe zu spät komme und alle Mühe vergeblich sei. *Die Ernte ist groß!* Sie steht in reicher Fülle auf dem Halm, auf die Schnitter wartend, die sie bergen. Deshalb die Aufforderung an die Jünger: Bittet den Herrn der Ernte, daß er Arbeiter in seine Ernte sende! *Er* muß sie senden, denn nur wer von Ihm geschickt ist, ist zur Arbeit in dieser Ernte wirklich »geschickt«, dazu brauchbar und geeignet. Nach Erntehelfern schaut Jesus aus, daß doch diese große Ernte eingebracht werde und nicht auf dem Halm verfaule.

Das Bild von der *Ernte* ist nicht neu; es findet sich schon im Alten Testament in der Botschaft der Propheten (vgl. Jes. 9, 2; Jer. 51, 33; Hos. 6, 11; Joel 4, 13). Es begegnet uns in den

Gleichnissen Jesu vom Unkraut unter dem Weizen (Matth. 13, 30) und von der selbstwachsenden Saat (Mark. 4, 29) und hat hier einen ausgesprochen eschatologischen Klang. »Die Ernte ist das Ende der Welt« (Matth. 13, 39). Es kehrt noch einmal wieder im letzten Buch der Bibel, hier ganz auf das Gericht bezogen, dem die Geschichte dieser Welt entgegenreift: »Und ich sah, und siehe, eine weiße Wolke. Und auf der Wolke saß einer, der gleich war eines Menschen Sohn; der hatte eine goldene Krone auf seinem Haupt und in seiner Hand eine scharfe Sichel. Und ein anderer Engel kam aus dem Tempel und rief mit großer Stimme zu dem, der auf der Wolke saß: Schlag an mit deiner Sichel und ernte; denn die Zeit zu ernten ist gekommen, denn die Ernte der Erde ist reif geworden! Und der auf der Wolke saß, schlug an mit seiner Sichel an die Erde, und die Erde ward geerntet« (Offb. 14, 14 ff.). Die Sichel in der Hand des Menschensohns ist das Kennzeichen dafür, daß er am Ende der irdischen Geschichte das Gericht vollzieht. Aber dieses Gericht unterscheidet sich eben dadurch von einer letzten, alles Bestehende vernichtenden Weltkatastrophe, daß es — bei aller Verurteilung, die über alle Gottlosigkeit und Ungerechtigkeit des Menschengeschlechts ergehen wird — doch ein Tag der Ernte ist: Der Ertrag der irdischen Geschichte wird eingebracht. Dies geschieht freilich nicht erst am Ende der Welt, wenn der Erhöhte wiederkommt und zur Sichel greift. »Siehe, ich sage euch: Hebet eure Augen auf und sehet in das Feld, denn es ist weiß zur Ernte« (Joh. 4, 35). *Schon jetzt,* will Jesus sagen, *ist Erntezeit!* Dieses »Schon-Jetzt« galt gewiß besonders für jene Zeit, da er selbst auf dieser Erde die Gottesherrschaft durch Wort und Tat verkündigte. Hier war »erfüllte Zeit« (vgl. Mark. 1, 15; Luk. 4, 21; Gal. 4, 4). Aber dies schließt nicht aus, daß auch in der Zwischenzeit zwischen seinem ersten und letzten Kommen solche Erntearbeit geschieht und ihren Fortgang nimmt. Auch der Boten- und Zeugendienst fürs Evangelium, wie er der Kirche Christi befohlen ist (vgl. Matth. 28, 19 f; 2. Kor. 5, 20), ist nicht nur Sämannsarbeit; er darf auch Dienst und Mithilfe bei der Bergung der Ernte Gottes sein. Nicht genug Hände können sich hier regen, denn die Ernte ist groß!

Ist sie's wirklich? Wenn wir bedenken, wie mühsam die Ausbreitung des Evangeliums vorankommt, wieviel Aussaat umsonst geschieht, wie die Missionsarbeit der Kirchen durch deren unselige Zertrennung erschwert ist, wie wenig sie mit dem rapiden Anwachsen der Erdbevölkerung Schritt hält, wie groß die Widerstände sind, mit denen die Weltmission zu ringen hat, zumal heute, nachdem riesige Räume der Erde dem Evangelium nahezu völlig verschlossen sind, deren Bewohner sich dem Atheismus oder anderen Heilslehren verschrieben haben, so stehen wir unter dem Eindruck: Das Wort Jesu wird, je länger, je mehr, durch die *geschichtliche Erfahrung* widerlegt. Um die Ernte Gottes auf dieser Erde ist es durchaus nicht zum besten bestellt. Es fehlt nicht nur an Arbeitern, um die Ernte einzubringen. Auch der Wachstumsprozeß ist gestört, ja er wird auf weite Strecken im Ansatz verhindert. So jedenfalls stellt es sich unseren Augen dar.

Wie erklärt sich's, daß Jesus zu einem so ganz anderen Urteil kommt? Die nächstliegende Antwort ist: Er sieht die Welt mit anderen Augen an. Ungleich klarer, deutlicher sieht er, was Gott wirkt, als wir dies wahrnehmen. *Sein* Acker ist ja doch diese Welt, *sein* Erntefeld ist die Geschichte. Nicht nur der Tod bringt auf diesem Acker seine Ernte ein; nicht nur des Teufels Weizen blüht! Auch Gott ist am Werk und bringt seine Sache voran. Wenn auch viel Aussaat des göttlichen Wortes umsonst ist — es ist nicht so, daß eine totale Mißernte zu befürchten wäre. Gott kommt zu seiner Ernte, und diese Ernte wird nicht kümmerlich, sie wird so groß sein, daß wir uns aller kleingläubigen Resignation werden schämen müssen.

So hilfreich dieser Gedanke ist, daß Jesus die Welt anders sieht, sowenig sind freilich damit die Fragen, die uns im Blick auf die Völkerwelt und den Auftrag der Weltmission bedrängen, erledigt. Warum eigentlich hat Gott die Völker so lange ihre eigenen Wege gehen lassen und die Offenbarung seines Namens und Willens mehr als ein Jahrtausend lang auf das kleine Israel beschränkt? Was ist mit all denen, die nie eine Kunde von ihm erreicht hat? Weshalb kommt auch im Neuen Bund das Evangelium vom Reich nur so langsam voran? Müßte nicht viel deutlicher schon innerhalb der Geschichte zutage treten, daß Jesus Christus alle Gewalt gegeben ist nicht nur im Himmel, sondern auch auf Erden?

Gewiß ist das Evangelium im Weltausmaß verkündigt worden,

seit sich Paulus, von Gott zum Apostel der Heiden berufen, auf den Weg machte, um unter allen Völkern den Gehorsam des Glaubens aufzurichten (vgl. Röm. 1, 5). Aus der kleinen Schar der ersten Jünger Jesu ist im Lauf der Jahrhunderte eine weltweite Kirche geworden, was uns in dieser Zeit der ökumenischen Sammlungsbewegung der Christenheit besonders deutlich vor Augen steht. Das Evangelium blieb keine Winkelsache. Trotzdem besteht ein bedrückendes *Mißverhältnis* zwischen dem universalen Anspruch Christi und seiner geschichtlichen Wirkung. Er sagt von sich: Ich bin das Licht der Welt (Joh. 8, 12), aber wie weit sind wir davon entfernt, daß diese Menschenwelt wirklich von diesem Licht erleuchtet ist! Wer in egoistischem Heilsverlangen nur an seine eigene Seligkeit denkt, der mag sich damit abfinden. Aber je mehr wir es glauben und wahr sein lassen, daß Gott wirklich die *Welt* mit seiner Liebe umfaßt hat, als er den Sohn zu uns Menschen gesandt hat (Joh. 3, 16), daß die Kirche das Zeugnis von ihrem Herrn allen Völkern schuldig ist (vgl. Röm. 1, 14), um so weniger können wir uns bei diesem Mißverhältnis beruhigen.

Man versteht sehr wohl, daß eben deshalb in der Christenheit immer wieder die *Erwartung* auftauchte, es müsse, ehe Jesus Christus wiederkommt, noch eine Zeit kommen, in der die Heilsbotschaft in einer die ganze Völkerwelt erfassenden Weise verkündigt werde. Diese Hoffnung auf eine Epoche der Weltmission im größten Stil, die der Zeit der geringen Dinge folgen werde, wurde in die Lehre vom Tausendjährigen Reich eingefügt, die uns noch besonders beschäftigen wird. Dann, wenn das Tausendjährige Reich anbricht, dann kommt der große Erntetag der Christenheit! Dann wird auch dem Volk Israel die Decke von den Augen genommen; es wird in Jesus, dem Gekreuzigten und Auferstandenen, den Christus erkennen und seinen Zeugenberuf erfüllen als der große Missionar der Völkerwelt. Dann wird es offenbar: Die Ernte ist groß!

Können wir uns diese Erwartung zu eigen machen? Oder gehört sie zu jenen Hoffnungen, denen man abspürt, daß der Wunsch der Vater des Gedankens ist? Zunächst muß man feststellen, daß sie in der *Verkündigung Jesu* keinen Rückhalt hat. Er spricht zwar davon, daß sich der Kreis derer, die ins Reich Gottes dringen, überraschend erweitern wird: »Viele werden kommen vom

Osten und vom Westen und mit Abraham und Isaak und Jakob im Himmelreich sitzen« (Matth. 8, 11; vgl. Luk. 13, 29). An die Stelle der Erstberufenen werden die »Letzten« (d. h. die Heiden) treten und werden den Platz einnehmen, der für die Kinder Israel (die »Kinder des Reichs«, die dank ihrer Erwählung den Vorrang hatten) vorgesehen war. Aber wie viele es sein werden, die sich aus den Heiden ins Reich Gottes rufen lassen, wird nicht gesagt. Von einer umfassenden Bekehrung der Völkerwelt zum Evangelium ist in der Botschaft Jesu nirgends die Rede. »Die Pforte ist eng, und der Weg ist schmal, der zum Leben führt, und *wenige* sind ihrer, die ihn finden« (Matth. 7, 14). Die weit überwiegende Mehrheit zieht diesem Wort zufolge den breiten Weg vor, der ins Verderben führt. Von der »kleinen Herde« ist die Rede, der das Reich beschieden wird: »Fürchte dich nicht, du kleine Herde! Denn es ist eures Vaters Wohlgefallen, euch das Reich zu geben« (Luk. 12, 32). Einer bedrängten Witwe, die mit dem Mut der Verzweiflung um ihr Recht kämpft, vergleicht Jesus seine Gemeinde (Luk. 18, 1 ff.). Sie muß damit rechnen, daß sie in harte Bedrängnis gerät (vgl. Matth. 24, 9), wobei das anhaltende Bitten ihre einzige Waffe ist. Die Frage, ob der Menschensohn, wenn er kommt, auf dieser Erde überhaupt noch Glauben vorfinden wird (Luk. 18, 8), zeigt noch einmal, wie wenig eine sieghafte Durchdringung der Völkerwelt mit dem Evangelium zu erwarten ist. Es sind nicht nur einzelne Bibelstellen, die dagegen sprechen. Von solch einem großen Erntetag innerhalb der Geschichte der Kirche konnte bei den neutestamentlichen Zeugen schon deshalb keine Rede sein, weil ihre Hoffnung ganz auf die dicht bevorstehende Wiederkunft Christi gerichtet war. So hat man denn auch die biblischen Belegstellen, die man dafür ins Feld führte, allermeist der alttestamentlichen Prophetie entnommen. Wir können diese Erwartung einer großen Missionsepoche am Ende der Geschichte nicht teilen. Sie läßt sich von der Schrift her nicht begründen.

Anders verhält es sich mit dem *Anliegen*, das hinter dieser Erwartung steht. Soll, so hat man mit Recht gefragt, der ganze Weg und Ertrag der Heilsoffenbarung Gottes nur einer Minderheit zugute kommen, jener »kleinen Herde«, die sich schon jetzt um ihren »Erzhirten« Jesus Christus schart? Hat Gott die übrigen Völker abgeschrieben? Wird sein Reich nur denen offenstehen, die das Evangelium gehört haben und durch Glauben und Taufe Glieder am Leibe Christi geworden sind? Muß es nicht — allem Widerstand dieser gottblinden Welt, allem beschämenden Versagen der Christenheit zum Trotz — an den Tag kommen, daß Jesus Christus der einzige Mittler zwischen Gott und der Menschheit ist (1. Tim. 2, 4 f.), daß er durch seinen Opfertod am Kreuz ein Eigentumsrecht auf alle erworben hat?

Es steht uns nicht zu, Gott darüber Vorschriften zu machen. Wie viele oder wie wenige an dem Heil teilhaben werden, das er in Jesus Christus der Welt bereitet hat, bleibt seiner freien Gnade anheimgestellt. Es gibt jedoch zahlreiche Stellen, die deutlich bekunden, daß nicht nur die Rettung einzelner Seelen, auch nicht nur die Vollendung der Gemeinde Jesu, vielmehr die *Heimholung der Völker* das große Heilsziel Gottes ist. Unter den Propheten des Alten Bundes ist es besonders der Zweite Jesaja (Jes. 40—55), dessen Botschaft die ganze Völkerwelt in das Heilshandeln Gottes einbezieht. An aller Welt Enden ergeht Gottes Ruf: »Wendet euch zu mir, aller Welt Enden; denn ich bin Gott, und sonst keiner mehr. Ich habe bei mir selbst geschworen, und Gerechtigkeit ist ausgegangen aus meinem Munde, ein Wort, bei dem es bleiben soll: Mir sollen sich alle Knie beugen und alle Zungen schwören und sagen: Im Herrn habe ich Gerechtigkeit und Stärke« (Jes. 45, 22 f.). Gott begnügt sich nicht damit, seine Geschichte mit Israel ans Ziel zu bringen. An alle wendet er sich mit seiner Einladung, und zwar so, daß es keineswegs dem Belieben der Menschen überlassen bleibt, sie anzunehmen oder für belanglos zu erklären. Er besteht darauf, daß sich ihm noch aller Knie beugen (vgl. Phil. 2, 10 f.). Wie groß oder klein die Zahl derer auch sein mag, die dieser Ruf jetzt und hier erreicht, wie viele oder wenige wirklich Notiz davon nehmen und der Einladung Folge leisten — das Ziel ist und bleibt, daß »aller Welt Enden das Heil unsres Gottes sehen« (Jes. 52, 10). Durch den missionarischen Dienst und Eifer der Christenheit wird dieses Ziel nicht verwirklicht werden, wohl aber wenn das Reich Gottes kommt in seiner sichtbaren, vollendeten Gestalt. Dann tut Gott seine Türen auf und ruft herzu, die fern von seinem Licht und Heil in Finsternis und Schatten des Todes saßen. Völker und Könige werden kommen und in die »heilige Stadt, das neue Jerusalem« (Offb. 21, 2), Einzug halten, wie dies in der bildhaften Sprache der Apokalypse beschrieben wird: »Die Stadt bedarf keiner Sonne noch des Mondes, daß sie ihr scheinen; denn die Herrlichkeit Gottes erleuchtet sie und ihre Leuchte ist das Lamm, und die Völker werden wandeln in ihrem Licht; und die Könige auf Erden werden ihre Herrlichkeit in sie bringen. Und ihre Tore werden nicht verschlossen des Tages; denn da wird keine Nacht sein. Und man wird die Pracht und die Herrlichkeit der Völker in sie bringen« (Offb. 21, 23 ff.)[1].

Man liest zuviel hinein, wenn man diesen Bibelstellen die Lehre von einer Wiederbringung aller entnehmen will. Erst recht wäre es töricht, wenn wir daraus folgern wollten, daß die missionarische Bemühung der Christenheit eine Sache sei, die man auch unterlassen und auf das Kommen des Gottesreichs vertagen könne. Aber mit gutem Recht darf man aus diesen Texten die gewisse *Hoffnung* schöpfen, daß Gott auch mit all den *Völkern* der Erde, die der Zeugendienst der Christen nicht erfaßt, ans Ziel kommt und sie auf Seine Weise zur Vollendung führt. Was sich an »Pracht und Herrlichkeit« bei ihnen findet, was immer sie im Bereich der Wissenschaft, der Kunst, der Kultur und Technik geleistet haben, das alles wird sowenig umsonst und verloren sein wie die Gaben, die Gott, ihr Schöpfer und Hüter, auch ihnen anvertraute. Dies alles wird in die heilige Gottesstadt eingebracht. Die Herrlichkeit Gottes, die diese Stadt durchleuchtet, wird ihr Ruhm, und alles Heil, das Jesus Christus erworben hat, ihr Erbteil sein. Deshalb kann die Gemeinde Jesu Christi dem Befehl ihres Herrn, aller Kreatur das Evangelium zu verkündigen, gar nicht standhaft und fröhlich genug Folge leisten. Alles, was sie in diesem Zeugendienst wagt und opfert, tut und leidet, steht unter der Verheißung: Die Ernte ist groß! Die Erstlinge aus den Völkern, die dabei für das Evangelium gewonnen werden, sind das Unterpfand für die große Heimholung der Völker, die Gott plant und die keine Macht der Hölle vereitelt.

Wer über die Hoffnung der Christenheit nachdenkt, kann an der Frage: *Was wird aus Israel?* nicht achtlos vorübergehen. Der Gott Abrahams, Isaaks und Jakobs ist ja derselbe wie der Gott und Vater Jesu Christi; die ganze Schrift Alten und Neuen Testaments, die unsrer Christenhoffnung Grund und Inhalt gibt, ist fast ausschließlich von Menschen verfaßt, die in Israel ihre geistliche Heimat hatten; in Jesus ist, ob es uns gefällt oder nicht, »das Heil aus den Juden« gekommen (Joh. 4, 22).

So unzertrennlich die Kirche Jesu Christi von ihrem Ursprung her mit dem alten Bundesvolk Israel verbunden ist, so könnte man nun aber doch den Standpunkt vertreten: Was Gott mit Israel noch vorhat, das braucht uns Christen nicht zu bekümmern. Zwar erinnert schon der Name Jesus Christus daran, daß Jesus als der Christus Israels das Heil der Welt, das Licht aller Heiden ist (vgl. Luk. 2, 32). Er ist dies in Erfüllung der Israel gegebenen messianischen Verheißung. Auch gibt es viel zu denken, daß Paulus von den Heidenchristen sagt, sie seien als Wildlinge dem heiligen Ölbaum (d. h. dem alten Bundesvolk Israel) eingepfropft worden, um so der Wurzel und des Safts im Ölbaum teilhaftig zu werden (Röm. 11, 17 ff.). Auch wir zehren heute in unsrem geistlichen Leben als Christen von all dem, was dem Volk Israel geoffenbart und anvertraut wurde. Aber nun hat ja Gott, der Vater Jesu Christi, den Neuen Bund gestiftet. Aus freier Gnade hat er uns zu Erben der Verheißung gemacht, die dem Geschlecht Abrahams zugesprochen war (vgl. 1. Mose 12, 2 f; 22, 17). Nun sind *wir*, die er aus allen Völkern zu seinem wunderbaren Licht berufen hat, das »auserwählte Geschlecht, das königliche Priestertum, das heilige Volk, das Volk des Eigentums« (1. Petr. 2, 9). Die Christenheit ist als das Gottesvolk des Neuen Bundes das neue, wahre Israel. Das alte Bundesvolk hat seine heilsgeschichtliche Rolle als Empfänger, Träger und Zeuge der Verheißung ausgespielt, zumal es, aufs Ganze gesehen, diesen Christus, der Jesus heißt, nicht haben wollte und ihm bis heute den Glauben verweigert[2].

So häufig dieser Gedankengang vollzogen wurde, sowenig wird er den Aussagen gerecht, die wir in der Schrift, besonders im Römerbrief des Paulus (Kap. 9—11), über den *Weg Gottes mit*

Israel vorfinden. Paulus, selbst »einer aus dem Volk Israel, vom Stamme Benjamin, ein Hebräer von Hebräern« (Phil. 3, 5), bezeugt hier, daß er im Gedanken an seine Brüder und Stammverwandten nach dem Fleisch große Traurigkeit und Schmerzen ohne Unterlaß in seinem Herzen habe, weil sie dem Evangelium nicht glauben. Er wäre bereit, sein eigenes Heil dafür hinzugeben, wenn er sie dadurch gewinnen könnte (Röm. 9, 2 f.). Die Verweigerung des Glaubens, die der Apostel bei seiner Christuspredigt in den Synagogen der Judenschaft wieder und wieder erlebt hat, wiegt deshalb so schwer, weil ja die Nachkommen Abrahams in erster Linie dazu berufen waren, den Segen zu erben. Wie schmerzlich und wie rätselhaft, daß gerade sie das Heil Gottes in Christus Jesus weder erkennen noch ergreifen! Ist ihr *Unglaube* nicht eine Widerlegung des Evangeliums? Wie sollen die Heiden der Botschaft Glauben schenken, die die Erfüllung der Israel gegebenen Verheißung in der Person Jesu bezeugt, wenn die, die das erste Anrecht auf diese Botschaft hatten, sie von sich stoßen! Wenn Israel den Christus verwirft und damit der Verheißung und ihrer Erfüllung verlustig geht — verträgt sich dies mit Gottes Wahrhaftigkeit und Treue? Mit diesem *Problem* ist Paulus in Römer 9—11 beschäftigt.

Ist dies erfaßt, so verstehen wir, weshalb er über die Ablehnung des Evangeliums von Jesus Christus in seinem eigenen Volk so tief bekümmert ist. Es wird auch deutlich, wie eng unsre eigene Hoffnung auf die Vollendung des Heils mit der Frage: Was wird aus Israel? verflochten ist. Wie führt Gott seine Geschichte mit diesem Volk hinaus? Hat es noch eine heilvolle Zukunft oder ist es von Gott für immer verstoßen? Gesetzt den Fall, das letztere träfe zu, dann hätte Gott selbst die den Vätern des alten Bundesvolks gegebene Verheißung widerrufen. Er stünde nicht mehr zu dem, was er versprochen hat. Wenn es aber nicht ganz gewiß ist und auf der ganzen Linie gilt, daß Gott mit unzerbrechlicher Treue zu seinen Verheißungen steht, wer kann ihm dann noch trauen? Gibt Gott Israel preis, dann ist auch die Hoffnung der Christenheit erschüttert, ihrer Gewißheit beraubt.

Es ist ein unschätzbarer Gewinn, daß Paulus diese Frage so scharf gestellt und auch mit Leidenschaft um ihre Lösung gerungen hat. Er läßt uns nicht ohne Antwort, was den Weg Gottes mit Israel und dessen künftiges Geschick betrifft. Die *Lösung* des Problems ist freilich nicht die Frucht und das Resultat seines eigenen Nachdenkens. Er spricht von einem »Geheimnis« (mysterion), das ihm Gott selbst enthüllt hat (Röm. 11, 25).

Zuerst führt er aus, daß die Verheißung Gottes schon immer denen in Israel gehört hat, die Gott erwählt hat. In freier, souveräner Gnade hat er von Anfang an bestimmt, wer Träger und Erbe der Verheißung sein und werden sollte (Röm. 9, 6-29). Sodann stellt Paulus fest, daß Gott alles getan hat, damit Israel zum Glauben käme. Er hat ihm Boten des Evangeliums gesandt; wenn sie nicht glauben, ist es ihre eigene Schuld (Röm. 9, 30 bis 10, 21).

Nachdem dies klargestellt ist, kommt der Apostel im 11. Kapitel auf das zu sprechen, was in unserem Zusammenhang besonders wichtig ist. Er stellt die Frage: *Hat Gott sein Volk verstoßen?* (11, 1). Darauf gibt es nur *eine* Antwort: Das sei ferne! Davon kann keine Rede sein! Gott hat seinem Volk der Bund nicht aufgekündigt, die Erwählung Israels nicht für ungültig erklärt. Denn »Gottes Gaben und Berufung können ihn nicht gereuen« (Röm. 11, 29). Auch die Untreue derer, denen er sich verbündet hat, kann ihn nicht dazu bringen, daß er seine Gaben zurückzöge, seine Verheißungen widerriefe und damit sich selbst untreu würde. Infolgedessen sind und bleiben die aus Israel »Geliebte nach der Wahl um der Väter willen«, auch wenn sie das Evangelium feindselig abweisen. Israel trägt auch jetzt, obwohl es dem Christus Jesus den Glauben verweigert, das *unauslöschliche Siegel der Erwählung.* Wohl ist es von der Kirche Jesu Christi, dem neuen Gottesvolk, durch die Botschaft von der Versöhnung am Kreuz getrennt: Das »Wort vom Kreuz« — für alle, die dem Evangelium glauben, eine Gotteskraft zur Rettung, der Inbegriff des Heils — ist den Juden ein »Ärgernis« (skandalon), wie Paulus an anderer Stelle sagt (1. Kor. 1, 18. 23). Dies ist ein Gegensatz, der eine tiefe Kluft aufreißt. Aber daß Gott die Juden deshalb, weil sie an dem Gekreuzigten sich stoßen, weil sie den Messias, ihren rechtmäßigen König, nicht in ihm erkennen, für immer verstoßen habe, so daß aus dem Heilsvolk ein Fluchvolk geworden sei — diese Konsequenz hat Paulus trotz aller Anfeindung, die ihm von der Judenschaft widerfuhr, nicht gezogen. Israels Unglaube und Ungehorsam hebt die Treue Gottes nicht auf, mit der er zu der Verheißung steht, die er den Vätern Israels gegeben hat.

Wohl gleichen sie in ihrem Unglauben den Zweigen, die aus dem Ölbaum ausgebrochen sind (Röm. 11, 17). Sie sind gestrauchelt, an der Botschaft von dem gekreuzigten Christus zu Fall gekommen. Infolgedessen ergeht nun das Angebot des Heils an die Heiden, denen Paulus auf Gottes Befehl das Evangelium verkündigt (vgl. Gal. 1, 16). Sie, die von dem Bürgerrecht in Israel ausgeschlossen waren, die keine Hoffnung hatten und ohne Gott in der Welt waren, durch den Zaun des Gesetzes von dem Volk Gottes getrennt (vgl. Eph. 2, 12), sie sind nun nicht mehr »Gäste und Fremdlinge, sondern Mitbürger der Heiligen und Gottes Hausgenossen« (Eph. 2, 19). Aber diese »Verwerfung« Israels (Röm. 11, 15) ist weder allgemein noch endgültig! Schon jetzt hat sich Gott in dem alten Bundesvolk einen »heiligen Rest« bewahrt. Es ist ja keineswegs so, daß das Evangelium in Israel überhaupt keinen Glauben gefunden hätte (vgl. Röm. 11, 1—10). Auch handelt es sich bei dieser »Verwerfung« nicht um eine endgültige Verstoßung: »Blindheit ist Israel zum Teil widerfahren so lange, bis die Fülle der Heiden eingegangen ist, und alsdann wird das ganze Israel gerettet werden« (Röm. 11, 25 f.).

Diese *Blindheit* ist nicht nur selbstverschuldeter Unglaube. Gott selbst hat eine »Decke« vor ihre Herzen gehängt (vgl. 2. Kor. 3, 14 f.), damit die Botschaft vom Heil zu den Heiden dringe. Diese Blindheit Israels hat also einen gnädigen Sinn: »Durch ihren Fall ist den Heiden das Heil widerfahren« (Röm. 11, 11). Und vor allem: Sie ist zeitlich begrenzt. Sie wird nur so lange währen, bis die Vollzahl der Heiden in das Gottesreich eingegangen ist. Wann dies sein wird, wie groß diese »Vollzahl« (pleroma) ist, die Gott aus den Völkern herzuruft und zum Heil führt, das ist unsrem Wissen entzogen. Beides bestimmt Gott, beides bleibt seiner Weisheit und Gnade anheimgestellt. Genug zu wissen, daß diese zeitlich befristete »Verwerfung« Israels auf seine *endgültige Annahme und Rettung* zielt. Ist schon ihr Fall und ihr Schade der »Reichtum« der Heiden geworden, »wieviel mehr wird es Reichtum sein, wenn Israel in seiner ganzen Fülle gewonnen wird!« (Röm. 11, 12). Aus ihrer Verwerfung Jesu hat Gott am Kreuz auf Golgatha der Welt das Heil bereitet, indem er die Welt an diesem Kreuz mit sich versöhnte. Ihre Verweigerung des Glaubens mußte dazu dienen, die Heiden durch das Evangelium ins Gottesreich hereinzurufen.

So hat hier auf der ganzen Linie die überlegene Weisheit Gottes triumphiert, dem noch der Ungehorsam der Menschen als Mittel seiner Pläne, ja seines Heilswillens dienen muß. Überwältigt von dieser Erkenntnis, kann der Apostel auf diesen ganzen Weg Gottes mit Israel und den Heiden nur so zurückblicken, daß er anbetend die Knie beugt: »O welch eine Tiefe des Reichtums, beides, der Weisheit und der Erkenntnis Gottes. Wie gar unbegreiflich sind seine Gerichte und unerforschlich seine Wege! Von ihm und durch ihn und zu ihm sind alle Dinge. Ihm sei Ehre in Ewigkeit« (Röm. 11, 33 ff.). Denn es hat sich gezeigt: Der Weg Israels am Evangelium vorbei ist nicht eine Erschütterung dieses Evangeliums, vielmehr dessen Bestätigung, weil sich auch und gerade in diesem Weg Gottes mit Israel die Souveränität, Gerechtigkeit und Treue Gottes offenbart.

Was wird aus Israel? So haben wir gefragt. Was hat Gott mit diesem Volk noch vor, das, von der Christenheit durch die Ablehnung des Evangeliums getrennt, von den Völkern und ihren Mächtigen gejagt und verfolgt, von der Würde und Last der Erwählung gezeichnet, von unerhörten Leiden und Schmerzen heimgesucht, sich so seltsam im Auf und Ab der Geschichte behauptet hat, das sich auch in der Zerstreuung nicht mit anderen Völkern vermischte, sondern seine Besonderheit bewahrt hat und — welch unübersehbares Zeichen! — am Grab seiner sämtlichen Verfolger steht?

Wir haben die Antwort des Apostels Paulus gehört: Israels zeitweilige Abseits-Stellung ist ein Mittel des göttlichen Heilsplans, der auf seine endgültige *Annahme* hinzielt. Israel wird in seiner Fülle gewonnen werden; das ganze Israel wird gerettet werden (Röm. 11, 12. 26). Was diese Vollzahl Israels bedeutet — auch hier verwendet Paulus wie bei der »Fülle der Heiden« das Wort »pleroma« —, ist unsrer Festlegung entzogen. Wer will entscheiden, ob das *»ganze Israel«* alle umfaßt, die durch blutsmäßige Abstammung zu diesem Volk gehören, oder ein Ganzes meint, das die geistliche Frucht der Geschichte Gottes mit Israel quer durch die Zeiten einbringt? Da Paulus in Römer 9, 6 ff. zeigt, wie Gottes freie, souveräne Gnade in der Geschichte des Gottesvolks schon immer die natürliche Erbfolge durchkreuzt hat, möchte man der an zweiter Stelle genannten Auffassung den Vorzug geben. »Nicht alle sind Israeliten, die von Israel stammen; auch nicht alle, die Abrahams Nachkommen sind, sind darum auch Kinder« (der Verheißung). Aber es steht allein Gott zu, hier die uns verborgenen Grenzen zu ziehen.

Für uns, das Gottesvolk des Neuen Bundes, ist es wichtig, zu wissen und festzuhalten, daß Israel auch nach Golgatha, trotz seiner Ablehnung des Evangeliums, eine Hoffnung Gottes ist. Ein *Zeichen* dafür ist, daß dieses Volk nicht untergehen wird und nicht sterben kann, ehe der Christus Jesus wiederkommt und die Fülle der Heiden in das Reich Gottes eingegangen ist. Wer den Weg und das Schicksal Israels in biblischer Perspektive zu sehen gelernt hat (es gibt keinen andern Schlüssel zu dem Rätsel »Israel«!), dem wird es auch viel zu denken geben, daß dieses Volk in das Land seiner Väter zurückgekehrt ist[3]. Zwar ist nur ein Prozentsatz, nicht das ganze Israel, zurückgekehrt, und die Gründung eines eigenen Staates, wie sie den Rückwanderern nach Palästina im Jahr 1948 gelungen ist, darf nicht darüber hinwegtäuschen, daß das alte Bundesvolk Gottes gerade auf diesem Weg in Gefahr ist, seine Aussonderung für Gott zu verleugnen. Trotzdem zeigt dieses »Zeichen«, wie treu und pünktlich Gott zu allen Verheißungen steht, die er den Vätern Israels gegeben hat, auch zu dem Versprechen, sie wieder in ihr Land zu bringen. Wir haben neu zu lernen, daß es nicht im Sinn der göttlichen Offenbarung ist, wenn wir alle alttestamentlichen Verheißungen auf das »neue« Israel nach dem Geist beziehen und für die Christenheit vereinnahmen. Israel hat und behält seine besondere Rolle in dem ganzen Heilsplan Gottes, vom Bundesschluß am Sinai bis an den Tag der Wiederkunft. Dann, wenn die Fülle der Heiden und die Vollzahl Israels in die große Ernte Gottes eingebracht sein werden, wird aus dem alten und neuen Bundesvolk ein Gottesvolk. Die Juden, deren Diener Christus geworden ist um der Wahrhaftigkeit Gottes willen (um die ihren Vätern gegebenen Verheißungen zu bestätigen), und die Heiden, die die Barmherzigkeit Gottes in der Berufung zu seinem Heil und Reich erfahren haben (vgl. Röm. 15, 8 f.), sie werden dann einmütig mit einem Munde Gott, den Vater Jesu Christi, preisen.

Die Schar vor Gottes Thron

Im Blick auf die große Ernte, die aus der Geschichte Gottes mit den Menschen am Ende eingebracht wird, verdient jene Schau besondere Beachtung, in der dem Seher von Patmos die *große Schar der Überwinder* gezeigt worden ist (Offb. 7, 9 ff.).
Wenn auch die Offenbarung des Johannes als Ganzes ein Trostbuch ist, das die kämpfende und leidende Gemeinde Jesu im standhaften Glauben und Bekennen stärken will (vgl. Offb. 13, 10), ist doch ganz besonders diese Vision bis an den Rand mit Trost gefüllt. Voraus geht die Versiegelung der Knechte Gottes (Offb. 7, 1—8), wobei man die Zahl 144 000 nicht wörtlich nehmen darf. Wie diese Versiegelung mit dem »Siegel des lebendigen Gottes« vor sich geht, wird nicht geschildert — ein Hinweis darauf, daß man das Wort »Versiegelung« bildlich verstehen muß, nach seiner Bedeutung zu fragen hat. Zugrunde liegt das Bild von dem Prägestock, mit dem man Sklaven und Tieren eine Erkennungsmarke aufprägte. Diejenigen, die mit dem Siegel Gottes an ihrer Stirn gezeichnet werden, sollen also dadurch als unverlierbares Eigentum Gottes gekennzeichnet sein. Keine gottwidrige Macht wird sie Seiner Hand entreißen. Dann folgt ein Blick in die himmlische Welt:
»Danach sah ich, und siehe, eine große Schar, welche niemand zählen konnte, aus allen Nationen und Stämmen und Völkern und Sprachen, vor dem Thron stehend und vor dem Lamm, angetan mit weißen Kleidern und Palmen in ihren Händen; die riefen mit großer Stimme und sprachen: Das Heil ist bei dem, der auf dem Thron sitzt, unserm Gott und dem Lamm! Und alle Engel standen um den Thron und um die Ältesten und um die vier Gestalten und fielen vor dem Thron auf ihr Angesicht und beteten Gott an und sprachen: Amen, Lob und Ehre und Weisheit und Dank und Preis und Kraft und Stärke sei unserm Gott von Ewigkeit zu Ewigkeit! Amen. Und es hob der Ältesten

einer an und sprach zu mir: Wer sind diese, mit den weißen Kleidern angetan, und woher sind sie gekommen? Und ich sprach zu ihm: Herr, du weißt es. Und er sprach zu mir: Diese sind's, die gekommen sind aus der großen Trübsal und haben ihre Kleider gewaschen und hell gemacht im Blut des Lammes. Darum sind sie vor dem Thron Gottes und dienen ihm Tag und Nacht in seinem Tempel; und der auf dem Thron sitzt, wird über ihnen wohnen. Sie wird nicht mehr hungern noch dürsten; es wird auch nicht auf sie fallen die Sonne oder irgendeine Hitze; denn das Lamm mitten auf dem Thron wird sie weiden und leiten zu den lebendigen Wasserbrunnen, und Gott wird abwischen alle Tränen von ihren Augen« (Offb. 7, 9—17).

Es ist alles *groß* in diesem Text: die *große* Schar, die, die Palmen als Zeichen des Sieges in der Hand, im weißen Festgewand um den Thron Gottes versammelt ist; der Siegesjubel der Erretteten, von denen gesagt wird: Sie schrien mit *großer* Stimme, worauf die Engel überwältigt von diesem Jubellied zusammen mit den Ältesten und den vier Gestalten vor dem Thron Gottes niederfallen, um ihn für das Wunder dieser Rettung zu preisen; die *große* Trübsal, aus der sie als Überwinder hervorgegangen sind, wobei an die Drangsale der Endzeit gedacht ist. Größer als alles Vorstellen und Begreifen ist der Trost und der Friede, der diese Schar nun, da sie am Ziel ist, umfängt, nachdem alles Leiden überwunden ist und das »Lamm« sie zu den lebendigen Wasserbrunnen leitet.

Wir begnügen uns damit, das eine zu beleuchten: Eine »*große Schar, die niemand zählen konnte*«, steht vor dem Thron! Also war es kein leeres Wort, als der lebendige Gott zu Abraham sprach: »Sieh gen Himmel und zähle die Sterne; kannst du sie zählen? So zahlreich sollen deine Nachkommen sein« (1. Mose 15, 5). Gott macht wahr, was er dem Vater aller Glaubenden (vgl. Röm. 4, 11) in Aussicht gestellt hat. Unzählbar groß wird die Schar der Erlösten sein. Aus allen Nationen und Stämmen, Völkern und Sprachen werden sie herausgerufen; kein Volk wird übergangen. Dies zeigt nicht nur, daß die Zeit der »großen Trübsal«, die »Stunde der Versuchung« über den ganzen Erdkreis geht (vgl. Offb. 3, 10), so daß nirgends mehr eine geschützte Zone ist, wo die Bekenner des Namens Jesu vor Verfolgung sicher wären. Es zeigt auch, mit welch großer Kraft und

Treue Jesus Christus seine Gemeinde inmitten aller Drangsale vor der Verleugnung seines Namens bewahren wird und sie zu standhaftem Martyrium zu stärken vermag. Unzählbar groß wird die Schar der Überwinder sein, an denen alle Verlockungen und Drohungen der Welt und des Antichrists sich als ohnmächtig erweisen müssen. Auf Erden waren sie einander nicht oder nur von ferne bekannt, durch Zeiten und Räume, durch Grenzen und Sprachen getrennt. Nun aber sind sie zusammengebracht, zu *einem* Siegeslied um Gottes Thron versammelt, zu einhelligem Jubel befreit, zum priesterlichen Dienst vereinigt, aller Entbehrung und Verfolgung entronnen, herrlich und ewig getröstet.

Es ist nicht auszuschildern, welch eine *Ermutigung* dieser Text für die Gemeinde Jesu Christi auf ihrem Weg durch diese Welt bedeutet. Umringt von Unglauben und Gleichgültigkeit, befeindet von altem und modernem Heidentum, unter die Völker der Erde zerstreut, auch in sich selbst zerspalten und zerklüftet, von falscher Lehre bedroht und verwirrt, in der Gesellschaft je länger desto mehr an den Rand gedrängt, mit dem Kreuz ihres Meisters beladen — so geht sie ihren Weg. Eine kleine Herde, die ihr Widersacher, der Teufel, wie ein brüllender und hungriger Löwe umkreist (1. Petr. 5, 8), der Willkür der Mächtigen ausgeliefert, eine leichte Beute des Feindes — so stellt sich ihr Bild unseren Augen dar. An vielen Orten kann man ihre Glieder an einer Hand abzählen, so klein ist ihre Zahl. Aber siehe: Eine große Schar steht am Ende vor dem Thron Gottes und des Lammes, so groß, daß sie niemand überblicken und zählen kann. Es hat also niemand Grund, an der Zukunft der Kirche Christi zu verzweifeln. Der Herr kennt die Seinen, und ihre Zahl ist ungleich größer, als unsre Augen sie registrieren können. Er bringt sie ans Ziel, durch alle Trübsale hindurch, wie er einst die Kinder Israel mitten durchs Meer und durch die Wüste führte und sie im Land der Verheißung zur Ruhe brachte (vgl. Jes. 43, 1 f.), und so groß wird die Schar der Erretteten sein, daß aller Kleinglaube beschämt wird, der an dem geringen, verachteten Häuflein Christi Anstoß nahm. Darum: »Lieber mit Christus fallen als mit dem Kaiser stehen« (Luther), lieber mit ihm und seiner kleinen Herde unten durch als in der Welt obenauf! Wie könnten wir es anders halten, nachdem unser Ohr diesen Siegesjubel der Überwinder von ferne vernahm, wie müßte nicht unser ganzes Sinnen und Trachten danach gehen, schon jetzt auf dem Kampffeld der Geschichte dafür einzustehen, daß unser Glaube wirklich der Sieg ist, der die Welt überwunden hat, so gewiß er auf den Sieg Jesu Christi gegründet ist und die sichtbare Enthüllung dieses Siegs von der Zukunft erwarten darf!

Die neue Welt Gottes

Siehe, ich mache alles neu

Ein kluger Verächter und Widersacher des Christenglaubens, Friedrich Nietzsche, hat dem Christentum den *Vorwurf* gemacht, es sei eine Art »Platonismus für das Volk«. Anstatt der Erde treu zu bleiben, biete es eine weltflüchtige Hoffnung auf ein besseres Jenseits an, die allenfalls den Schwachen, Mißratenen, Lebensuntüchtigen in dieser als kummervoll erkannten Welt zum Trost gereiche. Was für Plato die Welt der Ideen war, in der die Seele des Menschen ihren Ursprung und ihr Zuhause hat und in die sie zurückkehrt, wenn sie den Kerker des Leibes verläßt, das sei für den Christen das Himmelreich.

In diesem Vorwurf steckt etwas Richtiges, sofern wir die individualistisch verengte Hoffnung ins Auge fassen, die — auf das Seelenheil des Einzelnen beschränkt — in der Christenheit weithin verbreitet ist. Aber gegenüber der Christenhoffnung in ihrer biblischen Gestalt ist dieser Vorwurf fehl am Platze. Erstens geht es bei ihr durchaus nicht nur um die Heimkehr der Seele zu Gott; der ganze Mensch nach Geist, Seele und Leib wird neu belebt, nach dem Bild Christi neu gestaltet. Zweitens hat die biblische Hoffnung keinen weltflüchtigen Charakter; nicht Weltflucht, sondern Weltüberwindung ist das Ziel, auf das hin der Christ inmitten der Welt den »guten Kampf des Glaubens« (2. Tim. 4, 7) bestehen soll. Schließlich trifft auch nicht zu, daß diese Hoffnung nur darauf ziele, das Jammertal der Erde hinter sich zu lassen; sie bleibt der Erde treu. »Wir warten eines neuen Himmels und einer neuen Erde nach Seiner Verheißung, in welchen Gerechtigkeit wohnt« (2. Petr. 3, 13). Daß Gottes Name in dieser Welt geheiligt werde, daß seine Herrschaft sich hier gegen allen Widerstand durchsetze, daß sein Wille auf dieser Erde geschehe, wie er im Himmel geschieht, um dies — nicht um die Flucht ins Jenseits, die die Welt sich selbst oder dem Teufel überläßt — hat uns Jesus Christus bitten gelehrt.

Von der Preisgabe dieser irdischen Welt kann schon deshalb nicht die Rede sein, weil sie *Gottes Schöpfung* ist. Sie ist seine Schöpfung vom Ursprung her; sie ist es heute, so gewiß sie ihre Erhaltung der Geduld, Macht und Weisheit ihres Schöpfers verdankt[1]. Zwar ist Gott nicht an diese Welt gebunden, die er durch sein Machtwort ins Dasein rief. Er bedarf weder der Welt noch des Menschen, um Gott zu sein. Sein Wort sagt, daß diese erste Schöpfung vergehen wird, weil sie durch die Sünde des Menschen befleckt und der Vergänglichkeit unterworfen wurde. Aber dieses Nein Gottes zu der jetzigen, unheilvoll veränderten Gestalt dieser Welt hebt seine *Treue* zu dem, was er schuf, nicht auf. Mit der Auferweckung Christi hat er den Grund- und Eckstein zu einer neuen, erlösten Welt gelegt. Nicht nur der Menschheit ist durch das Osterereignis eine neue Zukunft erschlossen. Nicht nur in der himmlischen Welt wird des Jubels über diese herrliche Gottestat kein Ende sein. Auch die Erde, die Gott dem Menschen als Wohn- und Werkstatt anvertraut hat, wird in das Erlösungsgeschehen miteinbezogen. Eine *neue Welt*, also nicht nur die Rettung einzelner Seelen, eine von Grund aus erneuerte Schöpfung ist Gottes Ziel. »Siehe, ich mache alles neu« (Offb. 21, 5). Dies ist eine universale (allumfassende) Verheißung. Wie weit dieses Wort »alles« greift, ob das, was wir heute das Weltall nennen, miteinbezogen ist oder ob bei dem »neuen Himmel und der neuen Erde« nur an den geschichtlichen Lebensraum der Menschheit gedacht ist, mag offenbleiben. Da nach dem Zeugnis des Paulus »alles, was im Himmel und auf Erden ist, das Sichtbare und das Unsichtbare, es seien Throne oder Herrschaften oder Reiche oder Gewalten«, durch den Sohn, den Erstgeborenen vor allen Kreaturen, geschaffen ist (Kol. 1, 16; vgl. 1. Kor. 8, 6; Joh. 1, 3), wird der Herrschaft Christi in allen irdischen und himmlischen Bereichen nach dieser Neuschöpfung auf jeden Fall nichts mehr im Wege stehen. Daß Gott »alles« neu macht, zeigt: Er tut nichts Halbes, er geht aufs Ganze. Mehr zu wissen ist nicht nötig.

Eine Himmel und Erde umspannende Hoffnung ist uns damit angeboten. Nicht weniger als eine »*Neue Welt*« steht im Horizont der biblischen Erwartung. Was ist damit gewonnen? Der

Skeptiker wird sagen: So gut wie gar nichts; wir können uns ja diese neue Welt nicht vorstellen, da unsre Begriffe ohne Anschauung leer bleiben. Zeigen nicht all die Hoffnungen, die sich die Menschen auf ein besseres Jenseits machten, wie sehr wir an unsre irdische Vorstellungswelt gebunden sind? »Das Jenseits ist nichts anderes als das Diesseits, befreit von dem, was dem Menschen als Schranke und Übel erscheint und sein Herz bekümmert. Es ist eine kritische Blumenlese aus der Flora dieser Welt« — so hat Ludwig Feuerbach, der scharfsinnige Kritiker aller Religion, erklärt. Hat er damit nicht den Nagel auf den Kopf getroffen?

In der Tat zeigen die Jenseitsvorstellungen, die wir im Bereich der Religionen in alter und neuer Zeit vorfinden, sehr deutlich, wie sehr der Mensch auch in all seinem Sehnen und Hoffen an das Irdische, im Diesseits Erfahrbare gebunden bleibt. Ist diese kommende Gotteswelt eine wirklich neue Welt, nicht nur eine zweite verbesserte Auflage dieser ersten Schöpfung, so müssen wir zugeben: Sie ist *nicht vorstellbar*. »Was kein Auge gesehen hat und kein Ohr gehört hat und in keines Menschen Herz gekommen ist, das hat Gott bereitet denen, die ihn lieben« (1. Kor. 2, 9). Auch unsre kühnsten Hoffnungen wird diese neue Welt noch immer um so viel überragen, als der Himmel höher denn die Erde ist. »Meine Gedanken sind nicht eure Gedanken, und eure Wege sind nicht meine Wege, spricht der Herr, sondern soviel der Himmel höher ist als die Erde, so sind auch meine Wege höher als eure Wege und meine Gedanken als eure Gedanken« (Jes. 55, 8 f.). Dies gilt gewiß auch für die Gedanken, die der allmächtige Gott im Blick auf diese neue Welt sich machte. Was nützt uns aber eine Hoffnung, deren Inhalt leer bleibt, weil er jeder Vorstellbarkeit entzogen ist? Sie ist nicht nichts, aber sie hat keine tröstende Kraft.

Das *Dilemma*, das sich hier auftut, erscheint auf den ersten Blick unauflösbar: Entweder wir übertragen diesseitige Vorstellungen auf die neue Gotteswelt mit dem zweifelhaften Resultat, daß der Inhalt der biblischen Hoffnung mit den Jenseitsvorstellungen, die dem menschlichen Wunschdenken entspringen und dies keineswegs verleugnen können, auf dieselbe Stufe rückt. Oder wir verzichten auf jede inhaltliche Beschreibung der zukünftigen Welt und ziehen uns auf die existentielle Haltung des Hoffens zurück, wobei dann allerdings von der die Welt und den Tod überwindenden Kraft, die das Merkmal der biblischen Hoffnung ist, nicht viel übrigbleibt.

Aber sind wir diesem Entweder-Oder wirklich ausgeliefert? Schlagen wir die Bibel auf, so fällt hier doch insofern auf den Inhalt der Hoffnung ein helles Licht, als zu dem Wort der Verheißung die *Schau* des Propheten tritt. Unter den Propheten des Alten Bundes sind hier besonders Jesaja und Hesekiel zu nennen, jener mit seiner Schau des messianischen Friedensreichs (Jes. 2, 1 ff.; 9, 1 ff.; 11, 1 ff.), dieser mit seinen Gesichten von der künftigen Gottesstadt und ihrer Herrlichkeit (Hes. 40 — 47, 12). Unter den neutestamentlichen Zeugen ragt der Seher heraus, dem wir das letzte Buch der Bibel verdanken, »die Offenbarung Jesu Christi, durch seinen Engel gesandt und gedeutet seinem Knecht Johannes«, wie es in der Überschrift bezeichnet wird (Offb. 1, 1). Hier tut sich in Kapitel 20 und 21 ein *Fenster* in die neue Welt Gottes auf. Zwar kann der Seher das, was ihm gezeigt wird, auch nur in menschlichen Worten und irdischen Bildern beschreiben, da unsrer Sprache keine anderen Ausdrucksmittel gegeben sind. Wir sollen also diese Geschichte nicht buchstäblich nehmen[2], als würde uns hier eine exakte Aufnahme der neuen Welt vor Augen gestellt. Aber das schließt nicht aus, daß wir diese Visionsberichte nach ihrem Sinn und Gehalt befragen dürfen. Denn sie nehmen für sich in Anspruch, keine eigenmächtigen, phantasievollen Spekulationen zu sein, vielmehr die an der biblisch-prophetischen Sprache geschulte Niederschrift von Eindrücken und Wahrnehmungen, die der vom Geist Gottes erleuchtete Seher, im Zustand der Entrückung, von dem erhöhten Christus empfangen hat. Es wäre töricht, wenn wir uns an dieser Sprache in Bildern stoßen wollten. Wir können die Bilder nicht entbehren, soll die Hoffnung nicht leer, ihr Inhalt nicht vage bleiben. Wir sollen uns die Bilder deshalb gern und dankbar gefallen lassen. In diesem Sinne fassen wir den folgenden Text ins Auge, der die Verheißung »Siehe, ich mache alles neu« mit großer Leuchtkraft illustriert:

»Und ich sah einen neuen Himmel und eine neue Erde; denn der erste Himmel und die erste Erde vergingen, und das Meer ist nicht mehr. Und ich sah die heilige Stadt, das neue Jerusalem, von Gott aus dem Himmel herabfahren, bereitet wie eine geschmückte Braut ihrem Mann. Und ich hörte eine große Stimme von dem Thron, die sprach: Siehe da, die Hütte Gottes bei den Menschen! Und er wird bei ihnen wohnen, und sie werden sein Volk sein, und er selbst, Gott, wird mit ihnen sein; und Gott wird abwischen alle Tränen von ihren Augen, und der Tod wird nicht mehr sein, noch Leid noch Geschrei noch Schmerz wird mehr sein; denn das Erste ist vergangen. Und der auf dem Thron saß, sprach: Siehe, ich mache alles neu! Und er spricht: Schreibe, denn diese Worte sind wahrhaftig und gewiß! Und er sprach zu mir: Es ist geschehen. Ich bin das A und das O, der Anfang und das Ende. Ich will dem Durstigen geben von dem Brunnen des lebendigen Wassers umsonst. Wer überwindet, der wird es alles ererben« (Offb. 21, 1—7).

Bei der Deutung einer solchen Vision gilt es nicht nur auf das zu achten, was gesagt, sondern auch auf das, was verschwiegen wird. Wie sich diese Neuschöpfung von Himmel und Erde vollzieht, wird genausowenig geschildert oder gar ausgemalt wie das Vergehen der alten Welt. Nur die Vorstellung einer stufenweisen Entwicklung wird ausgeschlossen. Auch geographische oder physikalische Angaben wird man vergeblich suchen. »Nur einen einzigen kleinen Zug, der sich auf die Veränderung an der jetzigen Natur bezieht, nimmt Johannes in die Erwartung der Gemeinde auf, das Verschwinden des Meeres, das für den Menschen nicht zur Heimat werden und ihm keine Frucht tragen kann. Die neue Erde ist ganz für den Menschen offen und überall zu seiner Wohnung gemacht« (A. Schlatter)[3]. Da das Meer in alter Zeit als eine Behausung widergöttlicher Mächte betrachtet wurde, was auch in manchen biblischen Stellen noch anklingt (vgl. Ps. 89, 10 f.; Dan. 7, 2 f.; Offb. 13, 1), da zudem der Mensch im Altertum beim Anblick des Meeres, seiner unheimlich drohenden Tiefe und seiner aufgewühlten Wasserwogen, Angst und Grauen empfand (vgl. Ps. 42, 8; 46, 4; 65, 8), hat diese Bemerkung »und das Meer ist nicht mehr« einen hintergründigen Charakter. Angst und Grauen werden aufhören. In dieser neuen Welt ist keine Entfesselung chaotischer Mächte mehr zu fürchten.

Im übrigen bleibt diese Schau ganz auf das Geschehen zwischen Gott und Mensch bezogen. Der Seher sieht das »neue Jerusalem« von Gott aus dem Himmel herabfahren. Der Vergleich mit der für ihren Mann geschmückten Braut zeigt: Diese Stadt ist das Bild der vollendeten Gemeinde Gottes. Daß diese Stadt, deren »Baumeister und Schöpfer Gott ist« (Hebr. 11, 10), vom Himmel herabfährt, weist darauf hin, daß sie nicht erst nach dem Vergehen dieser Welt auf der neuen Erde errichtet wird. Sie war schon vorher die himmlische Heimat der Erlösten (vgl. Hebr. 12, 22 f.). Ihr Name erinnert an die Königsstadt Davids auf dem Zion, wo hernach der Tempel stand als die Stätte göttlicher Gnadengegenwart (vgl. Ps. 26, 8; 48, 3). Die Verbindung mit der Geschichte der Gottesoffenbarung bleibt, auch wenn der Name nun von seinem irdisch-geographischen Bezug sich gelöst hat. Das Neue ist, daß nun Gott selbst in all seiner Herrlichkeit bei den Menschen Wohnung macht. Die Trennung zwischen Gott und Mensch wird endgültig aufgehoben: »Siehe da, *die Hütte Gottes bei den Menschen!*« Da ist nicht mehr nur verhüllte Gnadengegenwart wie im Allerheiligsten des Tempels, wo Gott im Dunkel wohnen wollte (1. Kön. 8, 12), wie bei der Menschwerdung des Offenbarers, der seine Herrlichkeit in unserm armen Fleisch und Blut verbarg (Joh. 1, 14). Da muß die Kreatur nicht mehr beim Anblick seiner in schrecklichen Glanz gekleideten Majestät vergehen (vgl. Hiob 37, 22; Jes. 6, 5; 33, 14). In gnädiger Herablassung schlägt Gott, von dem es an anderer Stelle heißt, daß er in einem Licht wohnt, da niemand zukommen kann (1. Tim. 6, 16), inmitten der Völkerwelt seinen Wohnsitz auf.

Auffallend ist, daß im Urtext das Wort »Volk« im Plural steht (»Völker«): Nicht nur das eine Gottesvolk, das Gott sich zunächst im Alten Bund erwählt und dann durchs Evangelium aus allen Nationen gesammelt hat, wird um diese »Hütte Gottes« versammelt sein. Die ganze Völkerwelt wird zum Gottesvolk, mit dem Gott selbst in bleibender Gemeinschaft verbündet ist.

Wo aber Gott selbst in seiner Herrlichkeit und Lebensfülle zugegen ist, da ist kein Raum mehr für all das Leid und Elend dieser Welt. Abwischen wird er alle *Tränen* von den Augen der Erlösten (vgl. Jes. 25, 8), wie eine Mutter ihrem Kind die Tränen abwischt (vgl. Jes. 66, 13). Welch ein wunderbares Bild für die Fülle des Trostes, die uns in dieser neuen Welt bei Gott erwartet! Die Tränen derer, die auf Erden Unrecht litten und keinen Tröster hatten (Pred. 4, 1), die Tränen um die Menschen, die uns der Tod entrissen hat, die Tränen der enttäuschten Liebe und die Tränen über das eigene, schmerzliche Versagen, ja die letzten Tränen noch, die Tränen der Freude, daß alles überwunden ist, was unser Herz so traurig machte »in diesem Tale, das laut von Jammer schallt« (Bert Brecht) — alle wird Gott abwischen mit barmherziger Hand. Der *Tod* wird nicht mehr sein, dieser unersättliche Würger, der Arme und Reiche, Kinder und Greise, Herren und Knechte, Mächtige und Ohnmächtige, Beter und Spötter dahinrafft ohne Unterschied; das *Leid* wird nicht mehr sein, das sich wie ein dunkler Schatten an unsre Fersen heftet und seine Spuren in unser Antlitz gräbt; das *Geschrei* wird nicht mehr sein, das Geschrei der Unterdrückten und Vergewaltigten, der Verwundeten und Mißhandelten, der in Rauch und Flammen Erstickten, unter stürzenden Trümmern Verstummten, das Geschrei der Irren in ihren Gummizellen; der *Schmerz* wird nicht mehr sein, der in all den Spitälern und Folterkammern dieser Welt schon erlitten wurde und noch erlitten wird. Dies alles hat keine Stätte mehr in der neuen, erlösten Welt.

Wir können uns eine solche Welt ohne Tod sowenig vorstellen wie die sichtbare Gegenwart Gottes bei seinen Menschenkindern. Aber dies ist kein Gegenbeweis; es zeigt nur, wie tief wir bis in unser Denken hinein in die Gewalt des Todes gebannt sind, wie groß die Kluft ist, die uns in dieser gottblinden Welt, die sich von ihrem Schöpfer losgerissen hat, scheidet. Im übrigen verwehrt uns der Text, mit kindlicher Neugier weitere Fragen zu stellen und überflüssigen Spekulationen nachzuhängen. Eine *Stimme* spricht, die Stimme dessen, der auf dem Thron saß: »Siehe, ich mache alles neu!« Zum erstenmal in diesem ganzen Buch der Offenbarung läßt sich der allmächtige Gott selbst vernehmen — welch gewaltiger Augenblick! Er hat gesprochen, als er im Anfang Himmel und Erde schuf; er hat gesprochen zu den Vätern durch das Gesetz und die Propheten; er hat zu uns gesprochen durch den Sohn, in dem er uns sein ganzes Herz entdeckte. Nun spricht er noch einmal und gibt der Welt, die er schuf und mit sich versöhnte, ihre erneute, vollendete Gestalt. Es ist ein knappes Wort — nur vier Vokabeln sind's im Urtext —, aber ein Wort von unüberbietbarer Majestät: *Ich mache alles neu!* Nicht wir Menschen mit unseren Plänen, diese Welt zu verbessern, so daß die Glücksmöglichkeiten, die die Erde in sich birgt, allen zugute kommen. Wir können zwar in mancher Hinsicht die Verhältnisse ändern (daß dies geschieht, kann sehr wichtig sein!), aber es ist nicht anders, als wenn man in einem Gefängnis die Zellen säubert und die Wände frisch verputzt. Das Tor zur Freiheit ist damit nicht aufgebrochen! Die Welt wirklich neu zu machen — dies vermag nur der, dem die Allmacht zu Gebot steht, der das A und das O, der Ursprung und das Ziel aller Dinge ist.

Am Ende dieser wunderbaren Schau in Gottes neue Welt steht ein Befehl: »Schreibe! Denn diese Worte sind wahrhaftig und gewiß.« Noch einmal wird hier unterstrichen, daß es sich bei dieser Vision nicht um ein menschliches Wunsch- und Traumbild handelt. Wir sollen wissen, daß wir keiner Fata Morgana zum Opfer fallen, wenn wir uns nach dieser Gotteswelt ausstrecken. Gott selbst, der nicht lügt wie ein Mensch, verbürgt sich dafür, daß diese Schau wahr und wirklich wird. Dies — nicht weniger — ist das Ziel, dem Er den ganzen Geschichtslauf mit seinen zermürbenden Rätseln durch alle Schrecken und Gerichte hindurch entgegenführt: eine neue, von Schmerz, Streit und Tod erlöste Welt, in der seine Hütte bei den Menschen ist.

Die Vollendung der Gemeinde

Ist es nötig, noch ein besonderes Wort über die Vollendung der Gemeinde zu sagen? Was kann sie Größeres erhoffen, als diese neue Welt Gottes zu ererben, in der die Hütte Gottes bei den Menschen ist?

Das Reich Gottes, so hat man nicht selten gelehrt, das Reich Gottes in seiner sichtbaren, vollendeten Gestalt wird zugleich das Ende, die Vollendung der Kirche sein. Aber ist es wirklich so, entspricht dies dem Zeugnis der Schrift, daß *im Reiche Gottes die Konturen der Kirche verschwinden?*

Schon dies, daß die Gemeinde Jesu im Neuen Testament als der Leib Christi bezeichnet wird, ist ein wichtiges Gegenargument, zumal das Wort »Leib« nicht bildlich gemeint ist, sondern einen Tatbestand beschreibt. Von seinem Leibe kann sich das Haupt nicht trennen! Dazu kommt, daß gleich zu Beginn dieser Schau der neuen Welt die heilige Stadt, das neue Jerusalem, von Gott aus dem Himmel herabfährt (Offb. 21, 2). Diese »Stadt«, das Bild der vollendeten Gemeinde, wird im Folgenden in leuchtenden Farben beschrieben (21, 9 ff.). Sie ist und bleibt die *heilige Mitte der neuen Gotteswelt.* Zwar stehen ihre Tore offen, so daß die Völker, die ihre Pracht und Herrlichkeit in sie bringen, freien Zutritt haben, aber doch hat sie Mauern und Tore; so ist es nicht, daß hier überhaupt keine Abgrenzung mehr wäre. Ohne Bild gesprochen besagt dies, daß die Kirche nicht im Reich Gottes bzw. in der heimgeholten Völkerwelt, die an diesem Reich Anteil bekommt, aufgeht, wie etwa im politischen Bereich ein Teilstaat in einem größeren Staatsgebilde aufgehen kann. Sie hat und behält ihre eigene Gestalt.

In der christlichen Dogmatik hat man der »ecclesia militans« (Kämpfende Kirche) gern die *»ecclesia triumphans«* (Triumphierende Kirche) gegenüber gestellt. Dieser Sprachgebrauch ist deshalb nicht unbedenklich, weil dabei der Eindruck entstehen kann, als wolle die Kirche über die Welt und ihre Widersacher den Sieg davontragen und ihren eigenen Triumph auskosten. Sieger, Triumphator ist aber der Christus, der die Welt ein für allemal am Kreuz überwunden hat. Ihm werden sich aller Knie beugen, so gewiß Gott selbst an diesem Kreuz »die Reiche und die Gewaltigen ihrer Macht entkleidet und sie öffentlich zur Schau gestellt und einen Triumph aus ihnen in Christus gemacht hat« (Kol. 2, 15). Zwar ist gelegentlich im Neuen Testament davon die Rede, daß die, die mit Christus dulden, auch mitherrschen werden (vgl. 2. Tim. 2, 12; 1. Kor. 4, 8; Offb. 2, 26 f.). Aber dies sind kühne Aussagen am Rande, die nur zum Ausdruck bringen wollen, daß die Gemeinde am Sieg ihres Herrn vollen Anteil haben wird. Daß die Völker, unter die sie — manchmal freundlich geduldet, oft übel mißhandelt — zerstreut war, in der kommenden Welt dieser »triumphierenden« Kirche huldigen müßten — dieser Gedanke liegt im Neuen Testament nirgends vor[4]. Die Huldigung der Völkerwelt gilt dem, der auf dem Thron sitzt, und dem Lamm. Sprechen wir also lieber von der vollendeten Gemeinde und nicht von der ecclesia triumphans, damit der theozentrische Grundzug der christlichen Hoffnung (Gott im Mittelpunkt) nicht verdunkelt werde.

Mit dieser *Vollendung der Gemeinde*, die bald als der Leib, bald als die Braut, die Herde, der Tempel, das Bauwerk Gottes (bzw. Christi) bezeichnet wird, hat es freilich eine besondere Bewandtnis. Sie erfolgt nicht erst dann, wenn Jesus Christus wiederkommt und die »Hochzeit des Lammes« gefeiert wird, nachdem Gott, der Allmächtige, »das Reich eingenommen« hat (vgl. Offb. 19, 6 f.). Die Braut, die sich zur Hochzeit schmückt, ist schon lange vor der Hochzeit dem Bräutigam anverlobt; die heilige Stadt, die die Mitte der neuen Welt Gottes sein wird, wird nicht erst zusammen mit der Neuschöpfung von Himmel und Erde errichtet; sie kommt »von Gott aus dem Himmel« herab, aus *dem* Himmel, der die Wohnung des Allerhöchsten ist (Offb. 21, 2).

Schon diese Bilder enthalten einen Hinweis darauf, daß mit einer *Vorvollendung* der Gemeinde zu rechnen ist. Das »himmlische Jerusalem« steht ja nicht leer, es ist bereits bewohnt. So jedenfalls hat es sich der Verfasser des Hebräerbriefs vorgestellt, wenn er den Glaubensstand des Gottesvolks im Neuen Bund wie folgt beschreibt: »Ihr seid gekommen zu dem Berge Zion und zu der Stadt des lebendigen Gottes, dem himmlischen Jerusalem, und den vielen tausend Engeln, und zu der Versammlung und Gemeinde der Erstgeborenen, die im Himmel angeschrieben sind, und zu Gott, dem Richter über alle, und zu den Geistern der vollendeten Gerechten und zu dem Mittler des neuen Bundes, Jesus, und zu dem Blut der Besprengung, das da besser redet als Abels Blut« (Hebr. 12, 22 ff.). Dem Berg Sinai, an dem sich Gott mit erschreckenden Zeichen kundtat und seine unnahbare Majestät bezeugte, wird hier der »Berg Zion« gegenübergestellt, wobei das Wort »Zion« — von seinem irdisch-geographischen Bezug gelöst — die himmlische Wohnstatt Gottes bezeichnet. Auf diesem »Zion« ist das *himmlische Jerusalem* erbaut, die Stadt, deren »Baumeister und Schöpfer« Gott selber ist (Hebr. 11, 10). In dieser himmlischen Gottesstadt ist die »Festversammlung« vieler tausend Engel zu Gottes Dienst und Ruhm versammelt. In ihr haben die, die an Jesus, den Mittler des Neuen Bundes, glauben, ihr Bürgerrecht (vgl. Phil. 3, 20). Sie werden die Gemeinde der »Erstgeborenen« genannt, weil Gott sie durch das Evangelium als »Erstlinge« (vgl. Jak. 1, 18), der übrigen Menschheit voraus, zu seinem wunderbaren

Licht berufen hat (vgl. 1. Petr. 2, 9). Ihre Namen sind im Himmel angeschrieben, in die Bürgerliste dieser Gottesstadt eingezeichnet (vgl. Luk. 10, 20).

Ganz offensichtlich ist bei dieser »Gemeinde der Erstgeborenen« an die Gemeinde Jesu und ihre Glieder auf Erden gedacht; »ihr Name, noch nicht ihre Person, ist im Himmel« (Schlatter). Dennoch gehören sie schon als vollgültige Glieder zu dieser Bürgerschaft, die Himmel und Erde umspannt und verbindet. Doch ist die himmlische Stadt durchaus nicht nur von Engeln bevölkert. Da sind die *»Geister der vollendeten Gerechten«,* die schon jetzt, zusammen mit den Myriaden der Engel, diese Stadt bewohnen. Aus dem Zusammenhang des Textes ergibt sich, daß der Verfasser bei diesen »Gerechten« an die Glaubenszeugen gedacht hat, von deren Kampf und Weg das Alte Testament Bericht gibt: Abel, Henoch, Abraham, Isaak, Jakob, Mose und wie sie alle heißen (vgl. Hebr. 11, 4 ff.). Die Art und Weise, wie er das Gottesvolk im Alten und Neuen Bund als eine Einheit versteht, gibt uns jedoch das Recht, alle, die Gottes Ruf seither erfaßt und zum Glauben geführt hat, hinzuzuzählen. Sie sind nicht zu den Toten versammelt, um dann erst nach der allgemeinen Auferstehung der Toten in jene himmlische Stadt einzugehen. Sie bilden schon jetzt, zusammen mit den Engeln, die Gemeinde, die im Himmel ist.

In dieselbe Richtung weist Hebräer 12, 1, wo von der *»Wolke der Zeugen«* die Rede ist, die uns umringt. Sie beobachten mit gespannter Aufmerksamkeit unsern Glaubenslauf. Das Bild stammt aus der Welt des Sports: Wie der Gedanke an die Zuschauer auf der Tribüne die Läufer im Stadion zum Einsatz aller Kräfte anfeuert, so soll uns das Bewußtsein, daß diese Wolke von Zeugen um uns her ist, dazu bewegen, den Lauf mit standhafter Ausdauer fortzusetzen. Sie sind schon am Ziel, sofern sie die Laufstrecke, die ihnen zugemessen war, bereits zurückgelegt haben; insofern können sie als »Vollendete« (12, 23) bezeichnet werden, im Unterschied zu all den andern, die noch in die Kampfbahn des Glaubens gestellt sind. Zugleich gilt freilich, daß sie »ohne uns noch nicht vollendet« (11, 40) sind. Denn es ist bei diesem Glaubenslauf des Gottesvolks wie bei einer Stafette: Erst wenn die letzten Läufer am Zielband angelangt sind, haben alle früheren, die vor ihnen gelaufen sind, wirklich gesiegt. Also doch eine nur vorläufige Vollendung? Ja, insofern als auch jene »vollendeten Gerechten« noch auf die letzte, ganze Erfüllung, den sichtbaren Durchbruch des Gottesreichs und die Vereinigung aller Glaubenden in der Stadt Gottes warten. Nein, so gewiß sie schon jetzt in dieser Stadt leben und wohnen und dort mit allen Engeln die himmlische Gemeinde bilden.

Die *himmlische Gemeinde* ist eine Wirklichkeit; sie lebt und nimmt Anteil am Leben und Kampf der Gemeinde auf Erden. Da Christus die Seinen an seinem Schicksal, Werk und Sieg beteiligt, dürfen wir auch darauf hoffen, daß diese »Vollendeten« für uns vor dem Throne Gottes eintreten, wie Jesus, der Hohepriester des neuen Gottesvolks, unser »Fürsprecher« vor dem Vater ist (vgl. Hebr. 4, 14; 1. Joh. 2, 1). — Viele Christen getrauen sich heute freilich gar nicht mehr, mit dieser »oberen Schar« (Zinzendorf) als einer lebendigen, wirklich bestehenden Gemeinde zu rechnen. Sie haben innerlich vor dem Satz kapituliert: »Es gibt keinen Himmel mehr« (Bert Brecht in seinem Schauspiel »Leben des Galileo Galilei«). Aber dieser Satz sollte uns keinen Augenblick an der Wirklichkeit der himmlischen Welt und der himmlischen Gemeinde zweifeln lassen. Denn er trifft ja nur jene kindliche Vorstellung, als ob der »Himmel« das oberste Stockwerk der unseren Sinnen erschlossenen Welt wäre, die wir beobachten und erforschen können — eine Vorstellung, die in der Bibel selbst längst überwunden ist. Es bleibt dabei, daß die Kirche Jesu Christi schon jetzt ihre Glieder im Himmel und auf Erden hat. Sie ist ungleich größer, als unsre Augen dies in Geschichte und Gegenwart wahrnehmen. Die Zahl derer, die schon am Ziel, schon »vollendet« sind, ist um ein Vielfaches größer als die Schar derer, die noch im Kampfe sind. Damit darf sich die Gemeinde in Zeiten des Abfalls und der Bedrängnis besonders trösten.

Dieser Gedanke der Vorvollendung der Gemeinde in der himmlischen Welt ist nicht zuletzt deshalb wichtig, weil er sich jener individualistischen Verengung der christlichen Hoffnung kräftig widersetzt, die in der Christenheit so häufig anzutreffen ist, als ginge es nur um die private Beseligung des Einzelnen. Nicht das Heil der Einzelseele, vielmehr *die Vollendung der Christusgemeinde* steht im Neuen Testament an erster Stelle. So eng ist die Gliedschaft am Leibe Christi, daß sie auch die Gestalt der

Hoffnung bestimmt. Mit der Gemeinde Jesu Christi werden wir in der himmlischen Welt um das erhöhte Haupt dieser Gemeinde versammelt sein; so viel, wie uns beide jetzt wert sind, wird uns auch der Himmel wert sein! Mit dem ganzen Gottesvolk aus dem Alten und Neuen Bunde zusammen wird uns das volle, ewige Heil zuteil, wenn die himmlische Stadt die Mitte der neuen Gotteswelt geworden ist und dann auch die Vollzahl derer, die Gott aus allen Völkern herzurufen und heimholen wird, an diesem Heil teilhaben wird. Dann, erst dann, ist Gottes Volk wirklich am Ziel. In der Herrlichkeit des Gottesreichs, die dann sichtbar wird und alles, Himmel und Erde, erfüllt, wird auch die Kirche Christi in einem neuen, wunderbaren Glanz erstrahlen. Da legt, im Bild gesprochen, die »Braut« ihr Festkleid an, denn »die Hochzeit des Lammes« ist gekommen (vgl. Offb. 19, 7).

Von dieser Schönheit, Pracht und Herrlichkeit der Kirche in ihrer *vollendeten Gestalt* will uns die breit ausgeführte *Vision der »himmlischen Gottesstadt«* einen Eindruck vermitteln, die in der Offenbarung des Johannes nach all den unheimlich drohenden, so dramatisch bewegten Visionen den Abschluß bildet. Der Seher von Patmos wird im Geist auf einen hohen Berg entrückt. Wie einst Mose auf der Bergeshöhe das Urbild der Stiftshütte gezeigt bekam (2. Mose 25, 40) und dann, am Ende seiner Tage, vom Berg Nebo aus das Gelobte Land schauen durfte (5. Mose 32, 48 ff.), so wird hier dem Apostel die Herrlichkeit der Gottesstadt inmitten der neuen Welt gezeigt. Die Vision wird mit den Worten eines Engels angekündigt: »Komm, ich will dir das Weib zeigen, die Braut des Lammes« (21, 9). Dieser Vorspruch läßt erkennen, daß die »Stadt« das Bild und Gleichnis der Kirche Gottes in ihrer vollendeten Gestalt ist.

Auch hier darf man die *Einzelzüge* des Bildes nicht buchstäblich verstehen, sondern muß sie nach ihrem Sinn befragen.

Zuerst wird von dieser Stadt gesagt: »Sie hatte die Herrlichkeit Gottes.« Der erste Eindruck, den der Seher empfängt, ist der einer unermeßlichen *Lichtfülle*. Gott selbst erleuchtet sie, so daß die Stadt keiner Sonne und keines Mondes bedarf (V. 23). Die Kirche Christi, über deren Gestalt und Geschichte in dieser Weltzeit so dunkle Schatten liegen, wird ganz von dem Lichtglanz Gottes erfüllt und durchstrahlt sein.

Sodann hören wir, daß auf den zwölf von Engeln bewachten Toren der Stadt die Namen der zwölf Geschlechter Israels angeschrieben sind. Das Gottesvolk des Alten Bundes darf zu diesen Toren eingehen; es hat in der vollendeten Kirche das ungeschmälerte Bürger- und Heimatrecht. Daß diese *Tore,* je drei, von Morgen, von Mitternacht, von Mittag und von Abend her in die Stadt führen, zeigt an, daß Gott aus allen Himmelsrichtungen Menschen und Völker herzurufen wird, daß sie seine Herrlichkeit erkennen und in seinem Licht wandeln (V. 24). Auf den zwölf Grundsteinen der Mauer stehen die *Namen der zwölf Apostel* des Lammes, die das Gottesvolk des Neuen Bundes repräsentieren. Vom Ursprung her und in alle Ewigkeit ist die Kirche Christi auf diese kirchengründende Predigt der ersten Zeugen erbaut (vgl. Eph. 2, 20); das wird hier feierlich bestätigt.

Ferner ist von einer *Vermessung* der Stadt die Rede (vgl. Hes. 40, 3), deren Augenzeuge der Seher ist. Zwölftausend Stadien (2400 km) stellt der Engel fest, der ihre Länge, Breite und Höhe mißt. Auch diese Zahl darf man nicht wörtlich nehmen; sie weist darauf hin, wie sehr die Stadt alle von Menschen erbauten Städte an Größe und Umfang übertrifft. Die Stadt bietet Raum für das Gottesvolk aller Zeiten und für die »Fülle« der Heiden, die Gott herzurufen wird (vgl. Joh. 14, 2). Der quadratische Grundriß, dessen Maßen auch die Höhe der Stadt entspricht, ist das Sinnbild ihrer Vollkommenheit[5]. Die Edelsteine, die Perlentore, die goldene Hauptstraße, die hindurchführt, zeugen von ihrer unvorstellbaren Schönheit, für die nur das Schönste, womit diese Erde ausgeschmückt ist, als Vergleich sich eignet. In *heiligem Schmuck* wird die Kirche in ihrer vollendeten Gestalt erscheinen, gilt doch von dem Herrn, dem sie dient und gehört: »Herr, mein Gott, du bist sehr herrlich; du bist schön und prächtig geschmückt« (Ps. 104, 1). Alles Unedle, Gemeine, Häßliche, auch alles Armselige, das jetzt den Adel der Kirche als der Braut Christi verdeckt und ihr Bild noch verunstaltet, ist abgetan (V. 27).

Ein weiterer, bedeutsamer Einzelzug ist, daß die Stadt *keinen Tempel* mehr braucht: »Ich sah keinen Tempel darin; denn der Herr, der allmächtige Gott, ist ihr Tempel und das Lamm« (V. 22). Im irdischen Jerusalem war der Tempel das Kostbarste,

das die Gottesstadt in ihren Mauern barg: die Stätte der Gnadengegenwart Gottes, das Ziel all der Pilgerzüge, die Jahr um
Jahr hinaufzogen, um mit Frohlocken und Danken ihre Opfer
darzubringen (vgl. Ps. 42, 5; 84, 1 ff.). Gotteshäuser, Kirchen
und Dome, Münster und Kapellen hat auch die Christenheit
für ihren Gottesdienst erbaut, und bis heute ist es so, daß die
Liebe zum Gotteshaus und Gottesdienst ein Gradmesser des
geistlichen Lebens ist. Aber in der Vollendung wird die ganze
Kirche so sehr von der Lichtfülle und Gnadengegenwart Gottes
und des Lammes erfüllt sein, daß es keiner besonderen Stätte
der Anbetung mehr bedarf. An die Stelle der verhüllten Gnadengegenwart des Herrn in Wort und Sakrament tritt die un-
mittelbare Anbetung vor seinem Thron; der Glaube ist zum
Schauen geworden (vgl. 2. Kor. 5, 7; 1. Kor. 13, 12). Damit ist
aber zugleich das Ende aller Tempel gekommen: »Die Zeit aller
Religionen und Kulte ist vorbei. Das Jahrtausende alte Bemühen der Menschheit, das sie auf unbeschreibliche Höhen und in
ebenso viele Tiefen geführt hat und das doch alles in allem ein
ergreifendes Bild ihrer Sehnsucht ist, kommt ans Ziel. Auch die
Religionsgeschichte, dieses Spiegelbild tiefster Intuitionen und
sonderbarster Verirrungen des Menschengeistes, geht zu Ende
und wird vollendet« (H. Lilje)[6]. Daß nicht alles, was der Menschengeist im Lauf der Geschichte, auch der Religionsgeschichte,
erkannt hat, einfach abgetan wird, darf man dem Hinweis entnehmen: »Man wird die Pracht und die Herrlichkeit der Völker
in sie bringen« (V. 26). Nach all der Zertrennung in die ver-
schiedensten Glaubensweisen wird eine Herde unter einem Hirten sein (vgl. Joh. 10, 16).
Dies ist das Bild der vollendeten Kirche, deren oft wenig glaub-
würdige Gestalt uns bekümmert und die der Kritik mancherlei
Angriffsflächen bietet. Wie sehr weckt es unsre Sehnsucht auf!

Das ewige Leben

»Meister, was soll ich Gutes tun, daß ich das ewige Leben möge
haben?« Mit dieser Frage hat sich der reiche Jüngling an Jesus
gewandt (Matth. 19, 16).
Es ist gewiß nicht alltäglich, wenn ein junger Mann von dieser

Frage bewegt und umgetrieben wird. Auch ihrem Inhalt nach gibt die Frage viel zu denken. *Was* soll ich tun? Ich weiß es nicht aus mir selbst; der Belehrung aus berufenem Mund bin ich bedürftig. Was soll *ich* tun? Nicht die andern; meine Antwort auf Gottes Anspruch ist gefordert. Was soll ich *Gutes* tun? Es reicht nicht zu, daß ich mich schlecht und recht durchbringe; das Gute, nicht nur das Mittelmäßige oder nur Gutgemeinte, vielmehr das, was vor Gott gut ist, mit seinem Willen in Einklang steht, das möchte ich in Erfahrung bringen und in die Tat umsetzen. Sage mir, Meister, wie ich handeln soll, daß ich das Leben gewinne? Dabei ist nicht nur an ein Leben jenseits von Tod und Grab gedacht. Schon jetzt gilt, daß das Leben nur dann Wert und Verheißung hat, wenn es ein Gott gehorsames Leben ist. Dies geht aus der Antwort Jesu klar hervor, die den Jüngling auf die Gebote, insbesondere auf das erste Gebot verweist.

Ist die Frage, die dieser junge Mann gestellt hat, nicht darin vorbildlich, daß er sich auf das konzentriert, was jetzt und hier gefordert ist? Er fragt nicht, wie es sich mit dem ewigen Leben verhalte. Einzig an seiner Pflicht vor Gott ist er interessiert. Sollten nicht auch wir uns auf diese Frage beschränken, zumal wir ja über das *ewige Leben* ohnehin nichts Gewisses ausmachen können?

Ohne Zweifel sind wir auch hier an eine unübersteigbare Grenze unsres Erkennens geführt. Selbst ein so erleuchteter Geist wie der Apostel Paulus, der von einer Entrückung bis in den »dritten Himmel«, bis »ins Paradies« erzählen konnte (vgl. 2. Kor. 12, 2 ff.), blieb sich dieser Grenze bewußt (vgl. 1. Kor. 2, 9). Er hat nicht zu schildern versucht, was er im Zustand dieser Entrückungen hörte und schauen durfte. Nur weil sich seine Gegner ihrer »hohen Offenbarungen« rühmten, hat er überhaupt diese übersinnlichen Erlebnisse erwähnt. In diesem Zusammenhang darf auch an die bekannte Geschichte jener beiden Klosterbrüder erinnert werden, die vereinbarten, derjenige, der zuerst sterbe, solle dem Hinterbliebenen eine Botschaft aus der anderen Welt zukommen lassen. Als nun der eine starb, erschien er dem andern im Traum. Auf dessen gespannte Frage: »Qualiter?« (Wie sieht es dort aus?) gab er die Antwort: »Aliter« (Anders). Und als sich der Frager nicht zufriedengab und zurückfragte: »Qualiter aliter« (Wie anders?), bekam er den Bescheid: »Totaliter aliter!« (Ganz anders!).

Wozu also über das ewige Leben sich den Kopf zerbrechen? Ist es nicht genug zu wissen, daß uns Jesus Christus durch seine Auferstehung ein ewiges Leben erworben hat? Zu unsrem Heil und Trost hat er »dem Tode die Macht genommen und das Leben und ein unvergänglich Wesen ans Licht gebracht« (2. Tim. 1, 10). Daß Er uns erwartet, der schon jetzt nach seiner Verheißung alle Tage bei uns ist (Matth. 28, 20) und uns auch im finstern Todestal seinen Beistand nicht versagen wird (Ps. 23, 4), dies genügt doch, um Glauben zu halten, jetzt und in der Stunde unsres Todes. Vieles spricht dafür, daß wir hier mit unsren Gedanken haltmachen, uns also mit dem »Daß« begnügen und das »Wie« des ewigen Lebens offenlassen können. Aber nun steht neben der Mahnung »Kämpfe den guten Kampf des Glaubens« die andere: »Ergreife das ewige Leben, dazu du berufen bist« (1. Tim. 6, 12). Setzt solches Ergreifen nicht doch voraus, daß ich ein klares, wirklich leuchtendes Ziel vor mir sehe? Der kann nicht ergreifen, der ins Ungewisse greift! Deshalb wird uns in der Heiligen Schrift doch so viel vom ewigen Leben gezeigt, daß ein heller Strahl der Freude in unser Herz fällt und die Christenhoffnung Welt und Tod überwindende Kraft gewinnt. Wenn auch keineswegs alle Fragen beantwortet werden, die menschliche Wißbegierde stellen möchte — das »ewige Leben«, zu dem sich die Christenheit im Apostolikum bekennt, bleibt nicht etwas Undeutliches, Unfaßliches, eine leere dogmatische Formel. Wir können die Aussagen des Neuen Testaments in sieben Sätze zusammenfassen:

1. *Das ewige Leben wird ein wirkliches Leben in einem neuen, verklärten Leibe sein.* »Ewiges Leben« meint auf keinen Fall, daß unser irdisches Dasein ins Endlose verlängert wird. Dieses Leben, das uns jetzt zwischen Geburt und Tod gegeben ist, wäre nicht wert, ewig gelebt zu werden. Zwar ist es so kurz bemessen, daß man den Wunsch des Dichters »Sieben Leben möcht ich haben« (Albrecht Goes) sehr wohl nachfühlen kann. Aber weil es ein von Sünde beflecktes, von Mühsal und Enttäuschung überschattetes Leben ist, geschieht ihm recht, daß es im Tod vergeht. Das Wort »ewig« ist weniger im zeitlichen als viel-

mehr im wesentlichen Sinne (qualitativ) gemeint. Das ewige Leben verdient den Namen »Leben« wirklich: es ist das eigentliche, wahrhaftige, vollkommene Leben, wie es Der besitzt, bei dem die »Quelle des Lebens« ist (Ps. 36, 10).

Darin freilich gleicht dieses neue Leben dem, das uns jetzt verliehen ist: Es wird ein Leben im Leibe sein. Wir empfangen es dadurch, daß derselbe Gott, der Jesus von den Toten auferweckt hat, unsre »sterblichen Leiber lebendig macht« (Röm. 8, 11). Zwar wird der Leib, den wir in der Auferstehung empfangen, völlig verschieden von dem irdischen Leibe sein, der jetzt der Sitz unsres Lebens, das Werkzeug unsres Handelns ist. »Es wird gesät ein zerstörbarer Leib und wird auferstehen ein unzerstörbarer Leib. Es wird gesät in Unehre und wird auferstehen in Herrlichkeit. Es wird gesät in Schwachheit und wird auferstehen in Kraft. Es wird gesät ein seelischer Leib und wird auferstehen ein geistlicher Leib« (1. Kor. 15, 42 ff.). Dennoch wird auch das ewige Leben nicht leibloses, sondern, wie aus dieser Gegenüberstellung klar hervorgeht, leibliches Leben in einem unverweslichen, von Gottes Geist geschaffenen und regierten Leibe sein, der an der Kraft und Herrlichkeit des lebendigen Gottes teilhat. Dieser »Leib der Niedrigkeit«, der uns in all seiner Schwachheit so tief demütigt und uns mit seiner Anfälligkeit für Schmerz und Sünde so viel Kummer macht, wird dem »Leib der Herrlichkeit«, den Jesus Christus in seiner Auferstehung empfangen hat, gleichgestaltet (Phil. 3, 21).

2. Im ewigen Leben wird unsre Gemeinschaft mit Jesus Christus zu ihrer Vollendung kommen. Jetzt gilt: »Wir wandeln im Glauben und nicht (noch nicht!) im Schauen«; solange wir noch in diesem Leibe wallen, sind wir »ferne vom Herrn« (2. Kor. 5, 6 f.). Das Neue, das wir vom ewigen Leben erhoffen dürfen, besteht wesentlich darin, daß wir »ihn sehen, wie er ist«, von Angesicht zu Angesicht (1. Joh. 3, 2). Daß diese sichtbare Begegnung mit Jesus Christus erhofft und gewährt wird, ist nicht darin begründet, daß die Glaubensgemeinschaft zwischen dem Erhöhten und seiner Gemeinde auf Erden etwas Unsicheres, Halbes, Unfertiges wäre. Sie ist fest und tief, durch den Heiligen Geist vermittelt und lebendig erhalten, in der Treue Christi fest verankert. Aber die Liebe verlangt nach der sichtbaren Begegnung. Dies beobachten wir an uns selbst, wenn wir von Menschen, die wir liebhaben, lange und schmerzlich getrennt sind. Wir möchten nicht nur Briefe tauschen, wir sehnen uns nach einem Wiedersehen. Dies gilt auch im Blick auf Jesus Christus, wenn wir ihm wirklich im Glauben anhangen, in einer personhaften Lebens- und Liebesgemeinschaft mit ihm verbunden sind. »Ihn habt ihr nicht gesehen und habt ihn doch lieb und glaubet jetzt an ihn, wiewohl ihr ihn nicht sehet« (1. Petr. 1, 8). Unaussprechlich groß und herrlich wird die Freude sein, wenn sich erfüllt, was er selbst versprochen hat: »Ihr habt nun Traurigkeit; aber ich will euch wiedersehen, und euer Herz soll sich freuen, und eure Freude soll niemand von euch nehmen« (Joh. 16, 22).

3. Im ewigen Leben wird aus unserer Erkenntnis Gottes, die jetzt Bruchstück bleibt, ein Ganzes werden. Ein »Stückwerk« nennt Paulus im 2. Korintherbrief das Maß der Erkenntnis, das uns verliehen ist. »Unser Wissen ist Stückwerk und unser Weissagen ist Stückwerk. Wenn aber kommen wird das Vollkommene, so wird das Stückwerk aufhören« (1. Kor. 13, 9 f.). Mit dem »Wissen« ist hier nicht das Resultat unsrer wissenschaftlichen Forschung im Bereich der Natur und des Geistes gemeint, obwohl wir auch hier deutlich an die Grenzen unseres Erkennens stoßen. Paulus denkt an unser Wissen von Gott, wie es uns durch sein Wort und seinen Geist geschenkt und vermittelt wird. Unsre Erkenntnis Gottes ist und bleibt jetzt und hier Fragment — auch bei einem so erleuchteten Theologen wie Paulus, bei dem die größten Lehrer der Kirche, Augustin, Luther und andere, in die Schule gegangen sind. Wenn das Vollkommene kommen wird, dann, so meint der Apostel, werden wir auf dieses Stückwerk zurückschauen, wie ein Mensch, zum Manne gereift, auf seine kindlichen Gedanken und Urteile zurückblickt (1. Kor. 13, 11).
Damit ist nicht gesagt, daß unsere jetzige Glaubenserkenntnis nur teilweise gültig oder gar mit Irrtum vermischt sei. Christus hat ja doch seiner Gemeinde den Geist verheißen, der sie »in alle Wahrheit leitet« (Joh. 16, 13). Der tiefgreifende Wandel der Gotteserkenntnis besteht darin, daß aus dem Bruchstück das Ganze wird. »Jetzt sehen wir durch einen Spiegel in einem

dunklen Wort; dann aber von Angesicht zu Angesicht« (1. Kor. 13, 12). Nur im Spiegel seines Wortes ist uns Gott jetzt erkennbar; indirekt, nicht unmittelbar, nicht in unverhüllter Gegenwart. Auch wenn wir noch so fleißig in diesen Spiegel blicken, bleibt vieles dunkel, ein Rätselwort; dies gilt im besonderen von dem prophetischen Wort der Schrift, das in die Zukunft weist. Erst im Zug der Erfüllung wird hier vieles seinen Sinn enthüllen. Wir sollen uns darüber weder verwundern noch betrüben, vielmehr das, was unsre Erkenntnis übersteigt, getrost auf die Macht und Weisheit Gottes werfen. Er wird uns die Antwort auf die noch ungelösten Fragen und Rätsel nicht schuldig bleiben. Vom ewigen Leben dürfen wir erhoffen, daß unser fragmentarisches »Wissen« zu seiner Vollendung kommt. Aus dem Ausschnitt wird ein Ganzes. Dies stimmt mit dem Wort Jesu aus den Abschiedsreden (Joh. 16, 23) überein: »An demselben Tage werdet ihr mich nichts fragen.« Er bringt die Lösung aller Rätsel.

4. Im ewigen Leben werden wir zu Lob und Anbetung vor dem Thron Gottes und Christi versammelt sein. Auch im ewigen Leben wird »der unendliche qualitative Unterschied zwischen Gott und Mensch« (Kierkegaard) nicht aufgehoben. Zwischen dem heiligen Gott und der erlösten Menschheit bleibt die Distanz gewahrt. Ewiges Leben heißt nicht Vergottung der Kreatur, nicht Aufgehen und Versinken im Meer der Gottheit, wie man sich dies im Rahmen einer mystisch-pantheistischen Gottesauffassung gern vorgestellt hat. Auch in der neuen, himmlischen Welt thront der dreieinige Gott über den Lobgesängen der Erlösten.
Dies wird uns besonders im letzten Buch der Bibel, in der Offenbarung eindringlich vor Augen gestellt. In dem gewaltigen Gesicht von dem Throne Gottes (Kap. 4 f.) ist davon die Rede, wie die ganze Schöpfung dem Allmächtigen und seinem Christus huldigt. Die 24 Ältesten, die Repräsentanten des Gottesvolks, legen ihre Kronen ab, um zusammen mit den »vier Gestalten« anzubeten, die um den Thron sind und Tag und Nacht ihr »Heilig, heilig, heilig ist Gott der Herr« erklingen lassen: »Sie fielen nieder vor dem, der auf dem Thron saß, und beteten den an, der da lebt von Ewigkeit zu Ewigkeit, und legten ihre Kro-

nen nieder vor dem Thron und sprachen: Herr, unser Gott, du bist würdig, zu nehmen Preis und Ehre und Kraft; denn du hast alle Dinge geschaffen« (Offb. 4, 10 f.). In dieses Tedeum stimmt die große, unzählbare Schar der Überwinder ein, die der Seher »angetan mit weißen Kleidern und Palmen in ihren Händen« vor dem Thron Gottes und dem Lamm versammelt sieht (Offb. 7, 9 ff.). Auf die Frage, wer sie sind und woher sie kommen, wird ihm gesagt, daß sie »aus großer Trübsal« gekommen sind, nun aber »sind sie vor dem Thron Gottes und dienen ihm Tag und Nacht in seinem Tempel«. Das Wort, das Luther mit »Dienen« übersetzt, meint im Urtext eindeutig den Dienst der Anbetung. Heißt dies, das ewige Leben bestehe nur im Hallelujasingen und Palmenschwingen, wie der Unverstand törichter Menschen schon gespottet hat? Keineswegs. Schon, daß zum ewigen Leben der neue Leib gehört, weist in andre Richtung; im Leibe leben heißt: zum Handeln befähigt, zu einem tätigen Leben bestimmt und berufen sein. Auch in dem Gleichnis von den anvertrauten Talenten (Matth. 25, 14 ff.) klingt dieser Gedanke an. »Du bist über wenigem getreu gewesen, ich will dich über viel setzen«, wird hier dem Knecht gesagt, der die anvertrauten Pfunde gemehrt hat. Keine Rede davon, daß der Knecht, der in seines Herrn Freude eingehen darf, damit aus dem Dienstverhältnis entlassen wäre. Größere Aufgaben werden ihm nach der irdischen Bewährungsprobe anvertraut. Welcher Art diese Aufträge sind, die Jesus Christus in der kommenden Welt zu vergeben hat, ist uns nicht gesagt; es ist müßig, darüber Vermutungen anzustellen. Genug zu wissen, daß dieser Herr die Treue lohnt. Wer sich das ewige Leben als eine Art himmlisches Schlaraffenland vorstellt, hat jedenfalls vom Geist der Bibel keinen Hauch verspürt. Das ewige Leben ist Gottesdienst; in diesem Gottesdienst wird die »ewige priesterliche Aufwartung vor Gottes Thron« (Oetinger) die Mitte sein.

5. *Im ewigen Leben wird aus den jetzt noch getrennten Gliedern des Leibes Christi ein einziges Gottesvolk, eine Herde unter einem Hirten werden (Joh. 10, 16).* Eine »große Schar, die niemand zählen konnte, aus allen Nationen und Stämmen und Völkern und Sprachen« sieht der Seher von Patmos um den Thron des Allmächtigen und um das Lamm versammelt (Offb.

7, 9). Einmütig bringt diese unzählbare Schar im Chorgebet ihren Lobpreis dar. Endgültig abgetan sind die Schranken, die die Völker voneinander trennten. Die Verschiedenheit der Sprache, der Rasse und Hautfarbe, der Geschichte, Kultur und Religion, die in dieser Weltzeit die Ausbreitung des Evangeliums vom Reich und die Sammlung der Gemeinde Jesu Christi so sehr erschwert, ist aufgehoben. Auch die unselige Zertrennung der Christenheit in eine Vielzahl von Konfessionen und Denominationen hat dann ein Ende[7]. Die Einheit des Leibes Christi, die zwar besteht, aber deren geschichtliche Darstellung und Verwirklichung der Christenheit so schlecht gelungen ist, wird sichtbare Wirklichkeit. Die große ökumenische Sammlungsbewegung der Christenheit, deren Zeugen wir in diesem Jahrhundert geworden sind, wird nicht im Sande verlaufen. Auch das neu und intensiv begonnene Gespräch der Kirche Christi mit Israel wird nicht vergeblich bleiben. Der Zusammenschluß aller, die Gott je unter seine Herrschaft rief, zu einem in einmütigem Lobpreis vereinten Gottesvolk, ist im ewigen Leben zu erwarten.

Wir sollten beim ewigen Leben also nicht nur an die private Seligkeit des Einzelnen denken, wie es in der christlichen Frömmigkeit weithin üblich wurde. Dies ist eine individualistische Verengung der Hoffnung, die sich vom Zeugnis des Neuen Testaments entfernt. Gewiß kann man nur als Einzelner, nicht in Formationen selig werden. Buße und Glaube sind Grundentscheidungen, in denen keiner den andern vertritt. Aber dies hebt nicht auf, daß auch im Blick auf das zukünftige Leben die Gliedschaft des Einzelnen am Leibe Christi grundwichtig ist und im Neuen Testament die Gestalt der Hoffnung prägt. So sehr wird hier das ganze Volk Gottes des Alten und Neuen Bundes als eine Einheit aufgefaßt, daß alle, die im Herrn entschlafen sind, erst dann zur wirklichen Vollendung gekommen sind, wenn die, die Jesu Wiederkunft erleben, mit ihm zur Herrlichkeit erhoben werden. Erst, wenn die letzten Läufer am Ziel sind, haben alle gesiegt (vgl. Hebr. 11, 39 f.).

6. Im ewigen Leben wird alle Traurigkeit, Trübsal und Angst in Freude und Jubel verwandelt. Jetzt ist die Zeit, da wir noch »traurig sind in mancherlei Anfechtungen« (1. Petr. 1, 6). Dabei ist nicht nur an die Mühsal und das Leid aller Kreatur gedacht, von dem jeder sein Teil im Lauf seines irdischen Daseins verspürt und ertragen muß. »Trübsal« meint im Neuen Testament die Bedrängnis, die uns aus dem Bekenntnis zu Jesus Christus in dieser Welt erwächst. In diesem Sinn will auch das Wort Jesu: »In der Welt habt ihr Angst, aber seid getrost, ich habe die Welt überwunden« (Joh. 16, 33) verstanden sein. Von dieser Trübsal gilt, daß sie »zeitlich und leicht« ist, auch wenn ein Christ wie Paulus in Verfolgung, Blöße, Hunger, Gefahr und Schwert den Haß der Welt erfahren muß. Sie schafft, sofern sie in der Gemeinschaft mit Jesus Christus durchlitten wird, eine »ewige und über alle Maßen wichtige Herrlichkeit« (2. Kor. 4, 17). Mißt man sie daran, dann ist sie »leicht«.

Auch diejenigen, die die Wehen der letzten Zeit erleben müssen und »aus großer Trübsal« kommen, werden dann wunderbar getröstet und als Sieger zum Jubel befreit. »Sie wird nicht mehr hungern noch dürsten; es wird auch nicht auf sie fallen die Sonne oder irgendeine Hitze; denn das Lamm mitten auf dem Thron wird sie weiden und leiten zu den lebendigen Wasserbrunnen, und Gott wird abwischen alle Tränen von ihren Augen« (Offb. 7, 16 f.). Ein besonders sprechendes Bild für diese Erquickungszeit, der Gottes Volk entgegenwandert, gebraucht der Hebräerbrief, wenn er von der »Ruhe« spricht (wörtlich dem »Sabbattag«), die dem Volke Gottes noch aufbehalten ist. Wie auf die Werktagswoche der Feiertag folgt, an dem wir von unsrer Arbeit ruhen dürfen, so wird der alle Kräfte anspannende irdische Glaubenslauf in diese »Ruhe« einmünden (Hebr. 4, 9).

Mit Bedacht haben wir diese Erwartung der »wunderschönen Himmelsfreud« (Johann Mühlmann) nicht an den Anfang gestellt, auch wenn sie in der vulgär-christlichen Hoffnung an erster Stelle steht. Geht es doch in der biblischen Hoffnung keinesfalls darum, daß menschliches Glücksverlangen, das in dieser Welt zu kurz kommt, auf einer höheren Ebene befriedigt werde. Der Ausgangspunkt ist nicht das egoistische Glücksverlangen des Menschen, sondern der Retterwille Gottes. Dies geht schon daraus hervor, daß das griechische Wort für den Ausdruck »Seligkeit«, der einen eudämonistischen Klang hat, »Rettung, Heil« bedeutet. Gott holt uns heim in die Gemeinschaft mit sich selbst und seinem Sohne — dies ist das Allerwichtigste beim Seligwerden. »Wir werden bei dem *Herrn* sein allezeit« (1. Thess. 4, 17). So gilt, gerade auch im Blick auf den neuen Himmel und die neue Erde und alles, was uns dort erwartet: »Wenn ich nur dich habe, so frage ich nichts nach Himmel und Erde« (Ps. 73, 25). Auf die Vereinigung mit Jesus Christus hat Paulus, hart an der Schwelle des Martyriums, seine Erwartung konzentriert: »Ich habe Lust, abzuscheiden und bei Christus zu sein« (Phil. 1, 23). So viel wird uns die Hoffnung des ewigen Lebens bedeuten, wird sie uns eine Quelle der Kraft und des Trostes sein, als die Lebensverbindung mit der Person Jesu Christi schon jetzt unser wahres Glück, unsres Herzens Trost und Freude ist.

7. *Das ewige Leben beginnt nicht im Jenseits, es will jetzt und hier in der Erkenntnis Gottes und der Nachfolge Christi seinen Anfang nehmen.* So gewiß es durch die Auferweckung aus dem Tode zu seiner gültigen Gestalt und ewigen Vollendung kommt, sowenig beginnt es hinter der Friedhofsmauer. Man gelangt auch nicht einfach durchs Älterwerden und Begrabenwerden hinein, als ob das ewige Leben die Kehrseite des irdischen Daseins wäre. Im Heute der Gnade will dieses Leben begonnen und ergriffen sein (vgl. Ps. 95, 7; Luk. 19, 5; Hebr. 3, 13). Besonders in den johanneischen Schriften wird bezeugt, wie sehr das ewige Leben eine schon gegenwärtige Heilsgabe Gottes ist. »Das ist aber das ewige Leben, daß sie dich, der du allein wahrer Gott bist, und den du gesandt hast, Jesus Christus, erkennen« (Joh. 17, 3). In diesen Worten aus dem hohepriesterlichen Gebet Jesu ist das ewige Leben nicht in eine ferne Zukunft verlegt. Wir sind schon dadurch im Besitz dieses Lebens, daß wir mit Gott, dem Vater und dem Sohne, in einer personhaften Glaubens-, Lebens- und Liebesgemeinschaft verbunden sind. »Wahrlich, wahrlich, ich sage euch: Wer mein Wort hört und glaubt dem, der mich gesandt hat, der hat das ewige Leben und ist vom Tode zum Leben hindurchgedrungen« (Joh. 5, 24). In dieselbe Richtung weist der 1. Johannesbrief: »Wer den Sohn Gottes hat, der hat das Leben, wer den Sohn Gottes nicht hat, der hat das Leben nicht« (1. Joh. 5, 12).
Auch im Blick auf die Vollendung des Einzelnen gilt also, daß

die Zukunft nur enthüllt, was dem Glaubenden jetzt schon, unter Kreuz und Trübsal verborgen, gegeben ist. Er darf ja den Heiligen Geist als die Erstlingsgabe des Gottesreichs schon jetzt empfangen; er hat ihn als »Tröster« bei sich, zur Liebe befreit, von »Kräften der kommenden Welt« erfüllt (Hebr. 6, 5).

Wie dieses ewige Leben ergriffen und festgehalten wird, davon wäre viel zu sagen. Taufe und Buße, Glaube und Gehorsam, Bekenntnis und standhafte Nachfolge, auch das »Jagen nach der Heiligung, ohne die niemand den Herrn sehen wird« (Hebr. 12, 14) — dies alles fällt hier in die Waagschale. Fest steht, daß dieses ewige Leben, wenn auch noch unter der Hülle der Sterblichkeit, heute und hier beginnt und bei Jesus Christus, dem »Fürsten des Lebens« (Apg. 3, 15), sonst nirgends zu gewinnen ist.

Herr, wohin sollen wir gehen? Auf allen Straßen der Welt wartet am Ende der Tod. Aber du — du allein — hast Worte des ewigen Lebens (Joh. 6, 68).

Offene Fragen

Das Zwischenreich

Die Botschaft der Bibel wendet sich an die Heilsbegierde, nicht an die Wißbegierde. Dies gilt besonders im Blick auf all das, was wir über die Wiederkunft Christi, das Ende dieser Weltzeit und die Vollendung aller Dinge in Gottes neuer Welt erfahren. Viele Fragen, die unsre Neugier stellen möchte, werden in der Bibel weder gestellt noch beantwortet. Auch da, wo durch das prophetische Wort ein Licht auf diese »letzten Dinge« fällt, bleibt vieles geheimnisvoll. In der Auslegung derselben Texte kann man deshalb, wie die Geschichte der Theologie und der Kirche zeigt, recht verschiedener Meinung sein. Manches legt sich selbst erst im Zuge der Erfüllung aus. Wir müssen uns also bescheiden und manche Fragen offenlassen.

Drei solche »*Offene Fragen*« sollen ins Auge gefaßt und mit der hier gebotenen Zurückhaltung erwogen werden: 1. Was es um das Tausendjährige Reich? 2. Wie verhält es sich mit der Weissagung vom Kommen des Antichrists? 3. Ist die Lehre von der Allversöhnung schriftgemäß?

Keine dieser drei Fragen ist aus der Luft gegriffen. Alle drei sind in der Heiligen Schrift selbst angeschnitten. Aber in der Deutung der einschlägigen Schriftstellen ist man sich bis heute in der Christenheit nicht einig. Der Widerstreit der Meinungen läßt sich weit in die Geschichte der Kirche zurückverfolgen. Lohnt es sich überhaupt, sich um die Beantwortung dieser Fragen zu bemühen? Handelt es sich dabei nicht um *Randprobleme* der Eschatologie, deren Lösung wir angesichts des Widerstreits menschlicher Meinungen am besten der Macht und Weisheit Gottes überlassen? Er weiß gewiß, wie er seinen Heilsplan hinausführen soll. Zu Seiner Zeit und auf Seine Weise wird er all das »zu Stand und Wesen bringen«, was die Schrift uns ankündigt.

Dieser Einwand hat Gewicht, und doch kann er uns nicht hindern, zu den genannten Fragen Stellung zu nehmen. Diese Texte stehen nun einmal in der Schrift und wollen deshalb auch aufmerksam gelesen, auf ihren Inhalt und ihre Bedeutung befragt werden. Bestimmte Deutungen liegen vor, in der Lehre und im Bekenntnis der Kirchen und bei außerkirchlichen Gruppen und Sekten. Infolgedessen ist es notwendig, auf jeden Fall die offensichtlich unrichtigen Deutungen auszuschließen. Man darf auch das Gewicht dieser Fragen *nicht unterschätzen*. Die Vision vom Tausendjährigen Reich hat — bis in die säkularen Utopien unsrer Zeit hinein — eine große geschichtliche Wirkung gehabt. Das Auftreten des Antichrists und die Frage, woran er erkennbar ist, kann uns nicht gleichgültig sein, wenn wir der List und Kunst seiner Verführung zu widerstehen entschlossen sind. Die Frage, ob mit einem doppelten Ausgang der Menschheit zu rechnen ist oder ob die Lehre von der Allversöhnung biblisch ist, greift erst recht in Predigt und Seelsorge ins Leben der Gemeinde ein. Was wird das Los derer sein, die bei Lebzeiten dem Ruf zur Umkehr und zum Glauben an Jesus Christus ihr Ohr und Herz verschlossen haben? Sind sie ewig verloren oder besteht die Hoffnung, daß auch sie, ja daß alle Geschöpfe Gottes noch von seiner Liebe erfaßt und errettet werden? Die Antwort — ob sie nun so oder anders ausfällt — hat für die ganze Verkündigung der Kirche erhebliche Bedeutung. Deshalb müssen wir auf diese Fragen eingehen, doch so, daß wir uns hüten, das hier vorgetragene Verständnis der Texte als das einzig Richtige hinzustellen oder gar dem Leser die eigene Meinung aufzuzwingen.

An erster Stelle soll die Frage nach dem »*Tausendjährigen Reich*« erwogen werden.

Schon viel wurde daran herumgerätselt; es gibt kaum ein Lehrstück des Christenglaubens, das von den Anfängen der Christenheit bis heute derart verschiedene Auslegungen und Beurteilungen erfahren hat. In der theologischen Fachsprache wird die Erwartung, die dem Tausendjährigen Reich innerhalb der christlichen Hoffnung Raum gibt, als »*Chiliasmus*« bezeichnet (in Anlehnung an das griechische Wort für die Zahl 1000). Wir begegnen dieser chiliastischen Erwartung in der alten Kirche[1], jedenfalls in der Zeit vor Konstantin. Irenäus, Tertullian, Justin erwarten das Tausendjährige Reich als eine Übergangsperiode von der diesseitigen zur jenseitigen Gestalt des Gottesreichs. Das ändert sich, nachdem die bisher verfolgte Kirche unter dem Kaiser Konstantin und seinen Nachfolgern zunächst zur staatlich anerkannten, dann zur privilegierten Kirche geworden ist. Seit Konstantin, so glaubt man, ist das Tausendjährige Reich angebrochen und Gegenwart geworden. Es wird aus der Endzeit in die Geschichte der Kirche hereinverlegt — eine Auffassung, die auch der Kirchenvater Augustin von seinem Vorläufer Ticonius (gest. um 400) übernommen und vertreten hat. Die Kirche ist für ihn die civitas Dei (der Gottesstaat); die Zahl 1000 bezeichnet die Fülle der Zeit. Dieses Verständnis des Millenniums (lateinisch millennium = Zeitraum von 1000 Jahren) finden wir in der mittelalterlichen Kirche, deren Lehrbildung von Augustin maßgeblich beeinflußt wurde; es liegt auf der Hand, daß diese Deutung des Tausendjährigen Reichs, die es in die Gegenwart hereinverlegt, für das Selbstverständnis der Kirche weitreichende Folgen hatte.

In der Reformationszeit ist der Chiliasmus durch das Auftreten der Schwärmer und Wiedertäufer, die das Tausendjährige Reich durch den Sturz des Papsttums und der weltlichen Obrigkeit mit Gewalt herbeizwingen wollten, in Mißkredit geraten. Im Artikel XVII der Augsburgischen Konfession (vom Jahr 1530) wird er als eine »opinio judaica« (jüdische Fabel) mit Entschiedenheit verworfen[2]. Wenn diese Verwerfung sich auch gegen eine schwärmerische, durch Gewaltanwendung befleckte Auffassung des Tausendjährigen Reichs gewandt hat, so haben die Reformatoren doch an der kirchengeschichtlichen Deutung der Offenbarung des Johannes festgehalten.

Erst der Pietismus hat dieses geheimnisvolle Buch wieder mit anderen Augen gelesen und auf die Ereignisse der Endzeit gedeutet. Die Erwartung des Tausendjährigen Reichs wird nun wieder ganz in die Zukunft verlegt. Man erhofft es als einen »Zustand des Glanzes, der Juden- und Heidenbekehrung und der allgemeinen Regelung des Gemeinschaftslebens nach dem Maßstabe Christi«. Nun reißt die Reihe der Schriftausleger nicht mehr ab, die diese chiliastische Gestalt der Enderwartung vertreten und in verschiedenartiger Abwandlung erneuern. Sie reicht von Johann Albrecht Bengel, Friedrich Christoph Oetinger, Philipp Matthäus Hahn bis zu Johann Tobias Beck und Karl August Auberlen; auch die neueren Lutheraner, vor allem Christian Konrad von Hofmann, Wilhelm Löhe, Hermann Reinhold Frank, auch Hermann Bezzel haben sich bemüht, den Chiliasmus wieder zu Ehren zu bringen. »Wer so blind ist, daß er in dem, was die Gemeinde Christi bereits zurückgelegt hat, eine Herrschaft der Heiligen, das tausendjährige Reich erkennen will, dem ist der Star nicht zu stechen« — so hat z. B. J. T. Beck geurteilt. Die kirchengeschichtliche Deutung des Milleniums wurde zugunsten einer betont endgeschichtlichen Auffassung aufgegeben. In dieser Form haben sich dann vor allem zahlreiche Sekten (Adventisten, Templer, Mormonen, Zeugen Jehovas u. a.) dieser Lehre vom Tausendjährigen Reich bemächtigt und es zum inbrünstig erfaßten Ziel ihrer Hoffnung gemacht.

Das biblische Fundament, auf das man diese Lehre stellen kann, ist allerdings recht schmal. Genau besehen gibt es für das Tausendjährige Reich nur eine einzige Belegstelle (Offb. 20, 1–6). Weder bei den Synoptikern noch bei Johannes oder Paulus wird es erwähnt. Man hat deshalb andere Schriftstellen beigezogen, vor allem aus den Propheten, um so eine breitere Basis für diese Erwartung zu gewinnen. *Drei Gedankenreihen* haben dabei schon immer eine wichtige Rolle gespielt: 1. Die prophetischen Verheißungen von der Wiederkehr irdischer Paradieses-Herrlichkeit (Hes. 36, 35; Joel 2, 18 ff.; Amos 9, 13). 2. Die Weissagung von der Wiederherstellung Israels (Amos 9, 11 f.; Jes. 65, 18 ff.; Zeph. 3, 19 f.) und von dem messianischen Friedensreich (Jes. 11, 1 ff.; Micha 4, 1 ff.; Sach. 9. 9 ff.; Ps. 72, 1 ff.). 3. Die Worte Jesu, die das Reich Gottes in durchaus irdischen Bildern und Farben beschreiben (Matth. 5, 5; 19, 28 f.; 26, 29; Luk. 14, 16 ff.), so daß man den Eindruck gewinnen konnte: »Jesus war wie alle anderen Propheten und Apostel ein Chiliast« (K. Auberlen). Kombiniert man diese Bibelstellen so, daß man ihre gemeinsame Erfüllung in das Millennium verlegt, so ergibt sich von diesem Tausendjährigen Reich folgendes Bild: Für eine Zeit von tausend Jahren wird der Satan gefangengesetzt; eine letzte Blütezeit des Gottesreichs bricht auf dieser Erde an. Die Christen, zuvor grausam verfolgt und unterdrückt, übernehmen die Herrschaft über die Völkerwelt. Die Missionierung der Weltvölker im großen Stil ist damit ermöglicht. Israel, das alte Bundesvolk, wird bekehrt, und nachdem es in Jesus den Christus erkannt hat, erfüllt es seinen Zeugenberuf unter den Heiden, indem es an die Spitze einer gewaltigen Expansionsbewegung des Gottesreichs tritt. Krieg und Kriegsgeschrei sind von der Erde verbannt; die soziale Gerechtigkeit wird verwirklicht und ein Zustand allgemeiner Wohlfahrt hergestellt. Die paradiesische Fruchtbarkeit der Erde macht es möglich, Hunger und Elend zu beseitigen. Noch herrscht zwar der Tod, aber die Lebensdauer der Menschen ist verlängert. Der grausame Kampf zwischen Mensch und Tier und unter den Tieren hört auf. Die ganze Herrlichkeit der ersten Schöpfung leuchtet noch einmal auf, ehe diese Weltzeit zu Ende geht: »Es muß auf dieser jetzigen Erde noch einmal kund werden, daß der Teufel, der sich die Herrschaft darauf anmaßte, nur ein Usurpator war; es muß der Mensch, ursprünglich zum Herrscher über die Erde bestimmt, sich noch einmal seiner Erde erfreuen können mit voller, ungeteilter, herrlicher Freude« (K. Auberlen). Im einzelnen sind — je nach der Art und dem Inhalt der Bibelstellen, die man beizieht — mancherlei Abwandlungen dieser Erwartung möglich. Aber das Anliegen, das dahinter steht, ist in diesem Zitat von Auberlen treffend zum Ausdruck gebracht.

So faszinierend dieses Bild ist, sosehr es der Sehnsucht der Menschheit nach einer besseren Welt entgegenkommt, in der »die echte Erfahrung des Menschseins für alle möglich wird« (K. Marx), sowenig lassen sich die Bedenken verschweigen, die dagegen sprechen. Die wichtigsten Einwände, die von denen erhoben werden, die den Chiliasmus als unbiblische, utopische Schwärmerei ablehnen, sind folgende:

1. Geht es mit rechten Dingen zu, wenn man Bibelstellen aus dem Alten und Neuen Testament so freizügig kombiniert und die Erfüllung der alttestamentlichen Weissagung nach eigenem Ermessen in die Zeit des Millenniums hineinverlegt? Löst man einzelne Schriftstellen in dieser Weise aus ihrem Zusammenhang, um einen bestimmten Text, der dem Ausleger besonders wichtig dünkt, dadurch anzureichern, so bedient man sich eines Verfahrens, mit dessen Hilfe man aus der Bibel alles, was man sich wünscht, beweisen kann. 2. Warum hat sich der Verfasser der Offenbarung des Johannes nicht deutlicher ausgedrückt,

wenn jene »tausend Jahre« eine für die Christenheit, für Israel und die ganze Völkerwelt derart bedeutsame Epoche darstellen werden? Warum ist er so sparsam in seinen Angaben, was den Zustand der Erde während dieses Zeitraums betrifft? Schon die Tatsache, daß das Tausendjährige Reich nur an dieser einzigen Stelle erwähnt wird (Offb. 20, 1—6), muß doch davor warnen, allzuviel hineinzulesen. 3. Darf man die Verheißungen des Alten Testaments von der Wiederkehr des Paradieses und der Wiederherstellung Israels so wortwörtlich verstehen und ihre massiv-irdische Erfüllung innerhalb der Geschichte dieser Welt erwarten? Der Neue Bund, der in Jesus Christus geschlossen ist, ist ja doch beides: die Erfüllung und die Krisis des Alten Bundes. Der Christus kam anders, als man ihn im Rahmen der messianischen Hoffnung Israels erwartet hat; er hing am Kreuz! Das darf doch bei der Auslegung dieser alttestamentlichen Stellen nicht außer acht gelassen werden. 4. Ist es denkbar, daß das Reich Gottes in dieser alten, vergehenden Welt in einer solch sichtbaren, irdischen Weise Gestalt gewinnt? Die Wiederkunft Christi sprengt doch den Rahmen aller irdischen Geschichte; dasselbe gilt von der »ersten Auferstehung«, die zu Beginn des Millenniums erfolgen soll. Wie soll man sich diese Zeit des Übergangs vorstellen, in welcher der Satan gefesselt ist? Weder die Sünde noch der Tod sind damit aus der Welt geschafft. Ist es dann nicht doch, trotz der veränderten Daseinsbedingungen, das alte Lied? Gilt nicht der Satz, »daß das Ziel der Menschheit weder auf der umgewandelten Erde noch vor Ausscheidung der Sünde erreicht sein kann« (M. Kähler)?

Gewiß kann man dagegen wieder sagen: Das Tausendjährige Reich ist nun einmal in der Schrift bezeugt: also muß es auch kommen! Wann und wie es kommt, mag offenbleiben. Man kann sich auf den Standpunkt stellen, daß dies ein undurchdringliches Geheimnis bleibe: »Alle Schriftausleger seit der Urchristenheit haben empfunden, daß es sich um ein großes Geheimnis handelt, und um die Deutung desselben mit heißem Bemühen gerungen. Wir bekennen offen, daß uns keine der Deutungen einleuchtend erscheint, sondern wir glauben, daß hier ein Geheimnis stehenbleiben muß, das uns erst enthüllt wird, wenn der Tag Jesu Christi gekommen ist« (K. Hartenstein)[3]. Aber so viel geht doch aus dem Zusammenhang, in dem vom Tausendjährigen Reich die Rede ist, eindeutig hervor, daß es der Zukunft zugehört und daß also die kirchengeschichtliche Deutung ein Fehlgriff war. Von der Machtergreifung Christi ist in den letzten 7 Visionen der Apokalypse (19, 11 — 22, 5) die Rede, in welche die biblische Belegstelle für das Millennium hineingehört. Voraus geht die Erscheinung Christi (19, 11—16), die Überwindung des Tiers und des falschen Propheten (19, 17—21); was folgt, sind die Visionen von der Vernichtung des Drachen (20, 7—10), vom Weltgericht (20, 11—15), vom neuen Himmel und der neuen Erde (21, 1—8) und von der Gottesstadt, dem neuen Jerusalem (21, 9 — 22, 5). Aus diesem Rahmen läßt sich der Text nicht herausbrechen, wenn man nicht willkürlich verfahren will. Es ist auch deutlich, daß sein Thema, genaugenommen, nicht das »Tausendjährige Reich«, vielmehr die Fesselung (bzw. Einschließung) des Drachens ist, der dann endgültig vernichtet wird.

»Und ich sah einen Engel vom Himmel fahren, der hatte den Schlüssel zum Abgrund und eine große Kette in seiner Hand. Und er griff den Drachen, die alte Schlange, das ist der Teufel und Satan, und band ihn tausend Jahre, und warf ihn in den Abgrund und verschloß ihn und tat ein Siegel oben darauf, daß er nicht mehr verführen sollte die Völker, bis daß vollendet würden die tausend Jahre . . . Und ich sah Throne, und sie setzten sich darauf, und ihnen ward gegeben das Gericht. Und ich sah die Seelen derer, die enthauptet sind um des Zeugnisses von Jesus und um des Wortes Gottes willen, und die nicht angebetet hatten das Tier noch sein Bild und nicht genommen hatten sein Malzeichen an ihre Stirn und auf ihre Hand; diese wurden lebendig und regierten mit Christus tausend Jahre. Die andern Toten aber wurden nicht wieder lebendig, bis daß die tausend Jahre vollendet wurden. Dies ist die erste Auferstehung. Selig ist der und heilig, der teilhat an der ersten Auferstehung. Über solche hat der zweite Tod keine Macht, sondern sie werden Priester Gottes und Christi sein und mit ihm regieren tausend Jahre« (Offb. 20, 1—6).

Was gibt dieser *Text* her, was sagt er aus? Viel weniger, als die Chiliasten hineingelesen haben. Von der Niederwerfung der gottwidrigen Feindmacht, des Teufels, ist die Rede. Sie erfolgt schrittweise: Zuerst wird er aus dem Himmel gestoßen und auf die Erde geworfen (Offb. 12, 9), dann seiner geschichtlichen Werkzeuge, des »Tiers« und des »falschen Propheten« (Offb. 19, 20) beraubt, sodann gefesselt und in den Abgrund verschlossen (Offb. 20, 2 f.), schließlich — nach einem letzten Sichaufbäumen (Offb. 20, 7) — in den feurigen Pfuhl gestürzt, endgültig unschädlich gemacht (Offb. 20, 10).

Der erste Akt, die Ausstoßung aus dem Himmel, ist bereits geschehen (vgl. Luk. 10, 18), alles andere steht noch aus und setzt das Ereignis der Parusie Christi (Offb. 19, 11 ff.) voraus. Für eine Zeit von tausend Jahren wird der »Drache« gebunden und gefangengesetzt. Diese Zahl darf man keinesfalls wörtlich nehmen, da es mit solchen Zahlenangaben in der Sprache der Apokalyptik seine besondere Bewandtnis hat[4]. Während dieser (für uns nicht nachzurechnenden!) Zeitspanne sieht der Seher »Throne« aufgestellt. Auf ihnen nehmen die Märtyrer Platz sowie alle, die der antichristlichen Verführung in standhaftem Bekenntnis Widerstand geleistet haben, um mit Christus zu herrschen und zu richten. Sie sind schon aus dem Tod zum Leben auferweckt, was mit der Erwartung des Paulus, daß diejenigen, die des Christus sind, vor der allgemeinen Totenerweckung auferstehen (vgl. 1. Kor. 15, 23), zusammenstimmt. Die Auszeichnung, die ihnen damit zuteil geworden ist, wird besonders betont: »Dies ist die erste Auferstehung« (Offb. 20. 5), das will sagen: das erste Aufgebot jener unermeßlichen Totenheere, die der Auferstandene aus dem Tod zum Leben erweckt. Daß diese »erste Auferstehung« erst jetzt, zu Beginn dieser tausend Jahre, sich ereignet, wird nicht gesagt. Das Neue, Besondere, das nach dieser Fesselung des Drachen an ihnen geschieht, ist, daß sie an der Herrschaft Christi und ihrer letzten Durchsetzung beteiligt sind: Zeugen und Teilhaber seines nicht mehr zu vereitelnden Triumphs über die teuflische Macht. Mehr steht nicht da, wenn wir am Wortlaut des Textes bleiben.

Die einzige Schwierigkeit, die übrigbleibt, wenn wir diese Stelle so aus sich selbst, ohne Beimischung anderer Bibelstellen, verstehen, ist die Zeitangabe. Wie soll man die »tausend Jahre« in den Rahmen der Enderwartung einfügen, die wir in den Evangelien und bei Paulus vorfinden? Die Schwierigkeit löst sich auf, wenn wir uns jene wichtige Stelle aus dem 2. Petrusbrief ins Gedächtnis rufen: »Eines aber sei euch nicht verborgen, daß *ein* Tag vor dem Herrn ist wie tausend Jahre und tausend Jahre wie *ein* Tag« (2. Petr. 3, 8). Gott mißt die Zeit mit anderen Maßen als wir Menschen. Dies gilt gewiß auch für den »Tag« des Menschensohns, den Tag seiner Parusie. Dieser Tag ist kein Vierundwanzigstundentag; er ist »wie tausend Jahre«. Wie lange er währt, weiß niemand, aber seinem Inhalt, seiner Bedeutung nach ist er wie tausend Jahre. An diesem Tag wird ja der Ertrag der Menschheitsgeschichte eingebracht, wird ihre Summe und Bilanz gezogen. Die Zahl tausend ist weniger zeitlich als vielmehr qualitativ zu verstehen. Das heißt aber, daß dieses Mit-Christus-Regieren und -Richten derer, die der ersten Auferstehung gewürdigt wurden, *innerhalb* dieses »Tages« Jesu Christi zu denken ist. Wie die sieben Visionen über die Ereignisse bei der Machtergreifung Christi gehört auch dieser Text, an dem sich die chiliastische Hoffnung entzündet hat, ganz zu dem, was an seinem »Tag« geschieht. Es steht also weder eine Vorvollendung der Gottesherrschaft innerhalb der Geschichte noch irgendeine Übergangsperiode zwischen der alten und neuen Welt im Blickfeld. Wir dürfen deshalb mit gutem Grund die Vorstellung von einem »*Zwischenreich*« fallen lassen. Damit wird die Hoffnung der Christenheit nicht ärmer, zumal ja die echten Anliegen des Chiliasmus in der Verheißung des neuen Himmels und der neuen *Erde* zu voller Genüge aufgenommen sind.

Die Heimholung der Völkerwelt, die Bekehrung und Wiederaufrichtung Israels, die Befriedung der Erde, ihre paradiesische Fruchtbarkeit, dies alles hat in der neuen Welt Gottes seinen Platz (vgl. 2. Petr. 3, 13). War der Chiliasmus ein kräftiger, zeitweise gewiß auch sehr heilsamer Protest gegen die individualistische Verkümmerung und die spiritualistische Verflüchtigung der biblischen Reichserwartung, so besteht doch kein Anlaß, diesem »Tausendjährigen Reich« nachzutrauern, nachdem uns die Auslegung des Textes dazu geführt hat, die Vorstellung von einem Zwischenreich fallenzulassen. Die Enderwartung der Christenheit ist damit um ein schwieriges Problem erleichtert.

Wie verhält es sich mit der Weissagung vom Kommen des Antichrists? Mit gutem Grunde haben wir dieses Problem unter die offenen Fragen der Eschatologie eingereiht. Seit der Zeit, da Hippolyt von Rom (gest. 235 n. Chr.) seine einflußreiche Schrift vom Christus und Antichristus geschrieben hat, bis in die jüngste Vergangenheit sind in der Christenheit darüber sehr verschiedene Auffassungen vertreten worden. Auch im Neuen Testament liegen verschiedene Ausprägungen dieser Erwartung vor, die sich nicht ohne weiteres auf einen Nenner bringen lassen. Unter diesen Umständen erscheint es nicht ratsam, sich auf eine bestimmte Meinung festzulegen, geschweige sie als die allein richtige auszugeben. Wird gefragt, ob man als Christ auch an den Antichrist glauben müsse, so ist zu antworten: Er verdient kein Fünklein Glauben, sowenig wie der Teufel, der mit ihm als seinem geschichtlichen Werkzeug sich verbündet. Er verdient nur eins: Widerstand! (vgl. 1. Petr. 5, 9). So will das Neue Testament an all den Stellen, da vom Auftreten des Antichrists die Rede ist, auch keineswegs irgendwelchen Spekulationen über den Geschichtsverlauf und seine antichristliche Zuspitzung Auftrieb geben. Die Gemeinde, die in Jesus, dem Gekreuzigten und Auferstandenen, den Christus erkannt hat und zu Ihm sich bekennt, soll gegen die Gefahr der Verführung gewappnet werden. Der Widerstand, der ihr geboten ist, setzt freilich voraus, daß sie diesen Widersacher des Christus erkennt und sich nicht täuschen läßt, auch wenn er in einer noch so faszinierenden Gestalt erscheint. Deshalb können wir die Texte, die von dem Antichrist handeln, nicht beiseite lassen.

Unsere erste Frage muß lauten: Woran ist der Antichrist zu erkennen? Eine weitere Überlegung soll dann der Frage gelten, ob und wieweit eine geschichtliche Ausdeutung der Weissagung vom Antichrist möglich ist.

Dem *Alten Testament* ist, aufs Ganze gesehen, diese Erwartung fremd. Wir finden zwar bei den Propheten Israels zahlreiche Weissagungen, die den Messias und sein kommendes Friedensreich ankündigen; von einem Anti-Messias ist jedoch nirgends die Rede. Als Widersacher der Herrschaft Gottes spielt nur die heidnische, gottfeindliche Weltmacht eine Rolle, wie sie in den altorientalischen Großmächten, Ägypten, Assur, Babel, mit ihrer Hoffart und Gewaltpolitik in Erscheinung trat (vgl. Jes. 14, 1 ff.; Jer. 50, 1 ff.). Auch das Spott- und Klagelied über den König von Tyrus, das wir im Buch des Propheten Hesekiel finden (28, 1 ff.), gehört in diesen Zusammenhang, wenn auch hier die Hybris des Herrschers, seine Selbstvergötterung, besonders scharf gegeißelt wird. Eine Ausnahme macht das Buch *Daniel*, das im 2. Jahrhundert v. Chr. geschrieben wurde, als Antiochus Epiphanes den Tempel schändete und sich selbst göttliche Ehren beilegte. Hier wird in Kapitel 7—12 in einer Folge von Gesichten das Bild eines Herrschers gezeichnet, der die Lästerung des Allerhöchsten auf die Spitze treibt, der seine Macht dazu mißbraucht, wider die Heiligen Gottes zu streiten, der schwere Not und Verstörung über sie bringt, dann aber dem Gericht Gottes verfällt, ganz und gar vernichtet wird. Diese Schau hat für die Erwartung des Antichrists und ihre Ausgestaltung große Bedeutung gewonnen. In der späteren jüdischen Apokalyptik ist von einem letzten Herrscher und Repräsentanten der heidnischen, gottfeindlichen Weltmacht die Rede, der übermenschliche, dämonische Züge trägt. Er ist eine Inkarnation des Teufels in Menschengestalt, gelegentlich mit einem bestimmten Namen (»Beliar«) gekennzeichnet. Mehr läßt sich über die Entstehung und den Hintergrund dieser ganzen Vorstellung vom Kommen eines Antichrists nicht ausmachen.

Das Besondere im *Neuen Testament* gegenüber dem Danielbuch ist dies, daß nun, nachdem der Messias (Christus) gekommen ist, der Widersacher Gottes und seiner Heiligen als der Gegenspieler, das Zerrbild des Christus verstanden wird. Wie der Christus so ist auch der »Anti-Christus« eine geschichtliche Gestalt. Da seit der Auferstehung Jesu, dem Anfang des neuen Äons, »letzte Stunde« ist, wird auch das Auftreten des Antichrists nicht erst von einer fernen Zukunft erwartet. »Wie ihr gehört habt, daß der Widerchrist kommt, so sind nun schon viele Widerchristen gekommen; daran erkennen wir, daß die letzte Stunde ist« (1. Joh. 2, 18). Daß der Antichrist kommen wird, wird bei den Lesern, an die der *erste Johannesbrief* gerichtet ist, als bekannt vorausgesetzt (vgl. 1. Joh. 4, 3). Sie sollen damit rechnen, daß er »schon jetzt in der Welt ist«. Er hat bereits Gestalt gewonnen, und zwar in den Irrlehrern, die in der Gemeinde aufgestanden sind. Diese leugnen, daß der Christus in der Person Jesu »Fleisch« (d. h. ganz Mensch) geworden ist. Daran wird deutlich, daß der Geist des Widerchrists aus ihnen spricht, denn die Bestreitung der Menschwerdung Gottes in dem Christus Jesus ist das Wesen und das Erkennungsmerkmal des Antichrists (vgl. 2. Joh. 7; 1. Joh. 4, 1—3). Offensichtlich handelt es sich bei diesen Irrlehrern um die Anhänger der Gnosis, die eine Christologie gelehrt haben, die besagt, der Erlöser habe nicht wirklich unser Fleisch und Blut angenommen, sei vielmehr nur in einem »Scheinleib« über die Erde gegangen. Man darf aber mit Sicherheit annehmen, daß für den Apostel, der diesen Brief geschrieben hat, die Entleerung der Gottheit Christi genauso wie die Verflüchtigung seiner Menschheit unter das Urteil fiele, daß hierin der Geist des Antichrists zur Sprache komme und sichtbar werde. Nur dann, wenn Jesus Christus beides ist, wahrer Gott und wirklicher Mensch, kann er ja in Wahrheit sein, was das Evangelium von ihm bezeugt: der Retter der Welt, der allen, die an ihn glauben, das ewige Heil verbürgt. Ist er nicht wahrer Gott, so ist uns nicht wahrhaft *geholfen;* war er nicht wirklicher Mensch, so ist nicht wirklich *uns* geholfen. Ob das eine oder das andre verkürzt wird, in jedem Fall ist das Evangelium im Kern verändert und seiner rettenden Kraft beraubt. Genau dies aber ist das Ziel und die Absicht des Antichrists.

Auch bei *Paulus* finden wir die Erwartung, daß der Parusie Jesu das Auftreten des Antichrists vorausgeht, freilich in etwas anderer Gestalt und auch nur in einer einzigen Briefstelle, im 2. Thessalonicherbrief (2, 3 ff.). Offenbar ist dem Apostel zu Ohren gekommen, daß in der Gemeinde Irrgeister am Werk sind, die auf Grund besonderer Offenbarungen, auf die sie sich berufen, die Behauptung aufstellen, der Tag des Herrn sei schon angebrochen (V. 2). Mit nüchternem Ernst, darauf bedacht, die Gemeinde gegen diese falsche Lehre zu wappnen, stellt Paulus fest: Der Tag des Herrn kommt nicht, »es sei denn, daß zuvor der Abfall komme und offenbart werde der Mensch der Sünde, der Sohn des Verderbens, der da ist der Widersacher und sich überhebt über alles, was Gott oder Gottesdienst heißt, so daß er sich setzt in den Tempel Gottes und vorgibt, er sei Gott«. Wir sehen: Paulus rechnet damit, daß dieser »Widersacher« (die

Bezeichnung »Antichrist« fehlt) eine menschliche Einzelperson ist. Die Art und Weise, wie sein Auftreten geschildert wird, geht auf Daniel 11, 36 und Hesekiel 28, 2 zurück, ist also der Schrift, dem Alten Testament, entnommen. Der Grundzug seines Wesens und Handelns ist die frivole Selbstüberhebung, die so weit geht, daß er sich selbst als Gott ausgibt und göttliche Verehrung fordert. Aus der Bemerkung, daß er sich in den Tempel Gottes setzen wird, hat man den Schluß gezogen, daß Paulus den Antichrist aus dem Volk Israel erwartet habe, dessen Widerspruch gegen den Christus Jesus damit ihren Gipfel erreiche; aber sicher ist dies keineswegs, zumal ja die Besetzung und Entweihung des Tempels durch einen heidnischen Herrscher genauso denkbar war. Deutlich ist nur, daß Paulus das Erscheinen des Widersachers in naher Zukunft erwartet. Er existiert schon im Verborgenen; nur seine Enthüllung, sein Offenbarwerden, steht noch aus.

Schon bei seinem ersten Besuch in Thessalonich hat Paulus die Gemeinde davon in Kenntnis gesetzt, daß sie auf das Auftreten dieses Widersachers gefaßt sein müsse: »Erinnert ihr euch nicht daran, daß ich euch solches sagte, da ich noch bei euch war?« (V. 5). Ein »Frevler« ohnegleichen wird auftreten »in der Macht des Satans mit allerlei lügenhaften Kräften und Zeichen und Wundern und mit allerlei Verführung zur Ungerechtigkeit bei denen, die verloren werden, weil sie die Liebe zur Wahrheit nicht angenommen haben zu ihrer Rettung« (V. 9 f.). Diesen Worten liegt die Vorstellung zugrunde, daß der Antichrist ein Werkzeug des Satans ist, nicht mit diesem identisch, wohl aber von ihm mit Macht ausgestattet. Mit Machttaten, Zeichen und Wundern wird er sich, dem wahren Christus darin durchaus ebenbürtig (vgl. Apg. 2, 22), höchst eindrucksvoll in Szene setzen, und alle, die sich der rettenden Wahrheit des Evangeliums verschlossen haben, werden seiner Verführung erliegen.

Was den Zeitpunkt seines Auftretens betrifft, so gibt Paulus folgende Auskunft, die allerdings schwierig zu deuten ist: »Es regt sich bereits das Geheimnis des Frevels, nur daß, der es jetzt aufhält, erst hinweggetan werden muß« (V. 7). Diese antichristliche Macht der Verführung ist bereits wirksam, aber sie ist noch niedergehalten, noch gebändigt. Leider sagt Paulus nicht, an wen oder was er dabei denkt; so ist es eine alte Streitfrage, was er sich wohl unter diesem »Katechon« vorgestellt hat. Manche Ausleger haben gemeint, er habe an die Ordnungsmacht des römischen Staatswesens gedacht; diese habe den schlimmsten Ausbruch eigenwilligen Stolzes und Trotzes bislang verhindert. Aber die personhafte Fassung der Aussage macht diese Deutung unwahrscheinlich. Näher liegt es, an eine überirdische Engelmacht zu denken, wozu auch das Geheimnisvolle der Aussage besser passen dürfte. Wie lange der Widersacher in Schach gehalten wird, über welchen Zeitraum sich dessen ungehemmte Machtentfaltung, die dann folgt, erstrecken wird, darüber steht nichts im Text. Genug zu wissen, daß Jesus Christus den Frevler »mit dem Hauch seines Mundes umbringen wird« (V. 8; vgl. Jes. 11, 4), wenn er wiederkommt. Sein Erscheinen in Kraft und Herrlichkeit — mehr bedarf es nicht, um den Stolz, die Macht und das Reich des Antichrists in lauter Ohnmacht zu verwandeln (V. 8). Am Tag der Epiphanie (Erscheinung) des wiederkommenden Herrn wird er schlagartig vernichtet.

Außer dem 1. Johannesbrief und dem 2. Thessalonicherbrief ist es vor allem die *Offenbarung des Johannes,* in der ausführlich vom Antichrist die Rede ist (Offb. 13, 1 ff.). In Anlehnung an das Gesicht Daniels von den vier Weltmächten, die in der Gestalt von vier Tieren — eines schrecklicher als das andere — aus dem Meer der Völker aufsteigen (Dan. 7, 1 ff.), schildert der Seher der Apokalypse den Antichrist als das »Tier aus dem Abgrund«, das alle Wesenszüge dieser vier Tiere in sich vereinigt: »Und ich sah ein Tier aus dem Meer steigen, das hatte zehn Hörner und sieben Häupter und auf seinen Hörnern zehn Kronen und auf seinen Häuptern lästerliche Namen. Und das Tier, das ich sah, war gleich einem Panther und seine Füße wie Bärenfüße und sein Rachen wie eines Löwen Rachen. Und der Drache gab ihm seine Kraft und seinen Thron und große Macht« (V. 1 f.). Auch hier liegt die Auffassung vor, daß hinter diesem »Tier« als sein Auftraggeber, dem es zugleich seine Macht verdankt, der »Drache« steht, »die alte Schlange, die da heißt Teufel und Satan, der die ganze Welt verführt« (Offb. 12, 9). Der Antichrist ist der Vasall des Satans. Dieser verhilft ihm zur Macht »über alle Geschlechter und Völker und Sprachen und Nationen« (13, 7), mit dem Erfolg, daß alle Bewohner der Erde dieses »Tier« anbeten, mit Ausnahme derer, die im Lebensbuch des Lebens verzeichnet sind (V. 8). Die Absicht und das Ziel dieses Ungeheuers, das alle bisherigen Mächte an Brutalität übertrifft und alle ihre Macht in sich vereinigt, ist es, die Herrschaft Gottes über die Erde zunichte zu machen. Dies geht aus seinem ganzen Wesen und Gebaren mit erschreckender Deutlichkeit hervor. »Es tat sein Maul auf zur Lästerung gegen Gott, zu lästern seinen Namen und sein Haus und die im Himmel wohnen. Und ihm ward gegeben, zu streiten wider die Heiligen und sie zu überwinden« (V. 6 f.).

Im folgenden erfahren wir, daß sich der Antichrist, dieser »Affe Christi« (Augustin), eines falschen Propheten bedient, um die Völker der Erde zu verführen und von seinem Herrscherrecht zu überzeugen. Ein zweites Tier steigt auf, diesmal nicht aus dem Meer, sondern vom Lande her, »das hatte zwei Hörner gleichwie ein Lamm und redete wie ein Drache«. Im Gewande der Unschuld verbirgt sich sein diabolischer Charakter. Die Aufgabe dieses falschen Propheten ist, mit raffinierter Verführungskunst für die kultische Anbetung des »Tiers« zu werben. Es ist der Propagandachef, der »Theologe« des Antichrist (V. 11 f.). Zeichen und Wunder stehen ihm zu Gebote (V. 13), um den Totalitätsanspruch des »Tieres« zu bekräftigen und durchzusetzen. Dies gelingt ihm auch: Kleine und Große, Reiche und Arme, Freie und Knechte werden sich zum Zeichen ihrer Huldigung ein »Malzeichen« an die rechte Hand oder an die Stirne tätowieren lassen. Sie werden und müssen den Hoheitsstempel des Antichrists an ihrem Leibe tragen. Wer sich weigert, wird getötet oder fällt dem wirtschaftlichen Boykott anheim (V. 17). Mit dem verschlüsselten Hinweis auf die »Zahl« des Tieres (666) schließt diese Vision vom Antichrist und seinem Propheten, die doch wohl zum Unheimlichsten gehört, was Menschen je geschaut und geschrieben haben.

Im Unterschied zum 1. Johannesbrief, demzufolge der Geist des Widerchrists inmitten der Gemeinde in Gestalt der Irrlehre am Werk ist, und zu den Aussagen des Paulus im 2. Thessalonicherbrief, in denen nur andeutungsweise von einem letzten, persönlichen Widersacher des Christus die Rede ist, wird in dieser Schau der Johannesapokalypse ein sehr deutliches Bild von der Gestalt und dem Auftreten des Antichrists gezeichnet, das ihn wesentlich als eine politische Macht erscheinen läßt. Eine *poli-*

tische Weltmacht freilich, die von ihren Untertanen religiöse Verehrung fordert und auch den ganzen Bereich des geistigen Lebens bestimmt und beherrscht! Das Ganze ist viel stärker am Buch Daniel orientiert als an den vereinzelten Herrnworten über das Auftreten falscher Propheten und Heilande, die sich in den synoptischen Apokalypsen finden (vgl. Matth. 24, 5. 11. 23 f.; Mark. 13, 5 f. 21 f.; Luk. 21, 8). Zum Teil erklärt sich dies gewiß aus der zeitgeschichtlichen Situation, die der Verfasser vor Augen hatte. Das ebenso imposante wie für die Gemeinde Jesu bedrohliche römische Imperium, dessen Kaiser mit der blutigen Verfolgung der Christen begonnen hatten, die Herrscher auf dem Thron der Cäsaren, die von ihren Untertanen göttliche Verehrung fordern, besonders die Gestalt des Kaisers Domitian (51—96 n. Chr.), haben bei dieser Schilderung des Antichrists Modell gestanden[5]. Die Anrede des Kaisers »Deus ac dominus noster« (unser Herr und Gott) war für die Ohren der Christen ein Gipfel der Blasphemie; Tausende gingen in den kommenden schweren Verfolgungszeiten lieber ins Gefängnis und in den Tod, als daß sie vor der Statue des römischen Weltkaisers die befohlenen Weihrauchkörner entzündet hätten. Auch der Einzelzug der tödlichen Halswunde des Tieres, die wieder vernarbt (Offb. 13, 3), dürfte sich am ehesten als eine zeitgeschichtliche Anspielung erklären lassen; dasselbe gilt für die geheimnisvolle Zahl 666 (Offb. 13, 18)[6].

Aber mit dieser zeitgeschichtlichen Erklärung allein wäre die Absicht des Sehers und die Bedeutung seiner Schau noch nicht erfaßt. »Schreibe, was du gesehen hast, und was ist, und was geschehen soll danach« (Offb. 1, 19) — so lautet der Befehl, dem das ganze Buch seine Niederschrift verdankt. Wie alle Visionen so hat auch diese Schau des Antichrists in die Zukunft weisende Bedeutung. »Die zeitgeschichtlichen Reminiszenzen sind nur Andeutungen. Aus den Anklängen an die furchtbare Dämonie des Kaiserkults, den die ersten Christen schwer empfunden haben, steigt das Bild der größten Glaubensversuchung der Endzeit auf« (H. Lilje). Auf diese letzte, alle bisherige Verführung und Bedrohung der Christusgemeinde übersteigende Konfrontierung mit dem Antichrist, mit dessen Hilfe der Satan das Werk Christi vernichten, seinen Sieg und die endgültige Durchsetzung des Gottesreichs verhindern will, sollen die Christen sich gefaßt machen. »Hier ist Geduld und Glaube der Heiligen« (Offb. 13, 10) — hier gilt es, standhafte Treue bis in den Tod zu bewahren.

Überblicken wir diese Stellen, in denen vom Kommen des Antichrists die Rede ist, so lassen sich die *wichtigsten Züge* der Weissagung wie folgt zusammensetzen: 1. In dem geschichtlichen Ringen zwischen dem lebendigen Gott und dem Satan um die Frage, wer das Recht an den Menschen hat und wem die Erde gehören soll, kommt es zu einer letzten, schweren Zuspitzung des Kampfes. Dem Christus, den Gott gesandt hat, um die Menschen für sich zu retten, stellt der Satan dessen dämonisches Zerrbild, den Antichrist, entgegen. 2. Das Auftreten des Antichrists erfolgt innerhalb der Geschichte. Schon jetzt ist der Geist des Antichrists da und dort spürbar und wirksam, besonders in den Irrlehren, die in der Kirche Christi auftauchen und das Evangelium von der Menschwerdung Gottes in Jesus, dem Christus, mißdeuten und entleeren. Der Antichrist wird jedoch im allerletzten Stadium der Geschichte in einer bestimmten Einzelperson sichtbare, einmalige Gestalt gewinnen. 3. Kennzeichnend für diesen Widersacher Gottes und Christi ist, daß er sich selbst als letzte, höchste Autorität gebärdet, den Herrschaftsanspruch Gottes mit frivolen Lästerworten bestreitet und von allen Bewohnern der Erde kultische Verehrung fordert. Alle politischen und propagandistischen Machtmittel stehen ihm zu Gebot, um die Huldigung aller zu erzwingen. 4. Eine Zeitlang wird es dem Antichrist gelingen, alle Menschen durch seine Machtentfaltung mit ihrem verführerischen Glanz zu blenden. Zeichen und Wunder stehen ihm zu Gebot. Unter dem Eindruck seiner faszinierenden Erfolge wird ihm die ganze Menschheit, mit Ausnahme der wahren Jünger Christi, hörig werden. 5. Die »Heiligen« Gottes, die sich weigern, ihn anzubeten, sein »Brandmal« an ihrem Leibe zu tragen, wird er mit brutaler Gewaltanwendung sich gefügig machen wollen. Alle, die standhaft bleiben und Jesus als den wahren Christus bekennen, müssen mit schwerer Verfolgung rechnen bis hin zum Martyrium. 6. Wer dieser Antichrist sein wird, wer ihn jetzt noch in Schach hält, wann er erscheint und wie lange seine widerchristliche Herrschaft währt, wird nicht gesagt. Auch auf die Frage, wieso nach dem am Kreuz Christi errungenen Sieg über den Satan noch eine derart furchtbare Machtentfaltung des »Drachen« auf dieser Erde zu erwarten ist, wird keine Antwort erteilt. Alle Versuche, dies aus dem Wesen der Sünde oder aus dem grundsätzlichen Widereinander von Gottesreich und Satansmacht zu erklären, sind abzulehnen; sie sind weder überzeugend noch in der Schrift begründet. 7. Vieles bleibt geheimnisvoll, da die Weissagung allein dem Ziel dient, die Gemeinde zu standhaftem Bekennen, zum Widerstand gegen alle Verführung und Bedrohung zuzurüsten. Eindeutig ist, daß der Christus Jesus am Tag seiner Parusie dem Antichrist und seinem »Gegenreich« ein jähes Ende bereitet. Auch der Antichrist kann den Sieg Christi nur zeitweilig verdunkeln, aber weder rückgängig machen noch letztlich vereiteln.

Diese Weissagung hat die Kirche Christi auf ihrem wechselvollen Weg durch die Jahrhunderte begleitet und besonders in Zeiten der Verfolgung der Kirche von außen oder der Verderbnis von innen her lebhaft beschäftigt. In der alten Kirche hat man den Antichrist als einen christusfeindlichen Weltherrscher im Stil eines Nero oder Domitian erwartet oder auch als einen falschen Messias, der dem Judenvolk entstammen werde. In der mittelalterlichen Kirche kam der Gedanke auf, daß der Antichrist aus der Kirche selbst hervorgehen werde. Manche Kreise, insbesondere unter den Franziskanern, die von der Prophetie des Joachim von Fiore (gest. 1202) beeinflußt waren, wollten im weltbeherrschenden Papsttum oder einem einzelnen Papst als dem Oberhaupt einer verweltlichten Kirche den Antichrist erblicken. Zur Zeit des Stauferkaisers Friedrich II. entstand das »Spiel vom Antichristen« (Ludus de Antichristo) — ein Zeugnis dafür, daß man auch die kaiserliche Machtfülle als eine Bedrohung der Weltherrschaft Christi empfunden hat. Luther, der erleben mußte, wie der oberste Hirte auf dem Stuhl Petri das Evangelium unterdrückte und sich jedem Bußruf verschloß, sah je länger desto mehr im Papst den Antichrist. Angesichts der Bedrohung der Christenheit durch die Türken, »des Mahomet Schwert«, konnte er auch sagen: Der Papst ist der Geist, der Türke das Fleisch des Antichrists[7]. Jung-Stilling (gest. 1817), der christliche Gesprächspartner Goethes, hat in seiner Auslegung der Offenbarung (»Siegsgeschichte der christlichen Religion«) bei der Schilderung des Antichrists als absoluter Herrschergestalt Napoleon vor Augen gehabt. Um die Jahrhundertwende schrieb der russische Religionsphilosoph Wladimir Solowjow (gest. 1900), den man den »russischen Origenes« genannt hat, seine geniale »Erzählung vom Antichrist«, in der er den Abfall der großen christlichen Konfessionskirchen zu der »Weltkirche« des Antichrists prophezeit — eines Weltkaisers, der sich durchaus nicht atheistisch, sondern sehr religiös gebärdet und nur das Bekenntnis zu Jesus als dem Sohn Gottes weder teilt noch duldet. Daß man auch politische Führer und Machthaber des 20. Jahrhunderts schon mit der Weissagung vom Antichrist in aktuelle Beziehung setzte, ist bekannt und nimmt angesichts des Totalitätsanspruchs, mit dem sie auftraten, nicht wunder. Die Vielzahl der Deutungen muß allerdings zur Vorsicht mahnen; sie zeigt, daß die Ausdeutung der Prophetie vom Antichrist auf bestimmte geschichtliche Gestalten und Mächte problematisch ist.

Nicht selten wird deshalb die Meinung vertreten, daß der Antichrist eine jederzeit aktuelle Bedrohung der Kirche sei und sich sein Wesen und seine Kräfte ständig aufs neue und in wechselnden Formen in der Kirchen- und Weltgeschichte als wirksam erweisen. Man kann sich für diese Auffassung auf den 1. Johannesbrief berufen, der, wie sich gezeigt hat, den Geist des Antichrists in den Irrlehrern, die in der Gemeinde auftraten, bereits sehr aktuell am Werk gesehen hat. Aber dieser »Geist« des Widerchrists ist nicht — noch nicht — der Antichrist selbst. Gab und gibt es gewisse Präfigurationen (Vorausdarstellungen) des Antichrists in der Geschichte, so hebt dies nicht auf, daß er — sowohl für Paulus wie für die Offenbarung des Johannes — im letzten Stadium der Geschichte noch einmal in ganz profilierter Weise in Erscheinung tritt und für eine bemessene Zeit die Weltherrschaft an sich reißt. Die Weissagung vom Antichrist gehört in den Welt- und Heilsplan Gottes hinein als eine Station, die dieser Plan durchläuft; es geht nicht mit rechten Dingen zu, wenn man sie nur als eine Art geschichtsphilosophischer oder kirchenkritischer Kategorie gelten lassen will, die zu allen Zeiten in gleicher Weise anwendbar wäre. Gewiß kann man den Satz nur unterstreichen: »Es geht uns nichts an, wo der Antichrist einmal war, sondern wo er heute und morgen ist« (P. Althaus). Dennoch tut es der Christenheit not, sich auf die noch ausstehende, entscheidende Bedrohung durch den Antichrist und seinen falschen Propheten mit all seiner Verführungskunst gefaßt zu machen, um dann auch entschlossenen Widerstand leisten zu können, wenn es not sein wird. Wenn es wahr ist, was die Schrift sagt, daß die ganze Menschheit der Faszination seiner Macht fast ausnahmslos erliegt, so mag einem im Blick auf die Entlarvung des Antichrists wie im Blick auf den Widerstand, der geboten ist, wohl bange sein. Aber ein untrügliches Kennzeichen des Antichrists ist uns genannt: Die Zentralwahrheit des Christenglaubens, daß Jesus von Nazareth der Sohn Gottes ist und daß der Sohn Gottes kein anderer als dieser Jesus ist, diesen Kernsatz des Evangeliums wird der Antichrist weder unterschreiben noch gelten lassen. Im übrigen gilt, was Paulus im 2. Thessalonicherbrief, in dem er vom Antichrist spricht, der Gemeinde zum Trost geschrieben hat: »Der Herr ist treu; der wird euch stärken und bewahren vor dem Argen« (3, 3).

Die Allversöhnung

Ist die Lehre von der Allversöhnung schriftgemäß? Der Begriff »*Allversöhnung*«, der sich im Neuen Testament so nicht findet, bedarf zunächst der Erläuterung; nicht jedem Leser dürfte klar sein, welches Problem hier zur Sprache kommt. Es geht um die Frage, ob mit einem doppelten Ausgang der Menschheitsgeschichte zu rechnen ist oder ob nicht vielmehr der Retterwille Gottes, der am Kreuz Christi die Welt mit sich versöhnt hat, in einer solch allumfassenden Weise über allen Trotz und Widerstand der Menschen triumphiert, daß zuletzt alle selig werden. Wir rechnen dieses Problem zu den »Offenen Fragen« der Eschatologie — nicht weil wir dazu nicht Stellung beziehen wollten oder irgend jemand verwehren möchten, in dieser Frage eine sehr bestimmte Meinung zu haben. Diese Zurückhaltung ist nur darin begründet, daß es sich um eine alte Streitfrage handelt, die schon immer sehr verschieden beantwortet wurde. Sowohl die Befürworter der Allversöhnungslehre wie ihre Bestreiter können sich auf zahlreiche Schriftstellen berufen.
Die Lehre von der sog. »apokatastasis panton« — Wiederbrin-

gung aller — ist erstmals von dem großen Kirchenlehrer *Origenes* (185—254 n. Chr.), der in Alexandria, später in Cäsarea lehrte, vertreten worden. Das Wort »apokatastasis« kommt im Neuen Testament nur an einer einzigen Stelle vor, und zwar in der Rede des Petrus vor dem Hohen Rat: »Ihn (den Christus Jesus) muß der Himmel aufnehmen bis auf die Zeit, da alles wiedergebracht (wiederhergestellt) wird, wovon Gott geredet hat durch den Mund seiner heiligen Propheten« (Apg. 3, 21). Hier ist jedoch nicht von der Wiederbringung der Verlorenen die Rede, sondern von den Verheißungen, die Gott zur Zeit des Alten Bundes dem Volk Israel durch die Propheten gegeben hat: Sie sind nicht hinfällig geworden, sie werden vielmehr dem Volk Israel durch ihre vollgültige Erfüllung zurückgegeben. Als biblische Belegstelle dafür, daß alle Menschen gerettet werden, scheidet dieser Text also nach seinem klaren Wortsinn aus. Schon Origenes, der griechisches und christliches Gedankengut miteinander verschmolz, lag nicht so sehr an der exakten biblischen Begründung dieser Lehre als vielmehr an einem das Denken befriedigenden Abschluß des Systems, in dem er die christliche Wahrheit entfaltete. So lehrte er, daß alle Geister in der Form ihres individuellen Lebens schließlich gerettet und verklärt werden, um einer neuen Weltepoche Platz zu machen. Die Seelen der Entschlafenen kommen sofort ins Paradies; diejenigen, die noch einer Läuterung bedürfen, an einen Ort der Bestrafung; dies ist aber nur ein Zwischen-Stadium, das erzieherische Bedeutung hat, wobei Origenes bei der »Hölle« an die Anklagen und Qualen des Gewissens denkt. Zuletzt werden alle Geister, auch die Dämonen, geläutert zur Gottheit zurückkehren.

Diese Wiederbringungslehre, die auch von anderen Theologen der morgenländischen Kirche (Gregor von Nazianz und Gregor von Nyssa) übernommen wurde, ist später von der Ostkirche als Irrlehre verworfen worden. In der *abendländischen* Kirche hat sich, nicht zuletzt unter dem Einfluß Augustins, die Auffassung vom doppelten Ausgang der Menschheitsgeschichte durchgesetzt. Hier sah man die Hölle als den Ort der Sühne an und lehrte die Ewigkeit der Höllenstrafen. Die *Reformatoren* haben sich bekanntlich dieser Lehre angeschlossen. So erklärt Luther in dem »Bekenntnis vom Abendmahl Christi« (1528):

»Am letzten gläube ich die Auferstehung aller Toten am jüngsten Tage, beide der Frommen und der Bösen, daß ein jeglicher daselbst empfahe an seinem Leibe, wie er's verdienet hat, und also die Frommen ewiglich leben mit Christo und die Bösen ewiglich sterben mit dem Teufel und seinen Engeln. Denn ich's nicht halte mit denen, so da lehren, daß die Teufel auch werden endlich zur Seligkeit kommen[8].« Dem entspricht, daß die Wiederbringungslehre auch im Augsburgischen Glaubensbekenntnis (1530) als eine wiedertäuferische Verirrung scharf verurteilt wird: Im XVII. Artikel »Von der Wiederkunft Christi zum Gericht« wird gelehrt, »daß unser Herr Jesus Christus am jüngsten Tag kommen wird, zu richten, und alle Toten auferwecken, den Gläubigen und Auserwählten ewiges Leben und ewige Freude geben, die gottlosen Menschen aber und die Teufel in die Hölle und ewige Strafe verdammen wird. Derhalben werden die Wiedertäufer verworfen, so lehren, daß die Teufel und verdammte Menschen nicht ewig Pein und Qual haben werden«[9].

Erst im *Pietismus* ist die Auffassung, daß auch die Verdammten schließlich noch angenommen und gerettet werden, mit Nachdruck und mit biblischer Begründung wieder vertreten worden. Johann Albrecht Bengel wollte das zwar nicht öffentlich gelehrt wissen, hat es aber doch erwartet; andere, wie Philipp Matthäus Hahn, Friedrich Christoph Oetinger und Johann Michael Hahn, haben sich nicht gescheut, diese Lehre offen zu vertreten. Auch Friedrich *Schleiermacher* war der Meinung, unser Mitgefühl könne sich höchstens über das zeitliche, aber nicht über ein ewiges Übergangensein der Gottlosen beruhigen. Er erwartete deshalb, daß »durch die Kraft der Erlösung dereinst eine allgemeine Wiederherstellung aller menschlichen Seelen erfolgen werde«. Im einzelnen wurde diese Lehre in mancherlei Abwandlungen vorgetragen, sei es, daß man eine Höherentwicklung der jetzt Zurückgebliebenen in erneuten Lebensläufen annahm (E. Troeltsch) oder daß man eine Vielzahl kommender Äonen dazwischenschaltete, so daß am Ernst des Strafgerichts, das die »Verworfenen« erleiden müssen, ehe sie zum Heil gelangen, nichts abgebrochen wurde. Gemeinsam ist jedoch allen Vertretern dieser Lehre, daß sie mit der schließlichen Errettung aller rechnen, die Gott geschaffen hat — bis hin zu der äußersten Konsequenz, daß zuletzt auch der Teufel und seine Engel selig werden.

Als neutestamentliche Belegstellen *für* die Allversöhnung werden jene Worte genannt, in denen von dem universalen Heilswillen Gottes die Rede ist (Röm. 11, 32; 1. Kor. 15, 22—28; Eph. 1, 10; Kol. 1, 20; Phil. 2, 10 f.; 1. Tim. 2, 4). Wird an all diesen Stellen nicht klar bezeugt, daß der Heilsrat Gottes auf die Rettung aller zielt und auch mit allen sein Ziel erreicht? Dazu kommen dogmatische Erwägungen, die diese Erwartung stützen und gegen eine ewige Verdammnis der Gottlosen ins Feld geführt werden können. Ist der Retterwille Gottes nicht mit seiner Allmacht im Bunde, so daß es keine noch so trotzige Verschlossenheit gegen sein Heilsangebot gibt, über die seine Liebe nicht zuletzt doch noch triumphieren würde? Bliebe das Heilswerk Christi nicht ein Torso, wenn dies das Ergebnis wäre, daß nur eine Minderheit davon erfaßt wird, indes die große Masse der Ungläubigen auf ewig verlorengeht? Können die Erlösten ihres Heils, ja kann Gott selbst dieser Erlösung wirklich froh werden, solange es noch eine Hölle gibt, in der die Verdammten samt dem Teufel und seinen Dienern ewiger Qual überantwortet sind? Widerstreitet es nicht dem Gesamtzeugnis der Schrift von Gottes Barmherzigkeit sowie unsrem eigenen Rechtsgefühl, daß zeitliche Vergehen und Fehlentscheidungen mit dem endgültigen Verlust des Heils, ja mit ewiger Qual bestraft werden? Wer die angegebenen Bibelstellen nachschlägt und diese Argumente abwägt, wird große Neigung verspüren, der Lehre von der Wiederbringung aller recht zu geben. Sie preist die Herrlichkeit der versöhnenden Gnade, rückt die Erlösungstat Christi und ihre die Menschheit umfassende Bedeutung in ein helles Licht und gibt dem ganzen Heilsplan Gottes von der Schöpfung über die Versöhnung bis zur Vollendung einen Abschluß, der alle Disharmonien auflöst und des Gottes, von dem, durch den und zu dem alle Dinge sind (Röm. 11, 36), wahrhaft würdig ist.

Unbestreitbar lassen sich freilich auch *gegen* diese Lehre von der Allversöhnung gewichtige Gründe nennen. Da sind alle jene Bibelstellen, die mit drohendem Ernst von einer letzten Verurteilung, ja von ewiger Verdammnis sprechen und einen doppelten Ausgang der Menschheitsgeschichte, ein Entweder-

Oder von Himmel und Hölle, Heil und Verdammnis ins Auge fassen (Matth. 12, 32; 25, 41. 46; Mark. 9, 44. 48; Joh. 3, 36; 5, 29; Röm. 2, 5 ff.; 2. Thess. 1, 6 ff.; Hebr. 4, 3 ff.; 10, 26 ff.; 2. Petr. 3, 7; 1. Joh. 5, 16; Offb. 14, 10 f.; 20, 10—15). Rein zahlenmäßig haben diese Stellen das Übergewicht. Woher nehmen wir das Recht, den Ernst, mit dem an all diesen Stellen bezeugt wird, daß die Verachtung des Heils und die Verhöhnung der Gnade Gottes die ewige Verdammnis zur Folge hat, abzuschwächen?

Auch in diesem Fall lassen sich dogmatische Gründe nennen, die für einen doppelten Ausgang sprechen. Respektiert Gott nicht die Entscheidung des Menschen, der sich bewußt und trotzig gegen sein Gnadenangebot verschließt? Wen hat er je zu seinem Heil gezwungen? Gibt es deshalb nicht ein letztes »Draußen«, noch auf dem letzten Blatt der Bibel (vgl. Offb. 22, 15)? Ist dieser Ausschluß vom Heil, durch den Gott den, der ihm widerstrebt, bei seinem Widerstand behaftet, nicht die unerbittliche Konsequenz, die sich daraus ergibt, daß er ein heiliger Gott ist? Ist sein Zorn nicht eine furchtbare Realität, die zu fürchten bleibt wie eine dunkle Gewitterwand, die drohend am Himmel steht, auch wenn es nicht der blindwütende Zorn eines Despoten, sondern ein heiliger Zorn ist, der an der Verhöhnung der Gnade entbrennt? Steht es nicht im Neuen Testament, daß unser Gott »ein verzehrend Feuer« ist (Hebr. 12, 29), daß es »schrecklich ist, in die Hände des lebendigen Gottes zu fallen« (Hebr. 10, 31), der Leib und Seele in die Hölle verderben kann (Matth. 10, 28)? Wird der Ruf zur Umkehr nicht seines Ernstes und seiner Dringlichkeit beraubt, wenn es bei der Glaubensentscheidung des Einzelnen nicht um Himmel und Hölle geht? Besteht nicht die Gefahr, daß durch die Lehre von der Allversöhnung, sofern sie gepredigt wird, die Menschen in ihrer Leichtfertigkeit bestärkt werden und sie die Gnade »mißbrauchen für ihre Lüste« (Judas 4), wenn ja doch zuletzt »alle in den Himmel kommen«, wie dies ein Schlagertext so dreist behauptet?

Zwar rechnen auch die Vertreter der Wiederbringung aller mit einer jenseitigen Bestrafung, die der Läuterung dient. Wer aber gibt uns das Recht, von dem endgültigen Charakter des 'göttlichen Verwerfungsurteils etwas abzubrechen? Wo gibt es in der ganzen Heiligen Schrift eine einzige Stelle, mit der sich die Vorstellung von einem Ort und Zustand der Läuterung jenseits der Todesgrenze belegen läßt, ganz zu schweigen von dem völlig unbiblischen Gedanken, daß es für den Menschen die Möglichkeit einer Weiter- und Höherentwicklung nach dem Tode gebe, wo uns doch Jesus Christus mit seinem einmaligen, allgenugsamen Opfer einzig und allein die ewige Errettung verbürgt? Spürt man nicht, daß bei diesen Erwartungen und Vorstellungen der (begreifliche!) Wunsch des Menschenherzens der Vater des Gedankens ist? Wenn schließlich von den Befürwortern der Allversöhnung darauf hingewiesen wird, daß die Seligkeit der Erlösten durch den Gedanken an die ewig Verdammten unerträglich getrübt wäre, so schlägt auch dieser Einwand nicht durch. Denn die Erlösten sind mit dem Willen Gottes eins, und in seinem Licht werden sie erkennen, daß alle seine Gerichte wahrhaftig und gerecht sind (vgl. Offb. 16, 7). Auch wenn diese Gerichte endgültigen Charakter haben, ist und bleibt Der, der sie vollstreckt, anbetungswürdig in alle Ewigkeit (vgl. Offb. 15, 4).

Angesichts des Für und Wider der biblischen Aussagen und Lehrmeinungen stellt sich die Frage, ob es nicht möglich ist, irgendeinen Standort *zwischen* den beiden Lehrtypen der Allversöhnung und der ewigen Verdammnis einzunehmen. Auch diese Auffassung ist schon vertreten worden. Entweder begnügt man sich mit dem Hinweis, daß wir im Neuen Testament zwei Linien der Erwartung finden, und überläßt es der Macht und Weisheit Gottes, wie er das Widersprüchliche verknüpft und seinen Heilsrat hinausführt. Oder man sagt, daß eine theoretische Antwort auf diese Frage grundsätzlich unmöglich sei. »Der Glaube an die Allmacht der Gnade hebt den Entscheidungscharakter unsres Lebens niemals auf. Das heißt aber: Die Lehre von der Apokatastasis oder Wiederbringung, wenn sie den Anspruch macht, erschöpfende Beschreibung des Endes zu sein, ist und bleibt Vorwitz. Wir können und dürfen im Gedanken der Apokatastasis nicht ausruhen. Das Schwere der Möglichkeit des Verlorengehens hängt über unsrem Leben und gibt unsrer Entscheidung den erschütternden Ernst. Aber auch aus dieser Möglichkeit, die immer vor uns liegen bleibt, machen wir keine Theorie ... Wie wir bei uns selbst immer wieder aus dem

Druck der furchtbaren Möglichkeit zu dem Gott fliehen, der uns Glauben gibt und damit die Möglichkeit (der ewigen Verdammnis) abtut, so flüchten wir, was die Menschheit anlangt, von dem schweren Ernste der Entscheidungsfrage immer wieder zu der Gewißheit der gnädigen Macht, die alle heimführt. Wir müssen jedes Menschen mit beiden Gedanken gedenken« (P. Althaus)[10].

Für den einzelnen Christen ergibt sich daraus, daß ihm, solange sein Lauf noch nicht vollendet ist, nur dies bleibt: das immer neue Hinfliehen vom Richtstuhl zum Gnadenstuhl (Luther). Wie Gott die Geschichte der Menschheit als Ganzes hinausführt, ob ein Teil verlorengeht oder doch alle noch gerettet werden, muß offenbleiben. Schließlich kann man noch einen Schritt weitergehen und die Frage: Gibt es ein Verlorengehen oder gibt es die Allversöhnung? mit der Begründung zurückweisen, daß sie im Ansatz falsch gestellt sei[11]. Denn hier ist die Ebene der existentiellen Begegnung mit Gott verlassen. »Der größte Fehler dieser Lehre (von der Allversöhnung) war, daß sie überhaupt auf die Frage: Gibt es ein Verlorengehen oder eine Allversöhnung? eine Antwort gab . . . Nein, es gibt sie beide nicht, denn es sind falsche Fragen. Die Welt des Glaubens ist nicht die Welt des Vorfindlichen, der objektiven Erkenntnis, des ›es gibt‹. Es gibt die Liebe Gottes nicht, so wie es Kontinente und Milchstraßen gibt. Gott und alles Göttliche liegt nicht auf dieser Oberfläche, die man mit der Frage: Gibt es? sozusagen abschreiten und über die man entsprechende Feststellungen machen kann. Gott gehört nicht in den Bereich des Vorfindlichen, sondern des Anredens und Angeredetseins« (E. Brunner)[12]. Es gilt, der logisch widerspruchsvollen Doppelaussage von Gerichtsverdammnis und Allversöhnung in existentieller Begegnung und Betroffenheit standzuhalten. »Der logische Widerspruch ist der Platz für das existentielle Dabeisein.«

So bestechend diese Antworten sind, die uns der schwierigen Wahl zwischen dem Für und Wider der Wiederbringungslehre entheben — kann man sich wirklich dabei beruhigen? Wird nicht unter der Hand aus der Schwierigkeit des Problems eine Tugend gemacht? Gewiß will das Wort der Schrift als Anrede gehört sein, in persönlicher Betroffenheit. Aber dies schließt ja' nicht aus, daß wir über Gottes Wesen und Handeln zu einer klaren, im Wort der Schrift gegründeten Erkenntnis kommen sollen und dürfen. Die Gewissenserfahrung des Einzelnen ist kein Ersatz dafür, sowenig sie den Maßstab der Urteilsbildung abgeben kann. Letztlich laufen alle diese Lösungen, die sowohl die Wiederbringung als auch den doppelten Ausgang festhalten wollen, darauf hinaus, daß auf eine Antwort verzichtet wird. Man kann nicht beides zugleich vertreten, wo nur das eine oder das andre wahr sein kann. Die Aussagen der Schrift enthalten zwar vieles, was höher als unser Begreifen ist, aber das schlechthin Widersprüchliche zu glauben wird uns in der Bibel nirgends zugemutet.

Der einzige Ausweg scheint somit zu sein, daß wir die Frage offenlassen, weil ihre letzte Entscheidung in Gottes Kompetenz gehört. Aber dem steht entgegen, daß jene Texte, auf die sich die Befürworter und die Bestreiter der Allversöhnung berufen, nun einmal dastehen und ein bestimmtes Licht auf diese Frage werfen. Es ist uns weder erlaubt noch möglich, so zu tun, als hätten wir sie nie gehört. Sie fordern unser Nachdenken heraus, um so mehr, als es hier um eine sehr existentielle Frage geht, die die Heilsgewißheit jedes Einzelnen betrifft und deren Beantwortung für die Predigt und Seelsorge der Kirche erhebliche Bedeutung hat. Deshalb können wir nicht umhin, zu der Ausgangsfrage: Ist die Lehre von der Allversöhnung schriftgemäß? noch einmal zurückzukehren und Stellung zu beziehen.

Fest steht, daß der *Heilswille Gottes* auf die Rettung aller zielt. »Gott will, daß *allen* Menschen geholfen werde und *alle* zur Erkenntnis der Wahrheit kommen« (1. Tim. 2, 4). Dies ist sein eindeutiger, ganzer, in Christus erklärter, geoffenbarter Wille. »Der Wille Gottes, wie er in Jesus Christus offenbar geworden ist, ist der Wille zur Selbstmitteilung an alle und zur Selbstverherrlichung an aller Kreatur« (E. Brunner). Als schriftwidrig abzulehnen ist die Lehre, die — unter Berufung auf Augustin — von einem geheimen Ratschluß Gottes wissen will, demzufolge er die einen zum ewigen Leben, die anderen zur ewigen Verdammung vorherbestimmte. Gottes Wille ist nicht in sich gespalten, er zielt eindeutig darauf, den Menschen, ja die Menschheit als Ganzes für sich zu gewinnen, ewig zu erretten. In Erfüllung dieses vorgefaßten Heilsratschlusses hat Gott die Welt am Kreuz Christi mit sich versöhnt (2. Kor. 5, 19), ja »es ist

Gottes Wohlgefallen gewesen, daß in ihm die Fülle wohnen sollte und *alles* durch ihn versöhnt würde mit Gott, es sei auf Erden oder im Himmel« (Kol. 1, 20). Auf dies und nicht weniger zielte sein Ratschluß, »*alles* zusammenzufassen in Christus, was in den Himmeln und was auf Erden ist« (Eph. 1, 10). Darum hat er den Gekreuzigten erhöht und ihm den Namen über alle Namen gegeben, »daß in dem Namen Jesu sich beugen sollen *aller* derer Knie, die im Himmel und auf Erden und unter der Erde sind, und *alle* Zungen bekennen sollen, daß Jesus Christus der Herr sei, zur Ehre Gottes, des Vaters« (Phil. 2, 9 ff.). Das Heil Gottes ist nicht einer Minderheit, es ist allen zugedacht. Soweit die Lehre von der Allversöhnung diese universale Zielsetzung des göttlichen Heilswillens bezeugt und unterstreicht, ist sie schriftgemäß. Ja man muß noch mehr sagen: Diese Heilsabsicht Gottes ist bereits verwirklicht worden, wodurch der ganzen Menschheit eine neue, heilsvolle Zukunft eröffnet wurde. Die Schuld aller ist bezahlt und gesühnt. Mit allen, die mit Gott verfeindet waren und noch verfeindet sind, hat er von sich aus Frieden geschlossen. Daß viele dies nicht wissen oder zwar wissen, aber nicht wahrhaben wollen, ändert nichts daran, daß Jesus Christus für alle das Heil gültig erworben hat. Er ist die Versöhnung für unsre Sünden, nicht allein aber für die unseren, sondern auch für die der ganzen Welt (1. Joh. 2, 2).

Folgt aus dieser universalen Zielsetzung des göttlichen Heilswillens und der objektiven Gültigkeit der ein für allemal geschehenen Versöhnung, daß Gott mit allen sein eschatologisches Heilsziel erreicht? Jawohl, sagen die Befürworter der Allversöhnungslehre; alle, auch die, die sich seinem Heilswillen jetzt noch widersetzen, werden zuletzt in sein Reich eingehen und das Bürgerrecht in der neuen Welt besitzen, in der die Hütte Gottes bei den Menschen ist. Aber diese Folgerung ist weder zwingend noch schriftgemäß. Wohl hat Gott seine Liebe in Jesus Christus allen Menschen zugewandt. Diese *Liebe* streckt nach allen die Hände aus, nachdem sie am Kreuz von Golgatha ihr Äußerstes gewagt und geopfert hat und uns Menschen bis in die tiefste Tiefe unsrer Verlorenheit nachgegangen ist. Sie ringt und wirbt und leidet um diese Welt, aber sie *drängt sich niemand gewaltsam auf.* Sie wäre Gewalt und nicht Liebe, wenn's anders wäre!

Infolgedessen besteht auf der Seite des Menschen die Möglichkeit, sich dieser Liebe zu verweigern. Eine furchtbare Möglichkeit, ganz gewiß, aber dennoch eine Möglichkeit, die nicht auszuschließen ist, der gegenüber auch die Liebe Gottes machtlos ist, sofern sie ihr Wesen als Liebe nicht verleugnet.

Man beschreibt diesen Tatbestand nicht zutreffend, wenn man sagt, daß Gott die Entscheidungsfreiheit des Menschen respektiere. Diese Freiheit, sich für Gott zu entscheiden, hat der Mensch längst eingebüßt. Er ist in sich selbst verliebt und verkrümmt; er steht unter der Macht der Sünde. Nur dadurch, daß Gott selbst durch seinen Geist in einem Menschen den Glauben weckt — daß der Vater zum Sohne zieht (vgl. Joh. 6, 44) —, geschieht's, daß ein Mensch in Jesus Christus seinen Retter erkennt und sich der Liebe Gottes übergibt. Deshalb wird jeder, der zum Glauben kommt, sich selbst zum Wunder. Was Gott jedoch respektiert, das ist der *Widerstand* des Menschen, der sich dem Zug seiner Gnade trotzig widersetzt oder sie frivol mißachtet. Solcher Widerstand ist dem Menschen möglich, weil auch der Geist Gottes das Menschenherz keineswegs mit unausweichlicher Gewalt ergreift. Man kann den Heiligen Geist betrüben (vgl. Eph. 4, 30), der erkannten Wahrheit gegen besseres Wissen widerstehen, ja — was noch schlimmer ist — das Heil Gottes in Jesus Christus annehmen und dann doch wieder mit frivoler Mißachtung wegwerfen, seinen Gnadenstand verleugnen (vgl. Hebr. 10, 26 ff.). Darum ist zu befürchten, daß der *Heilswille Gottes nicht mit allen sein Ziel erreicht.* Denn wider diese Zurückweisung der Gnade steht sein Zorn, der die Kehrseite seiner Heiligkeit und der Ausdruck seiner enttäuschten Liebe ist. Hier »bleibt nichts als ein schreckliches Warten auf das Gericht und das gierige Feuer, das die Widersacher verzehren wird« (Hebr. 10, 27).

Am drohenden Ernst des Gerichts ist nichts abzubrechen. Da es die Begegnung des Menschen mit der Liebe Gottes voraussetzt, bleibt es in erster Linie für die zu fürchten, die um seinen Willen und sein Heilsziel wissen und die Erkenntnis der Wahrheit empfangen haben. Eine andere Frage ist, ob es sich bei dem Gericht um eine *zeitlich begrenzte Strafe oder um eine ewige Verdammnis* handelt. Ein zeitlich begrenztes Gericht wird auch von denen, die an der Wiederbringung aller festhalten wollen, vorausgesetzt. Zu zahlreich und zu eindringlich sind alle jene Bibelstellen, die von einem Zorn- und Strafgericht, von einem Ort und Zustand der Verwerfung sprechen, als daß man ernsthaft bestreiten könnte, daß es trotz der Allversöhnung am Kreuz einen Weg gibt, der zur Verdammnis führt (vgl. Matth. 7, 13). Aber diese »Verdammnis«, so sagt man, ist nur ein Durchgangsstadium; noch die Hölle, der Ort verzweifelter Reue und Selbstanklage, muß der Läuterung dienen. Sie ist ein Mittel in Gottes Hand, durch das er zuletzt auch die Verstocktesten gewinnt.

Wer wollte ausschließen, daß es so sein könnte? Aber wir sind nicht gefragt, was *wir* für möglich, wünschenswert und richtig halten. Uns Menschen steht nur zu, genau und aufmerksam zu hören, was aus der Schrift über das Zorn- und Strafgericht zu erfahren ist. Vom »anderen, zweiten Tod« ist hier die Rede (Offb. 2, 11; 20, 14), von der »apoleia« (Umkommen, Untergang) derer, die verlorengehen (Phil. 1, 28; 3, 19; 2. Petr. 3, 7), vom ewigen Verderben (2. Thess. 1, 9; 1. Tim. 6, 9), von der Hölle (gehenna), dem unauslöschlichen Feuer, da ihr Wurm nicht stirbt und ihr Feuer nicht verlöscht (Mark. 9, 43 ff.; vgl. Jes. 66, 24), vom feurigen Höllenpfuhl, in den der Tod und das Totenreich geworfen werden samt denen, deren Namen nicht im Lebensbuch eingeschrieben sind (Offb. 20, 14 f.). In jedem Fall geht es nicht nur um eine vorübergehende Bestrafung, sondern um ein definitives Scheitern, einen *endgültigen Ausschluß vom Heil*, um eine Preisgabe in ein hoffnungsloses Todesgeschick, das der diametrale Gegensatz zum ewigen Leben ist. Nur durch gewaltsame Umdeutungen kann man dem Wortlaut dieser Texte einen anderen Sinn entnehmen.

So ist also doch mit einem *doppelten Ausgang* der Geschichte zu rechnen: Die einen gehen ins ewige Leben, die andern in das unwiderrufliche, ewige Verderben? In der Tat, es ist nicht die Meinung der Schrift, daß schließlich doch alle noch, und wäre es nach Äonen, selig werden. Wer sich beharrlich, trotzig oder auch mutwillig, der Gnade verschließt, der muß erfahren, daß es schrecklich ist, in die Hände des lebendigen Gottes zu fallen. Wie aber reimt sich dies mit dem Zeugnis des Paulus, daß am Ende, nachdem auch der letzte Feind, der Tod, aufgehoben ist, »Gott alles in allem ist« (1. Kor. 15, 28)?

Hier klafft allerdings ein Widerspruch, wenn es sich bei dieser Verwerfung um eine Verurteilung zu endloser Peinigung handelt. Genau dies darf aber mit gewichtigen Gründen bezweifelt werden. Von einem zweiten »Tod« ist die Rede, in Unterscheidung vom ersten Tod, den alle Menschen erleiden und der insofern ein vorläufiger Tod ist, als ja die Auferweckung zum Gericht noch folgt. Ein zweiter *Tod* ist nicht die Fortsetzung des Daseins in endloser Qual, sondern die endgültige, unwiderrufliche Auslöschung des Lebens. Dies unterstreicht der Satz, daß der Tod und das Totenreich in den »feurigen Pfuhl« geworfen werden (Offb. 20, 14), wie zuvor der Teufel, das Tier und sein falscher Prophet (Offb. 20, 10): Die Mächte der Verführung und Vernichtung werden selbst vernichtet. Die bildhafte Aussage von dem Pfuhl, der »mit Feuer und Schwefel brennt« (Offb. 21, 8), geht deutlich auf das Strafgericht über Sodom und Gomorrha zurück, diese überaus sündigen Städte, die Gott wie Eiterbeulen aus dem Leibe der Menschheit ausbrannte (1. Mose 19, 24). Sowenig wie dort ist auch hier eine ewige Qual ins Auge gefaßt. Wohl heißt es von dem Teufel und seinen Werkzeugen, dem Tier und dem falschen Propheten, daß sie »gequält werden Tag und Nacht von Ewigkeit zu Ewigkeit« (Offb. 20, 10). Aber erstens will bedacht sein, daß nur diese drei solcher Qual überantwortet werden; zweitens bezeichnet das Wort »aion« einen zwar langen, aber doch begrenzten Zeitraum, was sich sprachgeschichtlich nachweisen läßt und schon deshalb einleuchtet, weil man von der »Ewigkeit« nicht in der Mehrzahl reden kann. Auch das Wort »apoleia« weckt durchaus nicht die Vorstellung einer ewigen Qual, weist vielmehr auf ein »Umkommen, Zugrundegehen«, wo Rettung möglich gewesen wäre. Wenn Paulus vom »ewigen Verderben« spricht (2. Thess. 1, 9), so muß man sich vor Augen halten, daß das Wort »aionios«, das hier mit »ewig« übersetzt ist, nicht gleichbedeutend mit »endlos« ist; es bedeutet »auf den anderen Äon sich beziehend« und ist in diesem Sinn im Neuen Testament ein stehender Begriff für das, was Gegenstand der eschatologischen Erwartung ist. Wie das »ewige Leben« das eigentliche, nicht das endlos verlängerte Leben meint, so meint das »ewige Verderben« das endgültige Verderben, nicht eine endlos verlängerte Qual. (Ein deutlicher Beleg für die Tatsache, daß man das Wort aionios nicht rein zeitlich verstehen darf, ist Hebr. 6, 2, wo vom »ewigen Gericht«, d. h. vom letzten, abschließenden Gericht, die Rede ist.) Auch jene Stelle im Markusevangelium, an der von der Hölle (gehenna) die Rede ist, wo ihr Wurm nicht stirbt und ihr Feuer nicht verlöscht (9, 43 f.), eignet sich nicht als Beweis für die endlose Qual der Verdammten, ganz abgesehen davon, daß es hier um einen Aufruf zum entschlossenen Kampf gegen das Böse, nicht um eine Belehrung über die Hölle geht. Sie ist Zitat aus Jes. 66, 24: Draußen vor der heiligen Gottesstadt, im Tal Hinnom, der Stätte des greulichen Götzendienstes, die im Spätjudentum den Namen für die »gehenna« (Hölle) geliefert hat, sieht der Prophet die Leichname der »Abtrünnigen« liegen. Der Wurm zernagt ihre verwesenden Leiber, das Feuer verzehrt sie, und beides (so muß man sinngemäß ergänzen) hört nicht auf, bis sie endgültig vernichtet sind.

So verstanden besteht zwischen der bitteren Wahrheit, daß es »Verworfene« gibt und nicht alle gerettet werden, und der herrlichen Gewißheit, daß Gott am Ziel des ganzen Heilsgeschehens »alles in allem sein wird«, kein Widerspruch. Alles, was sich seinem Heilswillen widersetzt, wird zuletzt *endgültig vernichtet* und abgetan. In allen Räumen und Bereichen seiner Herrschaft regiert allein sein Wille, ja in seiner neuen Schöpfung erfüllt sich in ungetrübtem Glanze, was Jesaja in der Stunde seiner Berufung im gewaltigen Lobpreis jener himmlischen Thronwächter Gottes vernahm: »Heilig, heilig, heilig ist der Herr Zebaoth! Alle Lande sind seiner Ehre voll« (Jes. 6, 3). Das echte, schriftgemäße Anliegen der Lehre von der Apokatastasis ist damit aufgenommen und zu Ehren gebracht.

Man kann tatsächlich von der Art und Weise, wie Gott seinen die Menschheit als Ganzes umfassenden Heilsplan hinausführt, gar nicht groß und herrlich genug denken. Er kommt ans Ziel! Dies darf durch die Lehre von einem doppelten Ausgang der Menschheitsgeschichte nicht verdunkelt werden. So ist es nicht, daß neben dem Reich Gottes in alle Ewigkeit ein Reich der Hölle fortbestünde, in dem die Verdammten ewiger Pein überlassen wären. Wer dies lehrt, der mutet mit dem Satz »Gott ist Liebe« (1. Joh. 4, 16) seinen Hörern eine Heilswahrheit zu, die dann, unter solchen Umständen, beim besten Willen nicht mehr glaubhaft ist.

Gewiß bleibt *die Hölle* zu fürchten (vgl. Luk. 16, 23 ff.), wenn man auch niemand mit ihr drohen sollte, weil der Erfolg solcher Drohung nur eine »Galgenreue«, aber keine echte Umkehr ist. Es ist auch damit zu rechnen, daß es entsprechend der Vorvollendung derer, die Christus angehören, auch eine Vorbestrafung gibt, daß also die Verwerfungsurteile Gottes nicht erst am Jüngsten Tag ergehen. Er kann schon jetzt »Leib und Seele in die Hölle verderben« (vgl. Matth. 10, 28). Wenn wir die »Ewigkeit« der Hölle im Sinn einer endlosen Qual der Verdammten bezweifeln, so wird dadurch doch niemand verleitet, mit Gottes Zorn zu scherzen und seine Gnade mutwillig zu mißbrauchen. Auch das biblische Wort vom »ewigen Verderben« ist damit nicht verharmlost, daß wir dieses »Verderben« nicht als endlose Qual, sondern als ein endgültiges Scheitern, einen definitiven Ausschluß vom Heil, eine die Verworfenen *vernichtende* Verurteilung verstehen. Vor Gottes Thron gestellt werden, erkennen, welch unaussprechliche Freude es wäre, bei ihm daheim zu sein, und dann doch (durch eigene Schuld) hinausgestoßen werden in die »Finsternis« (vgl. Matth. 22, 13) — das muß eine wahrhaft schreckliche Erfahrung sein. Der *Ernst* des Verwerfungsgerichts wird durch die Ablehnung einer endlosen Bestrafung nicht verringert; nur der quälende *Stachel* wird entfernt, als ob der Mensch die Abweisung der Liebe Gottes mit *ewiger Qual* bezahlen müßte. Nur ein Despot könnte so verfahren, nicht aber der Gott und Vater Jesu Christi, der heilig ist in all seinem Tun, dessen Gerichte gerecht und wahrhaftig sind (vgl. Offb. 16, 7), dessen Welt- und Heilsziel die Verherrlichung seiner Liebe an der in Christus erwählten und versöhnten Menschheit ist. Nur der Lobpreis der Erlösten wird mit hellem Jubel durch die Äonen klingen.

Der Helm der Hoffnung

Der Impuls zum Handeln

Vom »Helm der Hoffnung« soll in diesem letzten Kapitel die Rede sein. Paulus hat dieses Bild gebraucht, wobei ihm die Waffenrüstung des römischen Legionärs vor Augen stand. »Wir, die wir des Tages sind, wollen nüchtern sein, angetan mit dem Panzer des Glaubens und der Liebe und mit dem *Helm der Hoffnung* auf das Heil« (1. Thess. 5, 8). Der »Tag«, von dem hier die Rede ist, ist der Tag Jesu Christi, der auf die Nacht dieser Weltzeit folgt und ihr das Ende setzt (vgl. Röm. 13, 12). Mit seinem Kommen ist inmitten der Gottesfinsternis dieser Welt das Licht einer neuen, erlösten Welt aufgestrahlt. Sein Ostersieg war der Anfang und Aufgang eines ewigen Morgens, den keine Nacht mehr verschlingt. Unaufhaltsam zieht nun der volle Tag herauf. Dies bedeutet für alle, die Jesus Christus durch die Taufe übereignet sind und ihm im Glauben nachfolgen, einen neuen Lebensstand. Sie sind der Finsternis entnommen, schon jetzt in das Licht dieses Tages hineinversetzt: »Ihr, liebe Brüder, seid nicht in der Finsternis, daß der Tag wie ein Dieb über euch komme. Ihr alle seid Kinder des Lichts und Kinder des Tages. Wir sind nicht von der Nacht noch von der Finsternis« (1. Thess. 5, 4). Nun gilt: Seid, was ihr seid! Laßt es wahr sein in eurem Leben, in eurem Denken, Reden und Handeln, daß ihr *Söhne des Lichts und des Tages* seid! Handelt so, wie es eurem Stand und eurer Bestimmung entspricht! Dazu gehört, daß ihr die Hoffnung auf das Kommen Jesu und das Heil, das euch durch ihn verbürgt und erworben ist, anlegt, wie der Soldat seinen Helm aufsetzt und am Kinn festbindet. Wie dies geschieht und was es für Konsequenzen hat, davon soll im Folgenden die Rede sein.

Damit, daß wir eine »Lehre« von den letzten Dingen aufstellen und in der Christenheit überliefern, ist es offensichtlich nicht getan. Es genügt auch nicht, über diese Lehre nachzudenken und sich mit biblischen Argumenten gegen ihre Entleerung zur Wehr zu setzen. Zur lebendigen, tätigen Einübung dieser Christenhoffnung ruft das Bild vom »Helm der Hoffnung« auf. Schon in diesem frühesten Brief des Paulus, der an die Gemeinde in Thessalonich gerichtet ist, läßt sich deutlich beobachten, wie eng er die Eschatologie mit der Ethik, das Hoffen mit dem Handeln verknüpft (vgl. Röm. 13, 12 ff.).

Die erste Forderung, die sich für die »Söhne des Lichts« aus ihrer Erwartung des »Tages« ergibt, ist *nüchterne Wachsamkeit*. »Lasset uns nicht schlafen wie die andern, sondern lasset uns wachen und nüchtern sein« (1. Thess. 5, 6). Nun, da der ewige Gottestag heraufzieht und der Morgenstern schon klar und hell am Himmel steht (vgl. Offb. 22, 16), ist nicht mehr Schlafenszeit. Jetzt ist es Zeit, aufzustehen und sich den Schlaf aus den Augen zu reiben, wie wir es an jedem Morgen praktizieren. Es gibt zwar auch Leute, die in den Tag hinein schlafen und schon am frühen Morgen zechen (vgl. Jes. 5, 11). Aber im allgemeinen trifft es doch zu, was Paulus feststellt: »Die da schlafen, die schlafen des Nachts, und die da trunken sind, die sind des Nachts trunken« (1. Thess. 5, 7). In der Nacht umfängt uns der Schlaf, zur Nachtzeit hört man die Betrunkenen auf der Straße grölen. Sind wir als Söhne des Lichts für den Tag berufen, so ziemt uns, wach und nüchtern zu bleiben. Dazu gehört sicherlich auch, daß wir uns an dem »Nachtleben« in unsren Städten nicht beteiligen und uns nicht in der Gesellschaft derer finden lassen, die meinen, ein Fest sei erst dann schön, wenn man betrunken ist. *Seid nüchtern!* In einer Zeit, in der der Alkoholverbrauch ungeheuer gestiegen ist und die Trinkerheilstätten überfüllt sind, ist es nötig, auch dies zu sagen (vgl. Eph. 5, 18). Aber die Mahnung des Apostels zielt nicht nur auf die leibliche Zucht und Enthaltsamkeit. Sie will verhindern, daß wir, die Söhne des Lichts und des Tages, im Getriebe dieser Welt und in der Sorge um unsere eigenen Interessen und Lebensziele unsre Bestimmung vergessen und der kommende Tag uns gleichgültig wird. Eingeschlafen ist, wer nicht mehr mit dem Kommen Christi rechnet und sich nicht täglich auf seine Ankunft rüstet; trunken ist, wer sich an das Vergängliche verliert und mit dem Nichtigen betäubt. Wachsam ist, wer auf Jesus Christus wartet und sich auf die Begegnung mit ihm einstellt; nüchtern ist, wer sich dessen bewußt bleibt, daß der Tag naht und das Wesen dieser Welt mit ihrer Lust und Angst vergeht. Genau das, was die Welt als überspannte Schwärmerei verdächtigt, die gewisse Erwartung der Parusie Jesu Christi am Ende dieser Weltzeit, ist also wahre Nüchternheit. Der Vorwurf der Trunkenheit fällt auf die zurück, die nur noch mit den Gegebenheiten dieser Welt und nicht mehr mit dem Kommen Jesu rechnen, von dem Wahn betört, er sei für immer verschollen.

Wie wirkt sich dieses Wachen und Nüchternsein im Leben derer aus, die die Lenden ihres Gemütes begürten und ihre Hoffnung ganz auf die Gnade setzen, die in der Offenbarung Jesu Christi dargeboten wird (1. Petr. 1, 13)?

An erster Stelle steht die Beobachtung, daß die Hoffnung auf den Tag Jesu Christi die ersten Christen zu einer eigentümlichen *Distanz gegenüber der Welt* bewogen hat. Sie verstanden sich als »Fremdlinge« (1. Petr. 1, 1. 17), die unterwegs nach ihrer wahren Heimat sind, in dieser Welt nicht mehr und noch nicht zu Hause. »Unsre Heimat (wörtlich: unser Bürgerrecht) ist im Himmel, von dannen wir auch warten des Heilandes Jesus Christus, des Herrn« (Phil. 3, 20). In dieselbe Richtung weist das Wort aus dem Hebräerbrief: »Wir haben hier keine bleibende Stadt, sondern die zukünftige suchen wir« (Hebr. 13, 14).

Man beachte, wie diese Distanz, dieser Abstand von der Welt begründet wird: nicht mit dem Hinweis auf die Vergänglichkeit alles Irdischen, sondern mit der Gewißheit, daß Jesus Christus als Retter vom Himmel kommt, daß denen, die auf ihn hoffen, in der zukünftigen Stadt die bleibende Heimat bereitet ist. Diese eschatologische Distanz zur Welt steht auf einem anderen Blatt als die pessimistische Weltverachtung, wie wir sie in der Gnosis, bei den Manichäern oder auch bei den Vertretern einer nihilistischen Daseinsdeutung und Weltverzweiflung in der Moderne finden. Darum, weil Jesus Christus wiederkommt und mit ihm das Reich Gottes kommt in seiner sichtbaren, vollendeten Gestalt, darum kann für alle, die auf ihn hoffen, diese Welt nur eine vorläufige Herberge sein, in der sie nicht zu bleiben gedenken. Sie können und sollen ihr Herz nicht mehr an all die Menschen, Dinge und Güter hängen, die in dieser Welt zu gewinnen sind. Sowohl ihre Freuden wie ihre Traurigkeiten gehören zu dem, was mit dieser Welt vergeht. »Das sage ich, liebe Brüder: Die Zeit ist kurz. Fortan müssen auch, die da Frauen haben, sein, als hätten sie keine; und die da weinen, als weinten sie nicht; und die da kaufen, als besäßen sie es nicht; und die diese Welt gebrauchen, als gebrauchten sie sie nicht. Denn das Wesen dieser Welt vergeht« (1. Kor. 7, 29 ff.). Noch einmal wird an diesem Text deutlich, wie sehr Paulus die Naherwartung der ersten Christen teilte. »Die Zeit ist kurz«, d. h. der Herr ist nahe, seine Ankunft steht dicht bevor! Deshalb sorgt euch nicht um das, was im Vergehen begriffen ist! Wahrt eure Freiheit, jederzeit dahin aufzubrechen, wo eure wahre Heimat ist!

Inzwischen hat sich erwiesen, daß der Tag der Parusie doch recht lange auf sich warten läßt, und so hat sich die Christenheit in dieser Welt recht häuslich eingerichtet. Es wäre töricht, ihr daraus einen Vorwurf zu machen. Aber daraus folgt keineswegs, daß die Mahnung des Paulus zur inneren Distanz gegenüber allem, was diese Welt bietet und das irdische Dasein füllt, nicht mehr gültig wäre. Das Bewußtsein der »*Fremdlingschaft*« gehört wesensmäßig und unverlierbar zum Christenstand. Wie kurz ist die Lebensspanne, die jedem Einzelnen zugemessen ist, und wenn sein Leben siebzig oder, wenn's hoch kommt, achtzig Jahre währen sollte! Wie plötzlich kann es mit dieser Welt als Ganzem zu Ende sein! Wie nah oder fern die Wiederkunft Christi sein mag — wer auf ihn hofft, kann und darf sich nicht an diese Welt verlieren. Sie kann für den Christen nur noch der Ort der Bewährung, aber nicht mehr der Ort der Erfüllung seines Lebens und Hoffens sein.

Diese Erkenntnis ist der Christenheit nie verlorengegangen; nicht zuletzt deshalb, weil in dieser Welt pausenlos gestorben wird und keiner weiß, wann er an die Reihe kommt. »Ich bin ein Gast auf Erden und hab hier keinen Stand, der Himmel soll mir werden, dort ist mein Vaterland« (Paul Gerhardt). Wie viele Lieder unseres Gesangbuchs sind auf diesen Ton gestimmt! Und doch muß mit allem Nachdruck betont werden, daß der Inhalt der biblischen Hoffnung verändert und ihre Kraft verleugnet wird, wenn sie nur die Sehnsucht nach der himmlischen Heimat erweckt, nur als eine Vorfreude auf das Nachhausekommen gelebt und verstanden wird. Sowohl in der Verkündigung Jesu wie in den Briefen der Apostel geht von dieser Hoffnung ein kräftiger *Antrieb zum Handeln* aus. »Handelt, bis ich wiederkomme!« so lautet der Befehl des Herrn an seine Knechte, denen er all sein Hab und Gut in dem Gleichnis von den anvertrauten Pfunden zu treuen Händen übergibt (Luk. 19, 13). Nützen sollen sie die Zeit, da er »außer Landes« ist, nicht müßig am Markte stehen oder gar ihr Pfund vergraben wie jener unnütze Knecht, den am Tag der Rechenschaft ein hartes Urteil trifft. Der Gedanke an diese bevorstehende Rechenschaft schiebt aller gleichgültigen Trägheit den Riegel vor. Selbstloser Einsatz für die Sache dieses Herrn tut not; dadurch sollen sich die Knechte seines Vertrauens wert erweisen. Dann empfangen sie sein Lob, wenn sie eine gezielte Aktivität entfalten, um sein Gut zu mehren, und so, in solchem »*Handeln*«, als treue Knechte sich bewähren. Wir werden nicht fehlgreifen, wenn wir bei dem Einsatz, der hier gefordert ist, zuerst an den missionarischen Zeugendienst der Kirche denken (vgl. Matth. 28, 18 ff.; Mark. 16, 15; Apg. 1, 8). Jesus Christus will, daß seine Botschaft, das Evangelium vom Reich, unter die Leute kommt — dieses Evangelium von der Herrlichkeit und Gnade Gottes, das Martin Luther den »einzigen, wahren Schatz« der Kirche nannte. Aber dieses Evangelium weckt den Glauben, der durch die Liebe tätig ist (vgl. Gal. 5, 6); insofern ist in diesen Befehl »Handelt, bis ich wiederkomme« auch der diakonische Auftrag der Kirche miteingeschlossen. Beides ist wichtig: was der Glaube wagt und was die Liebe tut. Es wäre töricht, wollten wir eins gegen das andre ausspielen, wo doch Glaube und Liebe im Neuen Testament unzertrennlich verbunden sind. Auch durch das Versäumnis der Liebe kann man den Anteil am Gottesreich verscherzen. Das *Liebesgebot* Jesu weist uns an die Menschen dieser Erde und bindet uns an sie, solange wir im Leibe leben. Damit ist erwiesen, daß die Einengung der Hoffnung auf ein egoistisches Heilsverlangen vor dem Zeugnis des Neuen Testaments nicht bestehen kann.

Die Distanz gegenüber der Welt, wie sie dem Christen geboten ist, hat schon deshalb nichts mit einer weltflüchtigen Haltung gemein, weil die Hoffnung — im Neuen Testament jedenfalls — nicht auf ein »besseres Jenseits« gerichtet ist. *Sie bleibt der Erde treu.* »Wir warten eines neuen Himmels und einer neuen

Erde, in welchen Gerechtigkeit wohnt« (2. Petr. 3, 13). Auch dies hat die Christenheit nie ganz vergessen. Das zeigt die Zurückhaltung, mit der sie all den Versuchen, durch gewaltsamen Umsturz eine neue, bessere Welt zu schaffen, begegnet ist[1]. So haben sich die Reformatoren mit Recht und mit aller Schärfe von den Schwärmern distanziert, die das Reich Gottes mit Gewalt herbeizwingen wollten. In ähnlicher Weise ist es ein Gebot der Nüchternheit, in diesem Jahrhundert jener politischen Heilslehre zu mißtrauen, die durch den Umsturz aller bisherigen Gesellschaftsordnung eine neue, bessere Welt erzwingen will, um so mehr, als dieses Programm mit einem militanten Atheismus im Bunde ist. Die Menschheit übernimmt sich, wenn sie als ihr eigener Erlöser handeln will, mit dem Ziel, diese Erde zum Paradies zu machen. Weder der Streit noch die Sünde, weder der Schmerz noch der Tod wird aus diesem »Paradiese« verbannt sein. Tatsächlich haben alle bisherigen Umstürze in der Geschichte, aufs Ganze gesehen, nur eine Umgruppierung der Macht und des Unrechts erbracht. Es wurden — bildlich gesprochen — in dem großen Gefängnis der Sünde und des Todes die Wände neu tapeziert und mit anderen Bildern und Symbolen geschmückt, aber das Gefängnis selbst wurde dadurch weder aufgebrochen noch abgerissen. Ja, es ist zu fürchten, daß eine Menschheit, die ihre Zukunft Gott entreißt, der Totengräber ihrer eigenen Zukunft wird.

»Siehe, Ich mache alles neu!« spricht der Allmächtige, der die Geschichte dieser Welt nach seinem Plan zu ihrem Ziele lenkt. Das heißt doch: Dem Teufel wird einmal durch Gott selbst auf der ganzen Linie das Handwerk gelegt. Dem Recht der Wahrheit, der Liebe wird zum Sieg verholfen. Eben deshalb ist die Resignation gegenüber dem Unrecht, der Lüge und Gewalttat nicht mehr zeitgemäß. In Erwartung dieser neuen, erlösten Welt dürfen wir unsre Häupter erheben, gewiß aber auch Hände und Füße regen, daß denen ihr Recht werde, die Unrecht leiden, daß die Wahrheit ans Licht komme, daß dem Unfrieden gewehrt werde, daß die Quellen des Hasses verstopft werden und die Brutstätten des Lasters verschwinden. Gerade weil wir auf die neue Welt Gottes hoffen, ist es wichtig und sinnvoll, dem Teufel schon jetzt in dieser Welt jeden Fußbreit Boden abzunehmen, den man ihm irgend abnehmen kann! Das gilt nicht nur im Blick auf die Menschen, die durch eigene oder fremde Schuld in sein Netz geraten sind. Es gilt auch im Blick auf die Verhältnisse, die man nicht selten ändern muß, soll dem Menschen wirklich geholfen werden[2].

Für diesen *aktiven Dienst am Recht, an der Wahrheit, am Frieden dieser Welt* erweist sich die (recht verstandene) Hoffnung auf die neue Welt Gottes als kräftiger Anreiz. Nicht umsonst stehen im Eingang der Bergpredigt, dieser »Magna Charta des Gottesreichs«, die Sätze: »Selig sind die Friedensstifter, denn sie werden Kinder Gottes heißen. Selig sind, die um Gerechtigkeit willen verfolgt werden, denn das Himmelreich ist ihr« (Matth. 5, 9 f.). In dieselbe Richtung weist jenes mächtige »Darum«, mit dem der Apostel Paulus das Kapitel über die Auferstehung der Toten geschlossen hat: »Darum, meine lieben Brüder, seid fest, unbeweglich und nehmet immer zu in dem Werk des Herrn, weil ihr wisset, daß eure Arbeit nicht vergeblich ist in dem Herrn« (1. Kor. 15, 58). Auch hier ist die Hoffnung Motiv und Kraft des *Handelns*. Es ist Ostern geworden; eine neue, erlöste Welt ist im Kommen, in der Tod und Sünde abgetan sind und Gott alles in allem ist. Nun lohnt es sich, im Werk des Herrn sich einzusetzen. Nun ist nichts mehr vergeblich, was der Glaube wagt und die Liebe tut. Das gilt nicht nur für das »Werk des Herrn«, die Auferbauung seiner Gemeinde, sondern genauso für den hohen Beruf, in den Jesus Christus seine Jünger eingewiesen hat: »Ihr seid das Salz der Erde, ihr seid das Licht der Welt« (Matth. 5, 13 f.). Könnt ihr die Welt nicht verwandeln, so könnt ihr sie doch erhellen und vor Fäulnis bewahren. Die ganze bisherige Geschichte der Christenheit zeigt, daß sie in dem Maße diese ihre Sendung erfaßt und erfüllt hat, als die Hoffnung auf das Kommen des Herrn und den Durchbruch des Gottesreichs in ihr lebendig und kräftig war.

Die Bewährung im Leiden

Vieles kann ein Mensch ertragen und durchstehen, wenn er hoffen darf, daß sich seine Lage früher oder später noch einmal ändern wird. Erst die Vernichtung der Hoffnung liefert ihn dumpfer Traurigkeit, nackter Verzweiflung aus. So hat, um ein

Beispiel zu nennen, unzählige Kriegsgefangene des Zweiten Weltkriegs die Hoffnung auf den Tag der Entlassung und der Heimkehr am Leben erhalten und dazu befähigt, unsägliche Entbehrungen und Strapazen zu ertragen. Umgekehrt kam die Verurteilung zu lebenslänglicher Verbannung einem Todesurteil gleich. Wie sehr aller Mut zum Leben damit steht und fällt, daß die Hoffnung das Zukünftige erhellt, mag man sich im ruhigen Gleichmaß der Tage eine Zeitlang verbergen. Sobald aber Not und Bedrängnis, Angst und Trübsal über den Menschen kommen, sobald er in irgendeiner Weise *leiden* muß, macht er die Erfahrung, daß er ohne Hoffnung nicht leben kann. Je ernster die Bedrohung, je schmerzhafter das Leiden ist, um so leidenschaftlicher klammert er sich an den Rest von Hoffnung, der ihm verblieben ist. Gewiß gibt es gerade bei der Begegnung mit dem Tode eindrucksvolle Gegenbeispiele. Es gibt Menschen, die sich gefaßt in ihr Sterben schicken, obwohl sie vom zeitlichen Leben nichts mehr zu erwarten haben und keine Hoffnung auf ein Leben nach dem Tode kennen. Aber das hat entweder darin seinen Grund, daß der Mensch vor dem Tod kapituliert oder daß er hofft, der Tod werde ihn im Kern seines Wesens nicht antasten[3]. Ähnlich verhält es sich mit dem stoischen Gleichmut, mit dem sich der Mensch gegen widrige Schicksalserfahrung wappnen kann. Entweder hofft er dabei insgeheim, daß sich seine Lage wieder ändern werde, oder er läßt den Schmerz nicht in sein Inneres ein, in der Hoffnung, daß es ihm so gelinge, das Schwere zu ertragen und sich selbst gegen das Schicksal zu behaupten. Aus diesen allgemeingültigen Beobachtungen läßt sich ablesen, wie groß die Bedeutung der Hoffnung im menschlichen Dasein ist. »Was der Sauerstoff für die Lunge ist, das bedeutet die Hoffnung für die menschliche Existenz. Nimm den Sauerstoff weg, so tritt der Tod durch Erstikken ein. Nimm die Hoffnung weg, so kommt die Atemnot über den Menschen, die Verzweiflung heißt, die Lähmung der seelisch-geistigen Spannkraft durch ein Gefühl der Nichtigkeit, der Sinnlosigkeit des Lebens« (E. Brunner). Wie wahr das ist, wird in der Erfahrung des Leidens schmerzhaft deutlich. Hier zeigt sich dann auch, was gültiger Trost und was nur leere Vertröstung ist.

Wenn die Aussagen über die Hoffnung der Christen in der Bibel einen so breiten Raum einnehmen, so hängt dies gewiß auch damit zusammen, daß die biblischen Zeugen entweder selbst im Leiden standen oder eine *Kampf- und Leidenssituation* der Gemeinde vor Augen hatten, die sie mit durchlitten. Ob wir an die Zeit Moses denken, als das Gottesvolk vierzig Jahre durch die Wüste dem Land der Verheißung entgegenzog, oder an die Zeit der babylonischen Gefangenschaft, als dort an den Wassern zu Babel der große Trostprophet, den wir den Zweiten Jesaja nennen, seine Stimme erhob, oder an die Schar jener Wartenden, die unter dem Druck der heidnischen Fremdherrschaft zur Zeit des Kaisers Augustus auf den »Trost Israels« ihre Hoffnung setzten (vgl. Luk. 2, 25. 38), ob wir an die Trübsal und Verfolgung denken, die über die Urgemeinde kam (vgl. Apg. 4, 24 ff.; 8, 1), oder an all das Leiden, das dem Apostel Paulus aus seinem Zeugendienst für das Evangelium erwuchs (vgl. Röm. 8, 35 f.; Kol. 1, 24; 2. Kor. 6, 4 ff.; 11, 23 ff.) — überall bestätigt sich die Regel, daß die Kraft und der Trost der Hoffnung in Kampf und Leiden erfahren wurde. Auch das letzte Buch der Bibel ist ein Trostbuch für eine kämpfende, leidende Gemeinde, die in der Sturmzone der Verfolgung den Namen Jesu bekennt und für das Bestehen der antichristlichen Trübsal gewappnet werden soll. Ähnlich verhält es sich mit dem Hebräerbrief; er ist an Judenchristen gerichtet, die unter Anfeindung und Verfolgung im Glauben ermatten (vgl. Hebr. 10, 32 ff.).

Überall im Neuen Testament wird in Rechnung gestellt, daß Kampf und Leiden unter dem Druck der Verfolgung die *Normalsituation* der Gemeinde ist (vgl. Matth. 5, 11; 10, 16 ff.; 24, 9 ff.; Luk. 9, 23 f.; Joh. 15, 18 ff.). So schreibt Petrus in seinem Brief an die »Fremdlinge in der Zerstreuung«, die über dem Namen Christi geschmäht werden: »Ihr Lieben, lasset euch die Hitze nicht befremden, die euch widerfährt, daß ihr versucht werdet. Meinet nicht, es widerführe euch etwas Seltsames« (1. Petr. 4, 12). Das ist nichts Außergewöhnliches oder Unzumutbares, daß ihr um des Bekenntnisses zu Jesus Christus willen Schmach, Haß und Verfolgung erdulden müßt. Was könnt ihr anderes erwarten, wo ihr doch einem Herrn dient, für den diese Welt nur einen Platz, den Richtplatz, zu vergeben wußte? Der Jünger ist nicht über den Meister, er teilt dessen Los. Dasselbe »Muß«, das über dem Leiden und Sterben Jesu stand (vgl. Markus 8, 31), wirkt sich im Leben seiner Gemeinde aus, auf die der Schatten des Kreuzes fällt: »Wir müssen durch viel Trübsal in das Reich Gottes gehen« (Apg. 14, 22).

Dieser Zusammenhang zwischen der Entfaltung der Hoffnung und der Erfahrung des Leidens gibt viel zu denken. Es fällt hier ein Licht auf die Frage, wie es in der Christenheit zu der individualistischen Verengung der urchristlichen Hoffnung, auf die schon mehrfach hingewiesen wurde, kommen konnte. Sobald die Kirche nicht mehr in der Situation des Leidens stand, sondern in dieser Welt eine einigermaßen gesicherte Position bezog, schrumpfte der Bedarf an Hoffnung auf jenes Mindestmaß zusammen, das der Einzelne braucht, um die widrigen Erfahrungen seines irdischen Loses zu ertragen und sein letztes Stündlein mit einem getrösteten Gewissen zu bestehen. Dieses Los des Einzelnen konnte und kann sehr schwer sein; es gibt auch im Leben derer, die sich von Jesus Christus regieren lassen, sehr dunkle Führungen: Krankheitsnöte, Lebenskonflikte, Leidensnächte, Todeskämpfe, bei denen uns um Trost sehr bange ist. Es gibt die bittere Reue über das eigene Versagen und Schuldigwerden, und so ist es gewiß nichts Geringes, wenn ein Christenmensch in aller Anfechtung von außen und innen Glauben hält, nicht mutlos wird, sich nicht verbittern läßt, sondern im Frieden mit Gott, ausgesöhnt mit den Menschen, befreit von allem Hader mit dem Los, das ihm verordnet war, diese Welt verläßt, dessen gewiß, daß ihn Gottes Liebe auch in der letzten Stunde noch umfängt und ihn nach allem, was er erlitt, wunderbar und ewig trösten wird.

Trotzdem darf nicht vergessen werden, daß im Neuen Testament und an all den Stellen, wo von der Bewährung des Glaubens und der Hoffnung im Leiden die Rede ist, nicht jene Leiden ins Auge gefaßt sind, die seit dem Sündenfall zum Los des Menschen gehören, der jetzt nur noch ein von Schmerz, Enttäuschung, Mühsal und Tod überschattetes Leben »jenseits von Eden« kennt. Mit den »Trübsalen«, durch die wir ins Reich Gottes gehen müssen, sind jene Leiden gemeint, die uns aus dem Bekenntnis zu Jesus Christus erwachsen. Das »Kreuz«, das dem Jünger zu tragen verordnet ist, ist das Kreuz der Märtyrer, von denen die Hingabe des Lebens um Jesu willen gefordert ist (vgl. Matth. 16, 24 f.). Die »Angst«, von der am Schluß der Abschiedsreden im vierten Evangelium die Rede ist (Joh. 16, 33), ist nicht jene allgemeine »Weltangst«, die unter den entwurzelten Menschen unsrer Zeit so weit verbreitet ist, vielmehr die Bedrängnis, die den Jüngern aus der Nachfolge ihres Meisters im Konflikt mit der Welt erwächst (vgl. Joh. 16, 20). Ihre »Traurigkeit« ist Teilhabe am Leiden Gottes um diese mit ihm verfeindete Menschenwelt.

Durch die Umdeutung dieser Aussagen auf die allgemein menschliche Leidenserfahrung ist die biblische Hoffnung in ein schiefes Licht geraten. Aus der weltüberwindenden Siegeszuversicht der Christuszeugen wurde der Trost im Jammertal.

Die Hoffnung der ersten Christen wurde im Leiden und Sterben für Christus bewährt. Dies spricht dafür, daß der *Trost*, den diese Hoffnung bringt und verbürgt, *in jede Tiefe des Leidens reicht*. Das ist nicht selbstverständlich. »Ihr seid allzumal leidige Tröster!« so rief Hiob, der große Dulder, seinen drei Freunden zu, die gekommen waren, ihn zu trösten (Hiob 16, 2). Sie meinten es ernst und bemühten sich redlich, mit klugen und frommen Worten nach dem Maß ihrer Einsicht in Gottes Wege mit den Menschen Licht und Trost in Hiobs dunkle Leidensnacht zu bringen. Aber sie haben mit all ihren wohlgemeinten Reden die Tiefe seines Leidens nicht ausgelotet. Das Beispiel zeigt, wie schwer die so seltene Kunst des Tröstens ist. Man sieht daran auch, daß es eine Tiefe des Leidens gibt, in der Gott selbst ganz dunkel wird und für die das Alte Testament als ein vorösterliches Buch noch keine Antwort hatte. Daß Gott »der Vater der Barmherzigkeit und Gott alles Trostes« ist, der uns tröstet in aller unsrer Trübsal (2. Kor. 1, 3), diese Gewißheit ist das Geschenk des Evangeliums. Sie ist darin begründet, daß Jesus Christus durch seinen Kreuzestod und seinen Ostersieg die Welt samt dem Tod überwunden hat (vgl. Joh. 16, 33). »Er ist durch den Schutt unsrer Hoffnung hinabgestiegen bis zum tiefsten Grund der menschlichen Traurigkeit, und er ist gestorben mit allen Hoffnungen der Erde. Der Stein des Grabes hat alle Möglichkeiten der Welt über ihm zugeschlossen. Und dann ist jenes vollkommen Unvorhergesehene und Unverständliche geschehen, daß Gott den Stein weggerollt hat und daß Jesus aus dem Grabe heraufgestiegen ist. So hat Gott die Macht seines Königreichs, in dem der Tod nicht mehr sein wird, geoffenbart.

Er hat sich enthüllt in seiner souveränen und schöpferischen Freiheit, der das, was nicht ist, ins Dasein ruft, der dort lebt, da niemand leben kann, und der handelt, wo keiner etwas machen kann. Gott ist stärker als der Tod. Nun sind alle Dinge in den Strom einer neuen Hoffnung hineingetragen« (R. de Pury)[4].

Nun sind wir »wiedergeboren zu einer lebendigen Hoffnung durch die Auferstehung Jesu Christi von den Toten zu einem unvergänglichen und unbefleckten und unverwelklichen Erbe, das behalten wird im Himmel« (1. Petr. 1, 3 f.). Genau da, wo der Mensch mit all seinen Möglichkeiten unwiderruflich am Ende ist, wo es »weder Tun noch Denken, weder Erkenntnis noch Weisheit« mehr gibt (Pred. 9, 10), wo jeder all seine kleinen und großen Hoffnungen in sein Grab mit hinunternimmt, da hat uns Gott das Tor in eine neue Zukunft aufgestoßen. Eine *sieghafte, der Welt und dem Tod überlegene Hoffnung* ist uns von Gott selbst geschenkt, damit wir sie ergreifen, einüben, bewähren am guten wie am bösen Tage und so, in Kraft dieser Hoffnung, durch Tod und Leben hindurch zum wahren, ewigen Leben dringen. Hier ist der Ursprung jener trotzigen Freude, die in den Osterliedern unseres Gesangbuchs aufleuchtet. Hier ist *gültiger* Trost, der auch die dunkelste Nacht erhellt. Deshalb verstummt im Neuen Testament die Klage, die im Alten Testament einen so breiten Raum einnimmt (nahezu ein Drittel aller Psalmen sind Klagepsalmen!). Es verstummt die bange Frage: »Wirst du an den Toten Wunder tun? Wird man im Grabe deine Güte erzählen? Werden deine Wunder in der Finsternis erkannt? Wer wird dir bei den Toten danken?« (Ps. 88, 11 ff.; Ps. 6, 6). An ihre Stelle tritt die Gewißheit, daß uns nichts mehr von der Liebe Gottes scheiden kann (Röm. 8, 35 ff.).

Die Kampf- und Leidenssituation der Gemeinde, die im Neuen Testament an all den Stellen, wo von der Hoffnung des Christen die Rede ist, den Hintergrund der Erfahrung bildet, erinnert uns ferner daran, daß *das Leiden der gottgewollte Ort für die Bewährung der Hoffnung* ist. Es kommt nicht von ungefähr. Die da leiden, die »leiden nach Gottes Willen« und sollen ihm als dem treuen Schöpfer ihre Seelen befehlen (1. Petr. 4, 19). Gewiß gibt es auch selbstverschuldetes Leiden, das darin seine Ursache hat, daß der Mensch leichtfertig mit der Sünde spielt und die Gebote Gottes mißachtet, die den, der sie auf die Tafel seines Herzens schreibt, vor viel Torheit und Schande bewahren können. Aber das steht auf einem anderen Blatt. Hier geht es um das Leiden, das dem Christen bzw. der Gemeinde als Ganzem zu tragen verordnet ist, ohne daß sie es selbst verschuldet hätten, es sei denn durch klares und offenes Bekenntnis zum Evangelium. Solche »Trübsale« kommen nicht ohne Gottes Willen über seine »Heiligen«, wie das Neue Testament die Christen (alle, nicht nur eine Elite!) nennt. Er mißt ihnen die Lasten zu, die sie tragen sollen. Auch da, wo Menschen gegen die Gemeinde wüten, wo sich Verfolgung erhebt und der altböse Feind seine Schlingen stellt, bleibt die Gemeinde ganz von der Macht und Treue ihres Herrn umfaßt. Er bestimmt, wie lange die Zeit ihrer Trübsal währen soll (vgl. Offb. 2, 10).

Fragen wir, welche *Absicht* hinter dieser göttlichen Verordnung des Leidens steht, so gibt uns das Neue Testament eine dreifache Antwort: 1. Es soll und muß der *Läuterung* des Glaubens dienen. Dazu »seid ihr jetzt traurig in mancherlei Anfechtung, daß euer Glaube rechtschaffen und viel köstlicher erfunden werde als das vergängliche Gold, das durchs Feuer bewährt wird« (1. Petr. 1, 6 f.). Gold und Schlacken werden durchs Feuer geschieden. Eng verwandt damit ist das Bild von der Sichtung der Gemeinde, bei der Spreu und Weizen geschieden wird (vgl. Luk. 22, 31). 2. Im Leiden erfährt die Gemeinde die *Züchtigung* des Herrn, die zu ihrem Besten dienen soll. Gott erzieht euch, wenn ihr dulden müßt! Gegen solche harte, aber heilsame Züchtigung sollen wir uns nicht auflehnen, vielmehr daran erkennen, wie sehr sich der »Vater der Geister« um uns als seine Kinder kümmert. Sie bleibt auch nicht ohne Frucht, wenn sie innerlich bejaht und in Geduld durchlitten wird, bewirkt vielmehr eine »friedsame Frucht der Gerechtigkeit« (vgl. Hebr. 12, 4 ff.). 3. Die Trübsal weckt die Geduld, sie nötigt zur *Standhaftigkeit*. Darum »rühmen wir uns auch der Trübsale, weil wir wissen, daß Trübsal Geduld bringt; Geduld aber bringt Bewährung; Bewährung aber bringt Hoffnung; Hoffnung aber läßt nicht zuschanden werden« (Röm. 5, 3 ff.). Es handelt sich ja nicht um irgendeine Hoffnung, die im Wunschdenken des menschlichen Herzens ihren Ursprung hat und von der das Sprichwort gilt: Hoffen und Harren macht manchen zum Narren. Von jener Hoffnung ist die Rede, die auf Gottes Verheißung gegründet und deren Erfüllung durch Gottes Treue verbürgt ist. Das standhafte Festhalten an dieser Hoffnung will in der Schule des Leidens erlernt sein. Sie ist unerläßlich zur Bewährung des Christenstands.

Es hat sich gezeigt: Im Licht dieser Hoffnung bekommt auch *das Leiden* einen *positiven Sinn*. Sowenig es beschönigt oder verharmlost wird, genausowenig ist es unter einen tragischen Akzent gerückt. Nicht fatalistische Ergebung, sondern gehorsame Bejahung, nicht wehleidige Selbstbemitleidung oder haderndes Aufbegehren, sondern standhafte Treue soll das Kennzeichen der Kinder Gottes sein. Der Ausblick auf die »ewige und über alle Maßen wichtige Herrlichkeit«, an der gemessen alle in diesem Leben verordnete Trübsal bis hin zum Martyrium »zeitlich und leicht« ist (2. Kor. 4, 17), hat eine Armee von Märtyrern dazu befähigt, im Schmelztiegel des Leidens, in Gefängnissen, auf Galeeren und Scheiterhaufen ihr Bekenntnis zu diesem Herrn, zu seinem Wort und zu seiner Gemeinde durch die Treue bis in den Tod zu besiegeln. Das ist kein Beweis dafür, daß diese Hoffnung auf Jesus Christus, sein Heil und sein Reich, wahr und gültig ist; man kann, wie die Geschichte zeigt, mit großer Bravour auch für Illusionen sterben. Aber ein Zeichen, das zu denken gibt, ist es auf jeden Fall, zugleich für alle, die Jesus Christus liebhaben, ein Ansporn, an Ihm zu bleiben, es komme, was mag. »Wachet, stehet im Glauben, seid männlich und seid stark! Wer überwindet, der wird es alles ererben« (1. Kor. 16, 13; Offb. 21, 7).

Ja komm, Herr Jesus!

Das letzte Wort Jesu im Neuen Testament ist eine Zusage seines Kommens: »Ja, ich komme bald!« (Offb. 22, 20). So spricht der Erhöhte, der das A und das O, der Erste und der Letzte, der Anfang und das Ende ist (Offb. 22, 13). Diese Ankündigung seines baldigen Kommens findet in dem vom Geist geweckten Bittruf der Gemeinde ihren Widerhall: »Der Geist und die Braut sprechen: Komm! Und wer es hört, der spreche: Komm! Amen, *ja komm, Herr Jesus*« (Offb. 22, 17. 20). Man spürt aus diesen Schlußversen der Offenbarung, wie sehr die Hoffnung der Urkirche auf die sichtbare Wiederkunft Christi ausgerichtet war und mit welcher Sehnsucht und Ungeduld sie sich danach ausstreckte. Gerade weil der Zeitpunkt seines Kommens der Berechnung entzogen blieb, lebte die Gemeinde in ständiger Erwartung. Mehr noch, sie gab dem Verlangen Ausdruck, daß Jesus Christus doch bald kommen möge, überließ also die Festsetzung des Zeitpunkts seiner Parusie nicht einfach in demütiger Selbstbescheidung dem Rat Gottes, sondern machte daraus ein inbrünstiges Gebet. War dieses sehnsüchtige Bitten schwärmerischer Überschwang, oder muß es uns, die wir geneigt sind, die Wiederkunft Christi in eine nebulöse Ferne zu vertagen oder ganz aus unsrem Kalender zu streichen, zur Beschämung dienen?

Zweierlei gibt zu denken. Erstens hat sich, wie bereits gezeigt, die neutestamentliche Gemeinde durch diese Naherwartung nicht zu einer bequemen Weltflucht verleiten lassen, die sich dem mühseligen Augenblick nicht stellt und das letzte, alles umwandelnde Eingreifen Gottes als Ausrede für die eigene Unlust, vorläufig Hand anzulegen, mißbraucht. Sie hat sich weder dem Zeugendienst fürs Evangelium noch dem Anspruch des Liebesgebots entzogen; das Gegenteil ist der Fall. Die gewisse Erwartung, daß der Herr nahe ist, wurde ihr zum Ansporn, sich in ihrem Zeugenberuf tatkräftig zu bewähren. Zweitens fällt auf, daß das Ausbleiben der Parusie keine Krise der Hoffnung auslöste. Auf den schwärmerischen Überschwang folgt in der Regel die beklemmende Ernüchterung, von der nur ein kleiner Schritt zur Resignation, zur Preisgabe aller Hoffnung ist. Um so erstaunlicher ist, daß die junge Kirche Jesu Christi durch die Erfahrung, daß der Herr verzog, sich weder ihre Hoffnung rauben noch sich in ihrem Handeln lähmen ließ. Dies hatte ohne Zweifel darin seinen Grund, daß die Parusie-Erwartung auf das Osterereignis gegründet war. Die Gemeinde lebte nicht nur von geschichtlichen Erinnerungen an Jesus, sie mußte sich auch nicht nur mit der Aussicht trösten, daß er ein zweites Mal erscheinen werde. Sie hatte in dem Auferstandenen ihr lebendiges Haupt, mit dem sie durch Taufe und Herrnmahl, Wort und Geist, Glaube und Liebe verbunden war. Das Ostergeschehen war die Hoffnungsbasis, die durch keine »Enttäuschung« über das Ausbleiben der Parusie ins Wanken kam.

Angesichts dieser Beobachtungen läßt sich der Vorwurf, die Bitte »Ja komm, komm bald, Herr Jesus!« sei der Ausdruck einer übersteigerten, enthusiastischen Erwartung, nicht aufrechterhalten. Wir müssen uns vielmehr die *Rückfrage* gefallen lassen, ob es mit rechten Dingen zugeht, wenn diese Bitte im Gebet der Gemeinde und ihrer einzelnen Glieder, im Gottesdienst und im »Kämmerlein« kaum noch über unsre Lippen geht. Hat uns nicht Jesus selbst in den drei ersten Bitten des Vaterunsers um das (baldige!) Kommen des Gottesreichs bitten gelehrt? Luthers Auslegung »Gottes Reich kommt wohl ohne unser Gebet von selbst, aber wir bitten in diesem Gebet, daß es auch zu uns komme[5]«, geht hier leider an der eigentlichen Absicht dieser Bitte vorbei; sie verkennt ihren eschatologischen Bezug. Wir sollen und dürfen, sooft wir das Vaterunser sprechen, das große Welt- und Heilsziel Gottes in unsren Willen aufnehmen und um den Durchbruch seiner Herrschaft bitten.

Im Gleichnis von der bittenden Witwe (Luk. 18, 1 ff.) stellt uns Jesus vor Augen, welch eine Macht dieses Bitten hat, wenn es anhaltend geschieht. Das Gleichnis ist in diesem Zusammenhang besonders aufschlußreich, da es die Lage der Gemeinde in der Zeit der endzeitlichen Drangsal ins Auge faßt[6]. Von einer Witwe erzählt Jesus, der ein Teil ihres Erbes vorenthalten wird. Sie wendet sich an den Richter der Stadt, daß er ihren Prozeß führe und ihr zu ihrem Recht verhelfe. Doch dieser Richter ist »ungerecht« (bestechlich); es heißt von ihm, daß er weder Gott noch die Menschen gefürchtet habe. Einzig und allein durch die Beharrlichkeit, mit der ihm die Witwe in den Ohren liegt, ohne sich abschütteln zu lassen, läßt er sich schließlich dazu bewegen, ihr Recht zu schaffen. Wenn schon dieser rücksichtslose Richter der rechtlosen Witwe schließlich doch auf ihr Bitten hin zu ihrem Recht verholfen hat, wieviel mehr, will Jesus sagen, wird Gott durch euer Bitten zum Eingreifen bewegt werden, wo doch an seiner Macht und Güte kein Zweifel ist! »Sollte Gott seinen Auserwählten nicht zu Hilfe eilen, Er, der sie geduldig anhört, wenn sie Tag und Nacht zu ihm schreien? Ich sage euch, er wird ihnen ihr Recht schaffen in Kürze.« Die Frucht des Bittens der Gemeinde ist diesem Gleichnis zufolge nicht nur, daß Gott schließlich eingreift mit rettender Macht und über den »Widersacher« sein Urteil spricht. Es bewirkt auch, daß er die *Notzeit verkürzt.* Wann der Menschensohn kommt und mit ihm das Gottesreich, das den Sieg des Rechts über alles Unrecht und die Rettung der Gemeinde aus Unterdrückung und Verfolgung bringt, das hängt also — nicht zuletzt — davon ab, ob wir ernstlich und anhaltend um sein Kommen bitten. Das Gebet der Gemeinde ruft den Tag der Erlösung herbei.

Dabei geht es freilich nicht nur um ihre eigene Errettung. Die Bitte »Komm bald, Herr Jesus!« ist kein eigensüchtiges Gebet der Christenheit. Recht verstanden ist alles *Elend der Welt*, alles Leid der Kreatur, die »sich mit uns sehnt und ängstet noch immerdar« (Röm. 8, 22), von dieser Bitte mit umfaßt. Viele Tatsachen, die uns beunruhigen und schmerzen, ließen sich anführen, die gerade in unsrer Zeit die Gemeinde Jesu zu solchem Bitten bewegen müßten. Da ist die Friedlosigkeit der Völkerwelt, in der immer neue Kriege aufflammen, die Bedrohung der Menschheit durch die entsetzlichsten Waffen, die je in des Teufels Küche erfunden wurden, die Verführung ganzer Völker durch eine politische Heilslehre, die den Gottesglauben als das Überbleibsel einer vorwissenschaftlichen Welterklärung meint bekämpfen zu müssen; da ist die Macht des Hasses und der Lüge, die rücksichtslose Profitgier, der erbitterte Konkurrenzkampf in Politik und Wirtschaft, die Mißachtung der göttlichen Gebote im privaten wie im öffentlichen Leben; da ist all der Jammer und Schmerz, der in den Kliniken und Anstalten, in Gefängniszellen und auf Todeslagern, auf den Schlachtfeldern, in Hunger- und Katastrophengebieten und an den Gräbern durchlitten wird. Wer sich nicht nur in seinem eigenen kleinen Behagen sonnt, wer sich nicht die Augen und Ohren verschließt vor dem Elend der Welt, hat Anlaß genug, sich die Bitte zu eigen zu machen: Ja komm, Herr Jesus! Es vergehe die Welt, es komme dein Reich! Denn alle Linderung der Not, alle Fürsorge, alle Bemühung um eine bessere soziale Gerechtigkeit werden doch die endgültige Hilfe nicht bringen.

Und doch wäre es ein Fehlansatz, wollten wir die Bitte um den Durchbruch des Gottesreichs nur durch den Aufweis des Elends dringlich machen. Nach dem Kommen dieses Reichs soll uns deshalb verlangen, weil uns Gott »durch die Erkenntnis seiner Herrlichkeit und Kraft die allergrößten *Verheißungen* geschenkt hat« (2. Petr. 1, 3 f.). Nach der *Einlösung* dieser Verheißungen soll das Gebet der Gemeinde Jesu greifen. Wie sollten wir uns nicht danach ausstrecken, daß die Spannung zwischen Glauben und Schauen, Hoffen und Sehen, Hören und Empfangen endlich aufgehoben wird[7]! Gerade weil Gott in Jesus Christus unter alle seine Verheißungen das »Ja« gesprochen hat (2. Kor. 1, 20), können wir uns nicht damit zufriedengeben, daß die Erfüllung der Verheißung noch unter ihrem »Widerspiel« (Luther) verborgen ist. Je mehr uns die Herrlichkeit Jesu aufleuchtet, um so stärker wird die Sehnsucht, daß doch alle Welt bald von seiner Herrlichkeit erfüllt werde. Die in ihm erfüllte Verheißung weckt das Verlangen nach der Enthüllung des Heils, das er uns erworben hat, und mit solcher »Enthüllung« ist nicht nur gemeint, daß vor unsren Augen die Decke weggezogen wird, so daß wir nun sehen dürfen, was wir geglaubt haben. Es geht vielmehr nach der Regel: Gottes Werk steigt (A. Schlatter). »Die christliche Erwartung richtet sich auf niemand anderen als auf den gekommenen Christus, aber sie erwartet von ihm Neues, bisher noch nicht Geschehenes: sie wartet auf die Erfüllung der verheißenen Gottesgerechtigkeit an allen, auf die Erfüllung der in seiner Auferstehung verheißenen Totenauferstehung, auf die Erfüllung der in seiner Erhöhung verheißenen Herrschaft des Gekreuzigten über alles« (J. Moltmann)[8]. Sie wartet auf den endgültigen, umfassenden Triumph Gottes über die Sünde, den Teufel, den Tod, über alles, was seiner Herrschaft sich jetzt und hier noch widersetzt. Sie wartet darauf und bittet darum, nicht nur um des Menschen, sondern um Gottes willen, daß ihm die Ehre werde, die ihm gebührt. So reich die Christenheit schon jetzt beschenkt ist, so gewiß sie den Fürsten des Lebens zum Haupte hat, sowenig kann sie sich daran genügen lassen. Sie wird sich vielmehr, wenn sie recht glaubt, liebt und hofft, die Bitte ihres Herrn zu eigen machen: Vater, verherrliche Deinen Namen (Joh. 12, 28)! Dies und nicht weniger kann das Ziel ihres Bittens und Hoffens sein, wenn sie wirklich zuallererst nach dem Reich Gottes trachtet: Daß Gottes ganze Schöpfung zum Spiegel und Tempel seiner Herrlichkeit und Ehre werde, auf daß Gott sei alles in allem!

Mag der Welt diese Hoffnung überspannt und utopisch erscheinen, mögen sich auch inmitten der Kirche Stimmen zu Wort melden, die sie für überholt und erledigt halten, weil Jesus

Christus all die Jahrhunderte hindurch umsonst erwartet wurde — hier gilt: Lasset euch niemand das Ziel verrücken: Maran atha — *unser Herr kommt!* (Kol. 2, 18; 1. Kor. 16, 22). Das ist und bleibt das einzig Gewisse, was über die Zukunft der Welt und der Kirche zu sagen ist, und ist zugleich das Allergewisseste, was wir erhoffen dürfen. Denn Gott steht zu dem, was uns sein Wort verspricht, mit ganzer Treue.

Anmerkungen

Die Botschaft vom Reich

1 »Darum ist auch das Evangelium jetzt so helle erschienen, daß Christus beide, Papst und Türken, will hinrichten und abhelfen und uns einmal ganz und gar erlösen mit seiner herrlichen Zukunft, welcher wir täglich warten« (MA. E. III, S. 497 f.).

2 Theozentrisch beten — im Gegensatz zu egozentrisch (ichbezogen) — heißt so beten, daß wir Gottes Sache, sein Welt- und Heilsziel in unsren Willen aufnehmen.

3 So Ph. S. *Watson* in seiner Einführung in Luthers Theologie, der er den Titel »Um Gottes Gottheit« (1952) gegeben hat.

4 Im Unterschied zu der Zukunftserwartung der Propheten, die das Heilshandeln Jahwes innerhalb des Geschichtsverlaufs erwarten, handelt es sich bei der Apokalyptik um eine wesentlich andere Form der Eschatologie, deren Herleitung und Bewertung noch immer umstritten ist (vgl. G. von *Rad*, Theologie des AT, Band II, S. 315 ff.). W. *Baumgartner* hat die Merkmale der Apokalyptik folgendermaßen bestimmt: »Pseudonymität, eschatologische Ungeduld und genaue endzeitliche Berechnung, Umfang und Phantastik der Geschichte, weltgeschichtlicher und kosmischer Horizont, Zahlensymbolik und Geheimsprache, Engellehre und Jenseitshoffnung« (Theol. Rundschau 1939, S. 136). — Auch der nicht theologisch geschulte Bibelleser kann sich den Unterschied von Prophetie und Apokalyptik verdeutlichen, wenn er eine Prophetenschrift wie das Buch Amos mit dem bereits der apokalyptischen Eschatologie zugehörigen Buch Daniel vergleicht, das zwischen 166 und 164 v. Chr. verfaßt wurde, somit die späteste Schrift des AT darstellt.

5 Kennzeichnend für die spätjüdische Apokalyptik ist nicht zuletzt die gespannte Naherwartung. So heißt es im IV. Esrabuch (4, 26): »Der Äon eilt mit Macht zu Ende«, und in der Baruch-Apokalypse: »Wissen sollt ihr, daß sehr nahe ist das Ende, das der Höchste herbeiführen wird« (82, 2).

6 Diese Auffassung ist mit besonderem Nachdruck von R. *Bultmann* in seinem Aufsatz »Neues Testament und Mythologie« (zuerst veröffentlicht in »Offenbarung und Heilsgeschehen«, Beiträge zur Ev. Theologie 7, 1941, 27 ff.) vertreten worden. Er begründet die von ihm als notwendig erachtete Aufgabe, die neutestamentliche Botschaft zu entmythologisieren, mit der Feststellung, daß das mythische Weltbild für uns erledigt sei. Auf die Frage der zukünftigen Eschatologie angewandt heißt das, daß »die mythische Eschatologie durch die einfache Tatsache

219

erledigt ist, daß Christi Parusie nicht, wie das Neue Testament erwartet, alsbald stattgefunden hat, sondern daß die Weltgeschichte weiterlief« und »die Heilszeit für den Glaubenden schon angebrochen, das Zukunftsleben schon Gegenwart geworden ist«.

7 Diese Übersetzung, der sich auch der revidierte Text der Lutherbibel angeschlossen hat, verdient gegenüber der früheren, die auf Luther zurückgeht: »Das Reich ist inwendig in euch«, den Vorzug.

8 Der Titel »*Menschensohn*« findet sich ganz überwiegend in den Evangelien, rund 70 mal bei den Synoptikern, 12 mal bei Johannes (im übrigen NT nur noch Apg. 7, 55 und Offb. 1, 13; 14, 14). In allen Belegstellen der Evangelien handelt es sich um Aussprüche Jesu; nirgends wird das Wort »Menschensohn« in der Anrede an ihn, in der Aussage oder dem Bericht über ihn gebraucht. Das Wort «Menschensohn« — aramäisch: bar nasche — stammt aus der jüdischen Apokalyptik (vgl. Dan. 7, 13; 4. Esra 13; Henoch [aeth.] 37—71) und bezeichnet hier eine transzendente Erlösergestalt, die am Ende der Tage, aus dem Meer oder vom Himmel kommend, ihre eschatologische Herrschaft ausübt, indem sie die Gottlosen vernichtet und das endzeitliche Volk der Heiligen des Höchsten konstituiert. — Ob »Menschensohn« die Selbstbezeichnung Jesu war oder ob ihm diese Bezeichnung von der nachösterlichen Gemeinde beigelegt wurde, ist bis heute in der neutestamentlichen Forschung strittig. Eine gedrängte Übersicht über den derzeitigen Stand der Diskussion gibt G. *Haufe* in dem Aufsatz »Das Menschensohn-Problem in der gegenwärtigen wissenschaftlichen Diskussion« (Ev. Theologie, 1966, Heft 3, S. 130 ff.).

9 Daß es in der neutestamentlichen Wissenschaft nicht an Stimmen fehlt, die gegen die Eliminierung der futurischen Eschatologie sich wenden, sei durch ein Zitat aus der Schrift von W. G. *Kümmel*, Verheißung und Erfüllung. Untersuchungen zur eschatologischen Verkündigung Jesu (1953[3]) belegt: »Es bedeutet eine Aufhebung der neutestamentlichen Botschaft selbst, wenn an die Stelle der Predigt von der eschatologischen Zukunft und der Bestimmung der Gegenwart durch diese Zukunft die zeitlose Botschaft von der Gegenwart als Entscheidungszeit oder von der geistlichen Nähe Gottes tritt. Denn dabei wird die Botschaft Jesu, daß der Mensch durch die Erscheinung Jesu in der Gegenwart in eine bestimmte Situation der auf das Ende zulaufenden *Heilsgeschichte* hineingestellt wird, völlig aufgelöst, und die Gestalt und das Handeln Jesu verlieren ihren grundlegenden Charakter als *geschichtliches* Handeln des *Gottes*, der seine Herrschaft heraufführen will« (S. 140).

Der Auftrag des Christus

1 Vgl. J. *Jeremias*, Der Opfertod Jesu Christi, 1965[2]: »Es kann kein Zweifel darüber bestehen, daß die Urgemeinde längst vor Paulus im Kapitel vom leidenden Gottesknecht (Jes. 53) den Schlüssel für die Lösung des dunklen Geheimnisses gefunden hat, daß der Gottessohn

den Schmachtod sterben mußte« (S. 22). – Ist es glaubhaft, daß, wie die Evangelien berichten, diese Sinndeutung des Todes Jesu auf ihn selbst zurückgeht? Darauf gibt der Vf. nach sorgfältiger Untersuchung der Textstellen die Antwort, daß wir »mit großer Wahrscheinlichkeit – von Sicherheit kann nicht die Rede sein – die urchristliche Sinndeutung des Sterbens Jesu als Erfüllung von Jes. 53 bis auf Jesus selbst zurückverfolgen können« (a. a. O., S. 30).

2 So wörtlich in den *Schmalkaldischen Artikeln* von 1537: »Daß Jesus Christus, unser Gott und Herr, sei umb unser Sünde willen gestorben und umb unser Gerechtigkeit willen auferstanden', Ro. 4, und er allein 'das Lamb Gottes ist, das der Welt Sünde trägt', Joh. 1, und 'Gott unser aller Sünde auf ihn gelegt hat', Isaiae 53, item: 'Sie sind alle zumal Sünder und werden ohn Verdienst gerecht aus seiner Gnade durch die Erlosung Jesu Christi in seinem Blut' etc., Ro. 3. Dieweil nu solchs muß gegläubt werden und sonst mit keinem Werk, Gesetze noch Verdienst mag erlanget oder gefasset werden, so ist es klar und gewiß, daß allein solcher Glaube uns gerecht mache, wie Ro. 3 S. Paulus spricht: 'Wir halten, daß der Mensch gerecht werde ohn Werk des Gesetzes durch den Glauben', item: 'Auf daß er alleine gerecht sei und gerecht mache den, der da ist des Glaubens an Jesu'. Von diesem Artikel kann man nichts weichen oder nachgeben, es falle Himmel und Erden oder was nicht bleiben will; denn es 'ist kein ander Name, dadurch wir können selig werden', spricht S. Petrus Act. 4. 'Und durch seine Wunden sind wir geheilet'. Und auf diesem Artikel stehet alles, das wir wider den Bapst, Teufel und Welt lehren und leben. Darum müssen wir des gar gewiss sein und nicht zweifeln. Sonst ist's alles verlorn, und behält Bapst und Teufel und alles wider uns Sieg und Recht« (Bekenntnisschriften der Ev. luth. Kirche, 1930, Band 1, S. 415 f.).

3 Dagegen hat Hans Joachim *Iwand* in einem bedeutsamen Aufsatz seine Stimme erhoben: »Wider den Mißbrauch des pro me« (Stimme der Gemeinde 1953, H. 7 und H. 11).

4 Institutio III, 2, 41, zitiert unter Verwendung von J. *Moltmann*, Theologie der Hoffnung, 1966[5], S. 14.

5 Der umstrittene Text Röm. 7, 14–25 wird hier so verstanden, daß Paulus die Situation des *Christen* beschreibt, nicht die Situation des vorchristlichen Menschen unter dem Gesetz, auch nicht »die Situation des unter dem Gesetz stehenden Menschen überhaupt und zwar so, wie sie dem Auge des durch Christus vom Gesetz Befreiten sichtbar geworden ist« (Bultmann). Gründe für diese Auslegung: 1. Röm. 5–8 geht es durchweg um das Christenleben. 2. Paulus spricht im Präsens, nicht im Präteritum. 3. Seine Beschreibung des Lebens unter dem Gesetz sieht anders aus, vgl. Phil. 3, 6! 4. P. sagt nicht, daß sein Wille gespalten sei, daß er gleichzeitig Freude am Willen Gottes und Lust am Bösen habe. 5. Der Wille des Menschen, von dem er spricht, ist eindeutig auf das Gute gerichtet; was ihm nicht gelingt, ist die Verwirklichung des völligen Gehorsams. 6. Spräche P. hier nicht vom Zustand des Christen, wie er ihn an sich selbst erfährt, so hätte Röm. 7, 24

einen theatralischen Klang. – Röm. 7, 14–25 ist allerdings keine erschöpfende Beschreibung des Christenstands; das Thema des Kapitels ist ja die Freiheit vom Gesetz, dem wir mit Christus gestoben sind; in diesem Zusammenhang spricht P. von der Macht des Gesetzes, die Sünde zu steigern (7, 7–13), und der Ohnmacht des Gesetzes, das Gute zu erwecken (7, 14–25). Auf Röm. 7 folgt Röm. 8, und das Verhältnis der beiden Kapitel ist kein Nacheinander oder Nebeneinander, sondern ein Übereinander: Die Wirklichkeit von Röm. 8 schiebt sich über die Wirklichkeit von Röm. 7, so gewiß der Christ den Geist, das Angeld des neuen Äons, schon empfangen hat (vgl. Röm. 8, 17).

6 Der Prophet, dessen Reden uns in Jes. 56–65 aufbewahrt sind, ist dort Überbringer eines Trostworts an sein Volk, das sich gebrochenen Muts im Exil befindet. Er soll ihnen ein »Jubeljahr« verkündigen: Das im mosaischen Gesetz festgesetzte 50. Jahr, das Jahr der Sklavenfreilassung und des Schulderlasses, in dem »jedermann wieder zu dem Seinen kommen soll« (3. Mose 25, 10 ff.), dient als Gleichnis für das, was Gott an seinem Volk tun will.

7 Was in den Massenversammlungen moderner Heilungsapostel (Hicks, Branham u. a.) geschieht, steht auf einem anderen Blatt. – Zwar rechnet Paulus auch die Gabe der Krankenheilung zu den geistlichen Gaben, die in der Gemeinde wirksam sind bzw. erbeten werden dürfen (vgl. 1. Kor. 12, 9), aber die Zeit Jesu und der Apostel war doch im besonderen »Offenbarungszeit«. Dies darf und muß man bei der Frage der Wunderheilung in Rechnung stellen.

8 Die dualistische Weltansicht wurde besonders im *Parsismus* ausgeprägt: Ahura-Mazdah, der höchste Gott, hat seinen Gegenspieler in Ahriman, dem bösen Geist. Zwischen ihnen besteht ein unaufhörlicher Kampf, solange diese Weltzeit währt. Deutliche Nachwirkungen dieser dualistischen Weltbetrachtung lassen sich im nachexilischen Judentum, in der Gnosis, im Mithraskult und im Manichäismus nachweisen.

9 Vgl. dazu H. *Lamparter*, Das Buch der Anfechtung (Hiob), 1962³, S. 15 ff.

10 Eine vortreffliche Medizin gegen die naive Unterschätzung des Teufels ist das glänzend geschriebene Buch von C. S. *Lewis*, The Screwtape Letters, beim Herder-Verlag, Freiburg, 1958 in deutscher Übersetzung erschienen unter dem Titel »Dienstanweisung für einen Unterteufel«.

11 »Der Tod ist für Paulus nicht nur ein Geschehen, das das Leben des einzelnen Individuums abschneidet, sondern eine universelle Macht, die über das Menschenleben gebietet, ein allmächtiger Herrscher, der sich alles, was Mensch heißt, unterworfen hat« (A. Nygren, Der Römerbrief, 1951, S. 223).

12 Da dieses berühmte Wort »Der Tod ist verschlungen in den Sieg. Tod, wo ist dein Stachel? Hölle, wo ist dein Sieg?« sehr häufig ohne den vorhergehenden Vers (1. Kor. 15, 54) zitiert wird, übersieht man leicht, daß Paulus *nicht* der Meinung ist, daß dieses Schriftwort (Jes. 25, 8; Hos. 13, 14) durch den Ostersieg Christi bereits erfüllt sei. Dann erst ist es erfüllt, wenn »die Posaune schallt und die Toten auferstehen unverweslich« (V. 52).

1 In dem Aufsatz über »Beantwortung der Frage: Was ist Aufklärung?« (1784) hat Immanuel *Kant* Begriff und Wesen dieser hochbedeutsamen geistigen Bewegung treffend formuliert: »Aufklärung ist der Ausgang des Menschen aus seiner selbstverschuldeten Unmündigkeit. Unmündigkeit ist das Unvermögen, sich seines Verstandes ohne Leitung eines anderen zu bedienen. Selbstverschuldet ist diese Unmündigkeit, wenn die Ursache derselben nicht am Mangel des Verstandes, sondern der Entschließung und des Mutes liegt, sich seiner ohne Leitung eines anderen zu bedienen. Sapere aude! Habe Mut, dich deines eigenen Verstandes zu bedienen! ist also der Wahlspruch der Aufklärung.«

2 Die heutige Naturwissenschaft hat sich die Grundkonzeption Darwins zu eigen gemacht, ist jedoch insofern über ihn hinausgeschritten, als erkannt wurde, daß für das Werden der Organismen Mutation (Erbänderung), Selektion (Auslese), Zufall (zufälliges Zusammentreffen zweier oder mehrerer Mutationen) und Isolation (geographische Trennung) wesentliche Faktoren sind. Eine wirklich ausreichende Erklärung für das Werden der Organismen ist freilich nach der Ansicht vieler Biologen auch damit noch nicht gegeben. — Interessant ist, daß *Darwin* selbst seine Selektionstheorie durchaus mit dem Schöpfungsglauben für vereinbar gehalten hat. Im Schlußwort seines Hauptwerks über »Die Entstehung der Arten durch natürliche Zuchtwahl« (1859) schreibt er: »Es ist wahrlich eine großartige Ansicht, daß der Schöpfer den Keim alles Lebens, das uns umgibt, nur wenigen oder nur einer einzigen Form eingehaucht hat.«

3 »Schon die ältesten Bekenntnisse zu Jahwe waren geschichtsbestimmt, d. h. sie verknüpfen den Namen dieses Gottes mit einer Aussage von einer Geschichtstat« (G. von *Rad*, Theologie des AT, I, S. 135). Israels Gott ist »Jahwe, der Israel aus Ägyptenland geführt hat« — so lautet die älteste Bekenntnisformel. Besonders interessant ist das Credo, das »mit allen Anzeichen eines hohen Alters 5. Mose 26, 5—9 aufgezeichnet ist.«

4 Vgl. dazu G. *Vicedom*, Die Weltreligionen im Angriff auf die Christenheit. 1956.

5 So Paulus wörtlich 1. Kor. 7, 31 (»Die Gestalt — $\sigma\chi\tilde{\eta}\mu\alpha$ — dieser Welt vergeht«).

6 So die aufschlußreiche Formulierung von K. *Marx* in der Einleitung »Zur Kritik der Hegelschen Rechtsphilosophie« (1843): »Der Mensch macht die Religion, die Religion macht nicht den Menschen ... Der Mensch, das ist die Welt des Menschen, Staat, Sozietät. Dieser Staat, diese Sozietät produzieren die Religion, ein verkehrtes Weltbewußtsein, weil sie eine verkehrte Welt sind ... Das religiöse Elend ist in einem der Ausdruck des wirklichen Elends und in einem die Protestation gegen das wirkliche Elend. Die Religion ist der *Seufzer der bedrängten Kreatur*, das Gemüt einer herzlosen Welt, wie sie der Geist geistloser Zustände ist. Sie ist das Opium des Volks.«

7 In der Bibelwissenschaft trägt diese Übersetzung des AT ins Griechische den Namen *Septuaginta* (aus dem Lateinischen »die Siebzig«, darum abgekürzt LXX), da sie — nach einer legendären Überlieferung — von siebzig Übersetzern gleichlautend übersetzt wurde.

8 Dies hat K. *Barth* in seiner Lehre von der Schöpfung (Kirchliche Dogmatik III, 1) besonders deutlich gemacht. Die Schöpfung als »äußerer Grund des Bundes« und der Bund als »innerer Grund der Schöpfung« sind hier streng und sachgemäß aufeinander bezogen (KD III, 1, § 41, S. 103 ff.).

Die Wiederkunft Jesu

1 Vgl. dazu G. *Ebeling*, Das Wesen des christlichen Glaubens (1959): »Es ist unbestreitbar eine oberflächliche Erfassung dessen, was Zukunft heißt, wenn man darunter nur das Fortdauern der Zeit über die Gegenwart hinaus versteht . . . Die Zukunft ist nicht ein leerer Raum, der sich vor mir erstreckt und in den vorzudringen sich gewissermaßen von selbst erledigt, so wie ein Stein vom Heute ins Morgen kommt, ohne daß damit etwas an ihm und von ihm geschieht. Vielmehr liegt darin das Wesen von Zukunft, daß der Mensch sich angegangen weiß von der Zukunft und daß er selbst hoffend, sorgend oder wie auch immer sich zur Zukunft verhält und sie angeht« (S. 239).

2 Die literarkritischen Urteile über diesen Text gehen weit auseinander. R. *Bultmann* vertritt in seiner »Geschichte der synoptischen Tradition« (S. 129) die Ansicht, Mark. 13, 1—27 Par. sei ein ursprünglich jüdischer Text (K. 13, 7 f. 12. 14—22. 24—27), der in K. 13, 5 f. 9—11. 13 a. 23 christlich erweitert wurde. — Ohne Zweifel ist in dieser Rede eine Reihe von Bildern und Vorstellungen enthalten, die ihren Ursprung in der spätjüdischen Apokalyptik haben. In mehreren Einzelsprüchen dürfte sich auch die Situation der frühchristlichen Gemeinde widerspiegeln (z. B. Mark. 13, 9). — Die Auslegung der Rede im Rahmen unsres Kapitels über die Wiederkunft Christi stützt sich auf das Urteil von J. *Schniewind*, daß jedes einzelne Wort dieser Rede seine Prägung von der Wirklichkeit »Jesus« her habe und daß damit »die Frage der Echtheit eine Frage zweiten Ranges« sei (Schniewind, Das Evangelium nach Markus, 1933, S. 157).

3 So der Text der revidierten Lutherbibel. Im Urtext steht das Wort »*Gesetzlosigkeit*« (ἀνομία); vgl. 1. Joh. 3, 4; 2. Thess. 2, 3 ff. der Antichrist wird hier als »der Gesetzlose« bezeichnet). Ein Zeichen der Endzeit ist, daß sich die Menschheit über die Gebote Gottes hemmungslos hinwegsetzt und die Christengemeinde »die Befreiung vom Fluch des Gesetzes als Gesetzlosigkeit mißversteht« (J. Schniewind).

4 Das Wort vom »*Feigenbaum*« will als ein aus der Natur genommenes Gleichnis verstanden sein (vgl. Matth. 16, 2 f.) und besagt, daß es sehr wohl möglich ist, Gottes Zeit zu erkennen. — Die allegorische Deutung (Feigenbaum = Volk Israel) ist abwegig.

5 Auch in dem urchristlichen Hymnus, den der 1. Timotheusbrief zitiert

(1. Tim. 3, 16) heißt es: »Gepredigt den Heiden, geglaubt *in* der Welt« (nicht *von* der Welt).

6 In diese Richtung weist auch das Wort des erhöhten Christus: »Siehe, ich komme rasch« (Offb. 3, 11). Der Akzent liegt nicht so sehr auf der zeitlichen Nähe seines Kommens als auf dessen unberechenbarer Plötzlichkeit.

7 *Schriftpropheten* sind jene Gottesboten, von denen wir eigene schriftliche Aufzeichnungen im AT haben, im Unterschied zu jenen »Mundboten Gottes« (Luther), über deren Wirken wir nur aus zweiter Hand etwas erfahren (Elia, Micha ben Jimla u. a.).

8 Theol. Wörterbuch zum NT, II, S. 946 (Artikel ἡμέρα). – Die Stellen, an denen im AT vom »Tag *Jahwes*« die Rede ist, sind nicht sehr zahlreich (insgesamt 16 Belege): Jes. 2, 12; 13, 6. 9; 22, 5; 34, 8; Jer. 46, 10; Hes. 7, 19; 13, 5; 30, 3; Joel 1, 15; 2, 1. 11; 3, 4; 4. 14; Amos 5, 18. 20; Obad. 15; Zeph. 1, 7 f. 14–16. 18; Sach. 14, 1.

9 H. *Wenz*, Die Ankunft des Herrn am Ende der Welt (Arbeiten zur Theologie, Heft 21, 1965) hat neuerdings den Vorschlag gemacht, das Wort »Wiederkunft« fallenzulassen und künftig von der »Ankunft« Christi zu sprechen, um die Besonderheit und Einmaligkeit des Kommens Christi am Ende der Welt auch begrifflich zu betonen. Aber wird dieser löbliche Zweck durch dieses blasse Wort (Ankunft) wirklich erreicht? Das weitaus Beste wäre, das griechische Wort »Parusie« (ähnlich wie das Wort »Agape«) als Lehnwort in unsre Sprache zu übernehmen und einzubürgern.

10 Das »*Zeichen des Menschensohnes*« erscheint am Himmel als letztes in der Reihe der Himmelszeichen; es könnte also irgendein Flammenglanz am Himmel gemeint sein. Doch schon in der alten Kirche hat man an etwas wie das Kreuz gedacht. In der »Apostellehre« (Ende des 1. Jahrh. n. Chr.) ist vom »Zeichen der Ausbreitung« die Rede, wobei an den Christus, der am Kreuz die Arme ausbreitet (vgl. Jes. 65, 2), gedacht sein dürfte. Eine andere Vermutung geht dahin, daß der Menschensohn selbst in Person das »Zeichen« ist (vgl. Matth. 12, 39 f.): »Über alle Zeichen hinaus, die man von ihm verlangte, die von ihm geschahen, weit über die trügerischen Zeichen hinaus, die von seinen Feinden geübt wurden, wird er selbst sein eigenes Zeichen sein, selbst erscheinen« (J. Schniewind).

11 Um der Schwierigkeit der Stelle zu entgehen, hat man »dieses Geschlecht« auch schon auf das Volk Israel gedeutet, das nicht sterben, nicht untergehen werde, bis Christus wiederkommt. Aber diese Deutung ist gekünstelt.

12 Theol. Blätter 20, 1941, 222.

13 Auch die an sich richtige Beobachtung von A. *Oepke* (Studia Theologica 2, 1948/50, 145), daß »die Verknüpfung von Spannung und Dehnung der Enderwartung der gesamten biblischen Eschatologie eigen ist und seelsorgerliche Gründe hat«, erklärt nicht, warum Jesus die Verkündigung von der Nähe der Gottesherrschaft gelegentlich in die Form einer relativen Präzisierung des Termins gekleidet hat. – Erst recht wird den

Texten Gewalt angetan, wenn man die Zeitvorstellung überhaupt mehr oder weniger aus der eschatologischen Verkündigung Jesu zu eliminieren sucht, so z. B. G. *Delling*, Das Zeitverständnis des NT, 1940, S. 102 f.; R. *Bultmann*, Das Urchristentum im Rahmen der antiken Religionen, 1949, S. 102 (»Das Wissen darum, daß die Stellung des Menschen zu Gott über sein Geschick entscheidet und daß seine Entscheidungszeit befristet ist, kleidet sich in die Vorstellung, daß die Entscheidungsstunde für die Welt da ist«) oder auch E. *Fuchs*, Christus das Ende der Geschichte, Ev. Theol. 8, 1948/49, 450 (»Das NT kennt ... die Nähe und Ferne einer ,Zeit', die sich gerade nicht mehr erstreckt, die der Mensch selbst endgültig gewinnt oder verliert, so daß er in eins mit ihr sich selbst gewinnt oder verliert. Diese Zeit hat mit zyklisch oder linear schlechterdings nichts zu tun«).

14 Das griechische Wort βραδύνειν bedeutet nicht nur: den Termin verlängern, sondern hat durchaus den Beigeschmack des Saumselig-Seins (vgl. W. Bauer, Wörterbuch zum NT, S. 230).

Die Auferweckung der Toten

1 Glauben im Sinn des Neuen Testaments ist kein Mittelwert zwischen Gewißheit und Ungewißheit, sondern eindeutig *Gewißheit*, der Anfechtung von außen und innen her zum Trotz (vgl. Röm. 8, 38; 1. Joh. 3, 14; 1. Tim. 1, 15). So schloß auch Luther seine Auslegung der drei Glaubensartikel jeweils mit dem Satz »Das ist gewißlich wahr« und hielt in seiner Kampfschrift »Vom unfreien Willen« (1525) Erasmus den Satz vor: »Tolle assertiones et Christianismum tulisti ... Spiritus sanctus non est scepticus« (Nimm die verbindlichen Aussagen weg, und du hast das Christentum aufgehoben! ... Der Heilige Geist ist kein Skeptiker).

2 Das Gesamtbild, das wir aus den Korintherbriefen von dem geistlichen Klima in der korinthischen Gemeinde gewinnen, weist auf den Einfluß der *Gnosis*, deren häretische Theologie ihrerseits im Judentum verwurzelt war (vgl. W. *Schmithals*, Die Gnosis in Korinth. 1965²).

3 Dies ist der Kern des Damaskuserlebnisses, das P. von sonstigen Visionen und Auditionen, die ihm zuteil wurden, als etwas Einmaliges deutlich unterschieden hat.

4 »Träume eines Geistersehers« ist der Titel der Streitschrift, die I. Kant 1766 gegen E. *Swedenborg*, den einflußreichen schwedischen Naturforscher, gerichtet hat, der nach einer Christus-Vision zum Theosophen und Apokalyptiker wurde und umfangreiche Werke über »Die himmlischen Geheimnisse«, über »Himmel und Hölle« verfaßte.

5 H. D. *Wendland*, Die Briefe an die Korinther, 1964, S. 126.

6 Der Begriff »*Urgeschichte*« stammt von dem Basler Theologen F. Overbeck, dem Freund Fr. Nietzsches. Er hat sich als Bezeichnung für die Kap. 1—11 der Genesis (1. Buch Mose) eingebürgert.

7 Für den *Zweifler* darf ich auf meine Schrift über 1. Kor. 15 verweisen:

H. Lamparter, Die Auferstehung der Toten – Wahn oder Wirklichkeit? Gelnhausen 1955².

8 Wh. *Robinson*, Hebrew Psychology (Jüdische Psychologie), S. 362: »The Hebrew idea of personality is an animated body, and not an incarnated soul (Unter Persönlichkeit versteht der Jude einen beseelten Leib und nicht eine inkarnierte Seele). – Vgl. W. *Eichrodt*, Theologie des AT, II, S. 65 ff.

9 Als Übersetzung des hebräischen »kabôd« bekam das Wort »doxa« einen neuen, spezifischen Bedeutungsinhalt: »Der beherrschende Bestand des nt.lichen Wortes bildet jene, jeder griechischen Analogie entbehrende, bei Philo nur ein einziges Mal anklingende Bedeutung des göttlichen und himmlischen *Lichtglanzes*, der die Erhabenheit und Majestät, ja das Wesen Gottes und seiner Welt darstellt« [G. Kittel in Theol. Wörterbuch zum NT, II, S. 240).

10 Hier steht im griechischen Text das auffallende Wort »*ex*anastasis« (nicht »anastasis«). Es ist für die Lehre von einer *Aus*auferstehung der Gläubigen (*vor* der allgemeinen Totenauferstehung) schon in Anspruch genommen worden, aber damit wurde zuviel hineingelegt. »Beide Wörter sind gleichbedeutend« (A. Oepke, Theol. Wörterbuch zum NT, I, S. 372).

11 »Die Seelen der Gerechten sind in Gottes Hand« – das ist auch aus dem apokryphen Buch »Die Weisheit Salomos« (3, 1) zu erfahren. – Das *Alte Testament* weiß zwar von einzelnen Totenerweckungen (1. Kön. 17, 17 ff.; 2. Kön. 4, 18 ff.; 13, 20 f.), aber der Gedanke, sie als Signale einer allgemeinen Auferweckung der Toten zu werten, liegt völlig fern. An die Stelle der strengen Beugung und gefaßten Nüchternheit, mit welcher sich der Fromme mit seinem Todeslos abfindet, tritt in steigendem Maße die hilflose Trauer (2. Sam. 14, 14), die ergreifende Klage (Jes. 38, 18), die hoffnungslose Unterwerfung (Pred. 3, 19 f.), das Erschrecken (Ps. 90, 7) und Zurückbeben (Ps. 6, 6) vor dem Preisgegebenwerden an die Totenwelt, wo keine Gemeinschaft mit Gott und seiner Gemeinde mehr möglich ist (Ps. 30, 10). Wohl gibt es vereinzelte Zeugnisse, in denen sich der Glaube mit einem sieghaften Dennoch über die Todeserfahrung erhebt und aus der Gottesgewißheit die Hoffnung ableitet, daß das Sterben keinen endgültigen Zerbruch der Gemeinschaft mit Gott bedeuten kann (Hiob 19, 25 ff.; Ps. 16, 5; Ps. 73, 23 ff.). Aber eine Auferstehungshoffnung finden wir erst im späteren Judentum (Jes. 26, 19 – der Vers steht in der sog. Jesaja-Apokalypse [Jes. 24–27], die in später Zeit in das Jesajabuch eingefügt wurde – Dan. 12, 2). – Aufs Ganze gesehen gilt, daß das AT ein vorösterliches Buch ist, das noch tief im Schatten des Todes liegt (nahezu ein Drittel der Psalmen sind Klagepsalmen!).

12 Diese Übersetzung verdient gegenüber der Luthers (dann das [Welt-]Ende) den Vorzug. »τέλος« meint in diesem Zusammenhang nicht das Weltende, sondern den »*Rest*« der Toten (J. Weiß, H. Lietzmann, A. Oepke). Vgl. Theol. Wörterbuch zum NT, I, S. 371.

13 Mit Ausnahme der freisinnigen Kreise der Sadduzäer bekennt man sich

im Spätjudentum zu dem Satz: »Wer da sagt, die Auferstehung der Toten sei aus der Thora nicht abzuleiten, hat keinen Anteil an der zukünftigen Welt.« Die Doxologie, die man auf einem Friedhof spricht, lautet: »Er wird euch auferstehen lassen. Gepriesen sei, der sein Wort hält, der die Toten erweckt!«

Der Retter als Richter

1 A. *Schlatter*, Das christliche Dogma, 1923, S. 549 f.
2 Fr. Wilhelm *Hegel*, Sämtliche Werke, Krit. Ausgabe, herausgegeben von G. Lasson, Band VI, S. 382.
3 Übersetzung nach H. *Lamparter*, Das Buch der Anfechtung. Stuttgart 1965[3], S. 72.
4 Vgl. das nach einer lateinischen Sequenz des Thomas von Celano (?) und einem deutschen Lied (um 1565) von Bartholomäus *Ringwaldt* (1530—99) bearbeitete Lied am Ende des Kirchenjahrs »Es ist gewißlich an der Zeit, daß Gottes Sohn wird kommen« (EKG 120), oder auch das Lied von Ph. Fr. *Hiller* »Die Welt kommt einst zusammen im Glanz der ew'gen Flammen vor Christi Richterthron« (Württ. Gesangbuch von 1912/537).
5 So geht es z. B. auch nicht an zu behaupten, Paulus stehe das Bild des Kampfrichters (im sportlichen Wettkampf) vor Augen, wenn er vom Gericht über die Glieder der Gemeinde spreche (1. Kor. 4, 5; 2. Kor. 5, 10), im Unterschied zu der richterlichen Jurisdiktionsgewalt, die beim Gericht über die außerchristliche Menschenwelt zur Anwendung komme.
6 Vgl. dazu G. *Bornkamm*, Jesus von Nazareth, 1957[2], S. 126 ff. (Der Lohn Gottes): »Im Gegensatz zu jüdischem Denken, das hierin dem modernen Menschen seit Kant moralisch und religiös mit Recht besonders anstößig ist, weil es den Lohn zum Motiv des sittlichen Handelns macht und ihn nur in der Korrelation zum Verdienst des Menschen zu denken vermag, löst ihn Jesus völlig aus dieser Verflechtung.«
7 K. *Barth*, Credo, 1935, S. 111.
8 »Was tröstet dich die Wiederkunft Christi, zu richten die Lebendigen und die Toten?« so lautet die 52. Frage im *Heidelberger Katechismus* (1563). Antwort: »Daß ich in aller Trübsal und Verfolgung mit aufgerichtetem Haupt eben des Richters, der sich zuvor dem Gerichte Gottes für mich dargestellt und alle Vermaledeiung von mir hinweggenommen hat, aus dem Himmel gewärtig bin, daß er alle seine und meine Feinde in die ewige Verdammnis werfe, mich aber und alle Auserwählten zu sich in die ewige Freude und Herrlichkeit nehme.«
9 Dies hat W. *Kreck* (Die Zukunft des Gekommenen) besonders klar herausgestellt: »Dieser Jesus Christus, den wir als den Gekreuzigten und Auferstandenen verkündigen, ist der kommende Richter. Es ist kein andrer als der, der unser Fleisch und Blut annahm, der sich für uns dahingab, der versucht wurde wie wir und darum Mitleiden haben kann mit unsren Schwachheiten (Hebr. 4, 15), dem Gott das Gericht übergeben hat. Das letzte und entscheidende Wort über uns spricht

nicht unsre Mitwelt und Nachwelt, nicht die Geschichte, auch nicht wir selbst sind dafür zuständig, aber auch nicht eine absolute göttliche Allmacht oder Gerechtigkeit, nicht ein Gesetzesgott, sondern eben derselbe Herr, der im Wort und Sakrament zu uns kommt. Richter ist der, der selbst als der Gerichtete an unsre Stelle trat, Herr ist der, der unser Knecht wurde und nicht zum Herrschen in die Welt kam. Dem, der sich erniedrigte bis zum Tode am Kreuz, ist der Name über alle Namen gegeben, vor ihm haben sich alle Kniee zu beugen« (S. 127).

10 H. *Braun* (Gerichtsgedanke und Rechtfertigungslehre bei Paulus, 1930) hat aufgezeigt, wie sehr und auf welch verschiedene Weise man sich in der Theologie bemüht hat, diese zwiespältige Aussage von der Rechtfertigung um Christi willen und dem Gericht nach den Werken, die wir bei Paulus vorfinden, zu deuten und beides ins rechte Verhältnis zu setzen.

Die große Ernte

1 K. *Hartenstein* (Der wiederkommende Herr. Eine Auslegung der Offenbarung des Johannes für die Gemeinde, 1954³) schreibt zu diesem Vers: »Dieses letzte Bild ist der eigentliche Trost der Mission. Das ist das große Ziel des Dienstes der Gemeinde unter den Völkern« (S. 187).

2 Die Hochachtung, die führende Vertreter des Judentums Jesus ausgesprochen haben (Martin Buber, Schalom ben Chorin u. a.), die Bereitschaft, ihn als einen großen Lehrer und Propheten Israels anzuerkennen, ändert nichts daran. An der Frage, ob Jesus von Nazareth der Christus ist, scheiden sich die Geister.

3 Vgl. dazu W. *Vischer*, Der neue Staat »Israel« und der Wille Gottes, 1953; M. *Krupp*, Vergesse ich dein, Jerusalem. Von der Zionssehnsucht zu Israels Wiedergeburt, 1962 (besonders S. 195 ff.).

Die neue Welt Gottes

1 Aufschlußreich ist, daß das AT für Gottes Schaffen und Erhalten ein und dasselbe Wort gebraucht: barâ.

2 H. *Gollwitzer* (Die Existenz Gottes im Bekenntnis des Glaubens, 1964) macht darauf aufmerksam, daß dies auch für die anthropomorphen biblischen Gottesbezeichnungen wie »Vater«, »Hirte«, »Freund« u. ä. gilt. »Sie gelten wörtlich, aber nicht buchstäblich — wenn unter ‚buchstäblich' die Bindung an eine vorher festgelegte Vorstellung verstanden wird. Sie wollen als Bildrede wörtlich ernst genommen werden, nicht aber als Nicht-Bildrede, also buchstäblich verstanden werden« (S. 131).

3 A. *Schlatter*, Erläuterungen zum Neuen Testament, 1928, 3. Band, S. 327.

4 Eine solche Erwartung läßt sich auch nicht mit Jes. 14, 2 und Jes. 60, 14 biblisch begründen, ist doch das NT nicht nur die Erfüllung, sondern auch die Korrektur des AT (vgl. Luk. 9, 62)

5 Die Angabe, daß die Stadt gleich lang, breit und hoch ist, muß nicht bedeuten, daß sie in der Form eines Würfels erbaut ist; wahrscheinlicher ist an die Gestalt der Pyramide gedacht.

6 H. *Lilje*, Das letzte Buch der Bibel, 1961[7], S. 285.

7 Daß sich die Christenheit eben deshalb bei ihrer Zertrennung nicht beruhigen kann, aber auch an ihrer Einheit in Christus nicht verzweifeln muß, hat E. *Schlink* (Der kommende Christus und die kirchlichen Traditionen, 1961) als wichtigen Impuls in das ökumenische Gespräch der Kirchen eingebracht.

Offene Fragen

1 Deutlich faßbar im *Barnabasbrief* (130/35), der die Weltzeitspekulationen der spätjüdischen Apokalyptik aufnimmt: Die Weltdauer umfaßt sieben volle Welttage zu je tausend Jahren (Ps. 90, 4), der siebte Tag (Sabbat) ist das Tausendjährige Reich.

2 Damnant et alios, qui nunc spargunt judaicas opiniones, quod ante resurrectionem mortuorum pii regnum mundi occupaturi, ubique oppressis impiis (Deutsche Fassung: Item werden hie verworfen auch etlich jüdisch Lehren, die sich auch itzund eräugen, daß vor der Auferstehung der Toten eitel Heilige, Fromme ein weltlich Reich haben und alle Gottlosen vertilgen werden). Bekenntnisschriften der Evang. Luth. Kirche, 1930, I, 70.

3 K. *Hartenstein*, Der wiederkommende Herr, 1948[2], S. 237. — Interessant ist, daß H. in der 3. Auflage (1954) eine wesentlich veränderte Stellungnahme vorgelegt hat (S. 172 ff.): Das Tausendjährige Reich ist »die Stunde der großen Mission«, das »erste, herrliche Stadium« des neuen, kommenden Äons.

4 Die Zahl »*tausend*« ist gewählt, »ut perfecto numero notaretur ipsa temporis plenitudo« (um mit der vollkommenen Zahl die Fülle der Zeit auszudrücken [Augustin, De civitate Dei, XX, 7]. — »Es heißt die Ap mißverstehen, wenn ihre Zahlen zu Berechnungen der Zukunft verwertet werden. Der Wert und der Sinn des biblischen Chiliasmus liegt nicht in solchen Berechnungen zur Befriedigung der Neugierde, sondern darin, daß er allein dem Vollgehalt der christlichen Hoffnung, dem Glauben an eine Heilsgeschichte Gottes mit der Menschheit und der Erde gerecht wird, auf welche der Satan keinen Einfluß mehr hat« (W. Hadorn, Die Offenbarung des Johannes, 1928, S. 199).

5 Bereits *Augustus* hat geduldet, daß man ihn bei Lebzeiten »Divus« (Göttlich) nannte, als Weltheiland und Sohn Gottes verehrte; *Domitian* ließ (nach einem Bericht Suetons) in die amtlichen Rundschreiben seiner Prokuratoren offiziell die Formel einfügen: »Unser Herr und Gott befiehlt.«

6 Die einleuchtendste *Deutung* der Zahl 666, die bisher vorgebracht wurde, ist folgende: Neron Kesar. Sie ergibt sich, wenn man diese beiden Worte in den Buchstaben des hebräischen Alphabets schreibt und deren Zahlenwerte zusammenrechnet. Genauso führt das griechische Wort für Tier ($\vartheta\eta\varrho i o\nu$), hebräisch geschrieben, auf die Zahl 666. — Die Verschlüsselung des Namens erklärt sich aus der Situation der Verfolgung. — Ist diese Deutung zutreffend, so soll der Leser den Antichrist

daran erkennen, daß er die Wesenszüge des Kaisers Nero an sich trägt (daß Nero selbst aus dem Totenreich wiederkehren werde, ist eine erst im 2. Jahrhundert n. Chr. nachweisbare Legende).

7 Corpus Antichristi est simul papa et Turca, quia corpus constituitur corpore et anima. Spiritus Antichristi est papa, caro ejus Turca, quia corporaliter infestat ecclesiam, ille spiritualiter. Sunt autem tamen ambo ex uno domino, Diabolo, cum papa sit mendax et homicida Turca. T. WA 3, 158, 31 ff. — Ego omnino puto papatum esse Antichristum, aut si quis vult addere Turcam, papa est spiritus Antichristi et Turca est caro Antichristi. Sie helffen beyde einander wurgen, hic corpore et gladio, ille doctrina et spiritu. T. WA 1, 135, 14 ff.

8 Luthers Werke, herausgegeben von O. Clemen, III. S. 514 f.

9 Item docent, quod Christus apparebit in consummatione mundi ad iudicandum et mortuos omnes resuscitabit; piis et electis dabit vitam aeternam et perpetua gaudia; impios autem homines ac diabolos condemnabit, ut sine fine crucientur.
Damnant Anabaptistas, qui sentiunt hominibus damnatis ac diabolis finem poenarum futurum esse. Bekenntnisschriften der Evang. Luth. Kirche, 1930, I, S. 69 f.

10 P. *Althaus*, Die letzten Dinge, 1961[8], S. 194.

11 So E. *Brunner*, Das Ewige als Zukunft und Gegenwart, 1953. »Was gilt denn nun aber — das Wort vom Gericht und von der Ausscheidung, das Wort von Himmel und Hölle, oder das Wort von der Allversöhnung? Beide stehen unvermittelt hart nebeneinander. Welches von beiden ist nun das gültige, die letztgültige Wahrheit? Wir sagen: Beide Stimmen sind Gottes Wort« (S. 200 f.). Brunner rechtfertigt diese paradoxe Feststellung durch den Gedanken, daß das Wort der Schrift nicht in dem Sinn »wahr« ist, daß es einen objektiven Sachverhalt abbildet, vielmehr Gottes Bewegung zu mir, meine Bewegung zu ihm bewirken will (»Wahrheit als Begegnung«).

12 E. *Brunner*, Dogmatik, Band III, S. 472.

Der Helm der Hoffnung

1 J. *Moltmann*, Theologie der Hoffnung, 1964[5], S. 324 f.: »Alle Utopien vom Reiche Gottes oder des Menschen, alle Hoffnungsbilder vom glücklichen Leben, alle Revolutionen der Zukunft hängen so lange in der Luft und tragen den Keim der Verwesung und Langeweile in sich, gehen darum auch militant und erpresserisch mit dem Leben um, wie es keine Gewißheit im Tode und keine Hoffnung gibt, die die Liebe über den Tod hinaus trägt.«

2 Der Satz, daß sich die *Menschen* ändern müssen, wenn sich die Verhältnisse ändern sollen, ist sicher richtig und behält die Priorität; deshalb hat die Predigt des Evangeliums den Vorrang vor dem diakonischen und sozialen Dienst der Kirche. Aber viel zu spät hat doch die Christenheit erkannt, was bei K. Marx zu lernen ist, daß man in gewissen

Fällen die *Verhältnisse* ändern muß, sollen die Menschen, die sich ändern sollen, in diesen nicht zugrunde gehen!

3 Das letztere ist, bei aller Distanzierung von der platonischen Lehre von der Unsterblichkeit der Seele, doch auch die Meinung von Ernst *Bloch*, wenn er von der »Exterritorialität zum Tode« spricht. Zwar kann er sagen: »Die Kiefer des Todes zermahlen alles, und der Schlund der Verwesung frißt jede Teleologie.« Dennoch hält er an einem Existenzkern fest, der der Vergänglichkeit nicht unterliegt, weil er sich einerseits noch nicht in den Werdeprozess hineinbegeben hat, diesen vielmehr selbst vorantreibt, andererseits auf ein letztes Gelungensein des Existierens hinzielt und bezogen ist.

»Der Kern des Existierens ist, als noch ungeworden, allemal exterritorial zum Werden und Vergehen, von welchen beiden unser Kern eben noch gar nicht erfaßt ist. Der Kern des Existierens, wäre er geworden darin zugleich, als herausgebracht, gut geworden, so wäre er in dieser Gelungenheit erst recht Exterritorialität zum Tod; denn dieser selbst wäre mit der prozeßhaften Unzulänglichkeit, wozu er gehört, abseitig und abgestorben. Die Utopie des non omnis confundar liefert und gibt der Negation Tod jede Schale zu knacken, aber sie gibt ihm nur die Macht, die Schalen um den Subjektinhalt aufzuknacken« (E. Bloch, Das Prinzip Hoffnung, 1959[5], 1390 f.). — Ob sich der Tod durch solche Überlegungen wirklich überlisten läßt?!

4 R. *de Pury*, Ein Petrusbrief aus der Gefängniszelle, 1944, S. 16 f.

5 Luthers Auslegung im *Kleinen Katechismus* (1529) lautet: »Dein Reich komme. Was ist das? Gottes Reich kömmpt wohl ohn unser Gebet von ihme selbs, aber wir bitten in diesem Gebet, daß auch zu uns komme. Wie geschieht das? Wenn der himmlische Vater uns seinen heiligen Geist gibt, daß wir seinem heiligen Wort durch seine Gnade gläuben und göttlich leben, hie zeitlich und dort ewiglich« (Bekenntnisse der Ev. luth. Kirche, 1930, II, S. 513).

6 Dies geht besonders aus der Schlußfrage (V. 8 b) hervor: »Es fragt sich nur, wird der Menschensohn, wenn er kommt, Glauben auf Erden vorfinden?« Vgl. dazu J. *Jeremias*, Die Gleichnisse Jesu, 1962[6], S. 153 ff. (»Die in früheren Auflagen geäußerte Vermutung, daß V. 8 b von Lukas als Abschluß angefügt worden sei, läßt sich nicht halten«).

7 Diese Spannung bleibt, solange Jesus Christus nicht sichtbar wiederkommt, solange wir auf dieser Erde, in diesem Leibe leben. »Wir müssen vieles an uns vorüberziehen lassen, was sich als das Neue und Verheißene, als etwas von Gott Kommendes und Erlösendes ausgibt. Wir dürfen uns nicht abspeisen lassen mit dem, was der Größe Gottes eben *nicht* gemäß ist. Wir müssen warten auf Gott, Gottes letztes Werk steht noch aus ... das Verheißungswort liegt *vor* uns, nicht hinter uns oder gar in uns« (H. J. *Iwand*, zitiert nach G. Eichholz, Herr tue meine Lippen auf, IV, 1955, S. 259 f.).

8 J. *Moltmann*, Theologie der Hoffnung, 1966[5], S. 208.

Literaturhinweis

Paul Althaus, Die letzten Dinge, 8. Aufl. 1961
Karl Barth, Kirchliche Dogmatik, IV, 3, 1959
Ernst Bloch, Das Prinzip Hoffnung, 1959
Emil Brunner, Dogmatik, III, 1960
Emil Brunner, Das Ewige als Zukunft und Gegenwart, 1953
Rudolf Bultmann, Geschichte und Eschatologie, 2. Aufl. 1964
Oscar Cullmann, Christus und die Zeit, 3. Aufl. 1962
Oscar Cullmann, Unsterblichkeit der Seele oder Auferstehung der Toten?
3. Aufl. 1964
Gerhard Delling, Das Zeitverständnis im Neuen Testament, 1940
Wilhelm Hadorn, Die Offenbarung des Johannes, 1928
Karl Hartenstein, Der wiederkommende Herr, 2. Aufl 1948, 3. Aufl. 1954
Karl Heim, Jesus der Weltvollender, 1937
Joachim Jeremias, Die Gleichnisse Jesu, 6. Aufl. 1962
Joachim Jeremias, Jesus als Weltvollender, 1930
Werner Georg Kümmel, Verheißung und Erfüllung, 3. Aufl. 1956
Walter Kreck, Die Zukunft des Gekommenen, 1961
Paul Le Seur, Nach dem Sterben, 7. Aufl. 1961
Hanns Lilje, Das letzte Buch der Bibel, 7. Aufl. 1961
Pierre Maury, Eschatologie, 1960
Wilhelm Michaelis, Der Herr verzieht nicht die Verheißung, 1942
Jürgen Moltmann, Theologie der Hoffnung, 5. Aufl. 1966
Werner Pfendsack, Dem Ziel entgegen, 1959
Gerhard von Rad, Theologie des Alten Testaments, II, 1965
Gerhard Sauter, Zukunft und Verheißung, 1965
Heinz-Dietrich Wendland, Die Eschatologie des Reiches Gottes bei Jesus,
1930
Helmut Wenz, Die Ankunft unsres Herrn am Ende der Welt, 1965
Heinrich Wiesemann, Lehrt die Bibel die Allversöhnung? 1961
Heinrich Wiesemann, Das Heil für Israel, 1965

Inhalt

WENZEL FREIHERR VON REISWITZ:

Ich mache alles neu

Das letzte Buch der Heiligen Schrift.

Mit einem Geleitwort von Dekan Kurt Hennig.
200 Seiten, DM 19,80

Aus Bibelstunden über die Offenbarung des Johannes ist diese Auslegung herausgewachsen. Die Bedeutung geistlicher Zielorientierung für Menschen »am Abend des Lebens, am Abend der Welt« ist darin erkannt und beachtet. Vertrauenswürdige Ausleger wurden konsultiert. Die eigene Lebensgeschichte des Verfassers ließ ihn tiefer schürfen. Die Symbole des apokalyptischen Buches sind nüchtern und klar beschrieben und zusätzlich noch einmal im Anhang hilfreich zusammengefaßt. Die zeitgebundene und zeitlose Botschaft der sieben Sendschreiben läßt aufhorchen. Die Gleichzeitigkeit der damaligen Gemeinden mit der heutigen Kirche verblüfft. Der existentielle Bezug der Sendschreiben ist nicht zu übersehen. Der Blick in den Himmel läßt die Weltregierung Gottes in diesem und in jenem Äon deutlich hervortreten. Wir lassen danach die Vernichtung der antichristlichen Weltmacht samt der abgefallenen Kirche, die Errichtung des tausendjährigen Friedensreiches und den Anbruch des ewigen Gottesreiches an unserem inneren Auge vorüberziehen. Der Blick wird durch diese in schlichter, klarer Sprache gehaltene Auslegung vertieft und geweitet. Das Vertrauen in die Wege Gottes und seine heiligen, wahrhaften und gerechten Gerichte wird gestärkt. Man weiß sich beim Lesen dieser gediegenen und gewinnenden Verstehenshilfe angesichts der großen Gefahren und gewaltigen Bedrängnisse doch »von guten Mächten wunderbar geborgen«.
Fazit: Für theologisch interessierte Gemeindeglieder wie für Anfänger und Suchende, für Lernende und Lehrende ein gleichermaßen verläßlicher Führer durch das letzte Buch der Bibel.   Karl Fischer »Das Gespräch«

Mit diesem Buch ist Wenzel von Reiswitz ein großer Wurf gelungen. Dabei ist er nicht der Gefahr erlegen, jede größere Katastrophe der letzten Jahre flugs unter eine entsprechende Bibelstelle der Apokalypse zu subsumieren. Der Autor stellt gleich zu Beginn seiner Ausführungen die richtigen Weichen, indem er dem »chronologischen« Ablauf der Weltgeschichte das »kairologische« Geschehen in Gottes Heilsgeschichte gegenüberstellt. Der Kairos Gottes (Gottes Zeitbegriff) ist eben durch den Menschen nicht meßbar und nur im Glauben erfahrbar, wie von Reiswitz nachweist.
Das Buch gehört in die Hand jedes nüchternen Christen aber auch Nichtchristen, der die gewaltigen geistigen Strömungen und Bewegungen unserer Zeit einer Analyse unterziehen möchte.   Adolf Künneth in »idea«

Wenn man sich ein wenig eingelesen hat in die Art und Weise, wie dieser Nichttheologe den schwierigen Text angeht, dann gewinnt man Freude an den nüchternen und klaren Formulierungen, die alles Spekulative vermeiden, dafür aber das Wesentliche der Offenbarungsprophetie herausarbeiten, gerade auch für unsere Zeit. Auch der schlichtere Leser findet Zugang zu dieser Auslegung, und wo Gläubige miteinander die Offenbarung des Johannes betrachten, da kann dieses Buch eine gute Begleitung sein.
Heinz Schäfer in »Stuttgarter Bücherbrief«

IM VERLAG ERNST FRANZ, METZINGEN/WÜRTT.

BO GIERTZ

Die große Lüge und die große Wahrheit

Eine christliche Laien-Dogmatik
Paperback, 220 Seiten, ISBN 3-87067-419-9

Bo Giertz spricht mittels seiner klaren Formulierungsgabe
und plastischem Darstellungsvermögen einfach, anschau-
lich und doch tiefgründig über die christlichen Grundwahr-
heiten. In 15 Kapiteln gibt der bekannte Bischof von Göte-
borg sich und seinen Lesern Rechenschaft über den Grund
und das Ziel christlichen Glaubens. Diese Laien-Dogmatik
ist geprägt von biblischem Realismus. Auf der einen Seite
entfaltet der Autor eindrücklich den geistlichen Zustand
des heutigen Menschen. Auf der anderen Seite gelingt es
ihm von den großen Verheißungen der Bibel her, realis-
tische Hoffnung für jedermann und die Welt, in der er lebt,
zu erwecken.

BO GIERTZ

Gott spricht zu Dir

ABC für Bibelleser
Paperback, 152 Seiten, ISBN 3-87067-456-3

Im Problemfeld der Verunsicherung durch die Bibelkritik
will dieses Buch dem Leser verdeutlichen, daß und wieso es
möglich ist, auch heute noch an der Bibel als Gottes Wort
festzuhalten, unbeirrt durch das Wissen um all jene Tatsachen und Einwände, von denen Luther und die Väter der
Reformation noch kaum eine Ahnung hatten.
Das Buch eignet sich für die private Lektüre wie auch als
Arbeitsgrundlage für eine Gruppenarbeit.

BRENDOW VERLAG, MOERS